主　编　陈　科　彭蕾蕾
副主编　刘裴裴

高校智慧图书馆建设现状及发展趋势研究

四川大学出版社
SICHUAN UNIVERSITY PRESS

图书在版编目（CIP）数据

高校智慧图书馆建设现状及发展趋势研究 / 陈科，彭蕾蕾主编． — 成都：四川大学出版社，2023.7
ISBN 978-7-5690-6216-8

Ⅰ．①高… Ⅱ．①陈… ②彭… Ⅲ．①院校图书馆－图书馆服务－研究 Ⅳ．① G258.6

中国国家版本馆 CIP 数据核字 (2023) 第 126226 号

书　　名：	高校智慧图书馆建设现状及发展趋势研究
	Gaoxiao Zhihui Tushuguan Jianshe Xianzhuang ji Fazhan Qushi Yanjiu
主　　编：	陈　科　彭蕾蕾

选题策划：梁　平
责任编辑：梁　平
责任校对：杨　果
装帧设计：裴菊红
责任印制：王　炜

出版发行：四川大学出版社有限责任公司
　　　　　地址：成都市一环路南一段 24 号（610065）
　　　　　电话：（028）85408311（发行部）、85400276（总编室）
　　　　　电子邮箱：scupress@vip.163.com
　　　　　网址：https://press.scu.edu.cn
印前制作：四川胜翔数码印务设计有限公司
印刷装订：四川五洲彩印有限责任公司

成品尺寸：170mm×240mm
印　　张：13.75
字　　数：262 千字
版　　次：2023 年 7 月 第 1 版
印　　次：2023 年 7 月 第 1 次印刷
定　　价：68.00 元

扫码获取数字资源

四川大学出版社
微信公众号

本社图书如有印装质量问题，请联系发行部调换

版权所有 ◆ 侵权必究

序　言

21世纪以来，人工智能、大数据、物联网、云计算等信息技术飞速发展，图书馆在这一时期紧跟时代潮流，充分利用新兴技术，掀起了智慧图书馆建设的浪潮。各类图书馆一方面在新馆建设时引入智慧图书馆发展理念，从整体规划、空间建设、设备设施、文献资源等方面，打造综合化、一体化的智慧图书馆；另一方面对现有馆舍进行局部改造，添置智能设施，打造智慧空间，提供智慧服务。

从国家到地方，各级政府部门纷纷出台相关政策，为智慧图书馆建设提供顶层设计。智慧图书馆建设已成为各图书馆提升服务水平、提高综合影响力的关键发展战略，其中高校智慧图书馆建设具有一定的代表性。但纵观我国高校图书馆的智慧化建设，部分"双一流"高校图书馆在人、财、物资源上有着优势而始终处于前沿，部分西部地区市属高校图书馆则始终在模仿，不同地区、不同级别的图书馆在智慧图书馆建设进程中差异较大。因此，有必要选取我国在智慧图书馆建设中具有典型性、代表性的高校图书馆，对其智慧图书馆建设情况进行实证研究，探索新时代高校智慧图书馆建设路径。

本研究在明确研究背景、研究目的与意义的基础上，首先利用CiteSpace软件全面、系统地梳理国内外学者关于智慧图书馆研究的历史脉络、研究主题、主要论点等，找出学者在此研究领域存在的不足，抓准研究的着力点。其次，全面整理、梳理我国36家世界一流大学建设高校（A类）智慧图书馆建设现状。再次，选取具有代表性、典型性的24家高校图书馆，通过构建智慧图书馆综合评价指标体系，采用多指标综合评价法对其2010—2020年智慧图书馆发展水平进行综合评价。最后，采用质性分析法，选取NVivo软件对相关文本进行分析，研究智慧图书馆发展趋势。

本研究分为4章，其中第1章、第2章2.1~2.14小节由彭蕾蕾撰写，第

2 章 2.15~2.35 小节由刘裴裴撰写，第 2 章 2.36 小节、第 3 章、第 4 章由陈科撰写。

由于编者水平有限，书中难免存在疏漏和错误，恳请读者批评指正。

编　者

2023 年 1 月

目 录

第1章 概 论 …………………………………………………（ 1 ）
  1.1 研究背景 ………………………………………………（ 1 ）
  1.2 研究目的和意义 ………………………………………（ 3 ）
  1.3 国内外研究现状 ………………………………………（ 4 ）
  1.4 研究内容和研究方法 …………………………………（ 24 ）

第2章 我国世界一流大学建设高校（A类）智慧图书馆建设现状 ……（ 27 ）
  2.1 北京大学图书馆 ………………………………………（ 27 ）
  2.2 北京航空航天大学图书馆 ……………………………（ 30 ）
  2.3 北京理工大学图书馆 …………………………………（ 32 ）
  2.4 北京师范大学图书馆 …………………………………（ 36 ）
  2.5 重庆大学图书馆 ………………………………………（ 39 ）
  2.6 大连理工大学图书馆 …………………………………（ 43 ）
  2.7 电子科技大学图书馆 …………………………………（ 46 ）
  2.8 东南大学图书馆 ………………………………………（ 50 ）
  2.9 复旦大学图书馆 ………………………………………（ 54 ）
  2.10 国防科技大学图书馆 …………………………………（ 57 ）
  2.11 哈尔滨工业大学图书馆 ………………………………（ 59 ）
  2.12 华东师范大学图书馆 …………………………………（ 63 ）
  2.13 华南理工大学图书馆 …………………………………（ 67 ）
  2.14 华中科技大学图书馆 …………………………………（ 70 ）
  2.15 吉林大学图书馆 ………………………………………（ 72 ）
  2.16 兰州大学图书馆 ………………………………………（ 75 ）
  2.17 南京大学图书馆 ………………………………………（ 79 ）
  2.18 南开大学图书馆 ………………………………………（ 82 ）
  2.19 清华大学图书馆 ………………………………………（ 86 ）

  2.20 厦门大学图书馆……………………………………………（90）
  2.21 山东大学图书馆……………………………………………（93）
  2.22 上海交通大学图书馆………………………………………（97）
  2.23 四川大学图书馆…………………………………………（101）
  2.24 天津大学图书馆…………………………………………（105）
  2.25 同济大学图书馆…………………………………………（108）
  2.26 武汉大学图书馆…………………………………………（111）
  2.27 西安交通大学图书馆……………………………………（115）
  2.28 西北工业大学图书馆……………………………………（119）
  2.29 浙江大学图书馆…………………………………………（121）
  2.30 中国海洋大学图书馆……………………………………（124）
  2.31 中国科学技术大学图书馆………………………………（128）
  2.32 中国农业大学图书馆……………………………………（131）
  2.33 中国人民大学图书馆……………………………………（134）
  2.34 中南大学图书馆…………………………………………（137）
  2.35 中山大学图书馆…………………………………………（140）
  2.36 中央民族大学图书馆……………………………………（143）

第3章 高校智慧图书馆发展水平评价……………………………（147）
  3.1 指标体系构建及评价方法…………………………………（147）
  3.2 高校智慧图书馆发展水平评价……………………………（154）

第4章 高校智慧图书馆发展趋势质性研究………………………（189）
  4.1 研究工具……………………………………………………（189）
  4.2 数据来源……………………………………………………（189）
  4.3 研究结果……………………………………………………（190）

主要参考文献………………………………………………………（212）

第1章 概 论

1.1 研究背景

1.1.1 智慧化时代来临以及智慧图书馆的兴起

自 20 世纪中叶第三次工业革命以来，科学技术迅猛发展，不断推动社会治理水平的提升。为解决人口、资源、环境等可持续发展中显现的问题，智慧化逐步成为社会治理的主流发展趋势，其中最具代表性的是智慧城市建设。20 世纪 90 年代，Graham 和 Marvin（1996）在他们合著的《电信与城市》一书中提出了智慧城市的相关理念①。随着新型通信技术在全球广泛应用，IBM 公司于 2008 年首次提出"智慧地球"这一概念，随后在 2010 年提出了建设"智慧城市"的愿景，即建设一个可以充分利用所有可用的互联化信息，更好地感知和控制城市运营，并优化有限资源的使用情况的城市，其主要实现途径和特征是物联化、互联化和智能化。21 世纪以来，人工智能、大数据、物联网、云计算等信息技术飞速发展，智慧化成为各行各业的发展潮流，如智慧社区、智慧养老、智慧交通、智慧医疗、智慧校园、智慧教育、智慧旅游等。图书馆在这一时期紧跟时代潮流，充分利用新兴技术，掀起了智慧图书馆建设的浪潮。各图书馆一方面在新馆建设时引入智慧图书馆发展理念，从整体规划、空间建设、设备设施、文献资源等方面，打造综合化、一体化的智慧图书馆；另一方面对现有馆舍进行局部改造，添置智能设施，打造智慧空间，提供智慧服务。智慧图书馆建设已成为各图书馆提升服务水平、提高综合影响力的关键发

---

① 郭杰，王珺，姜璐，等. 从技术中心主义到人本主义：智慧城市研究进展与展望 [J]. 地理科学进展，2022，41（3）：489.

展战略。

1.1.2 政府发展战略驱动

智慧化建设已成为驱动图书馆发展的关键因素,各级政府部门纷纷出台相关政策,为智慧图书馆建设提供顶层设计。2015年,教育部印发了《教育部关于印发〈普通高等学校图书馆规程〉的通知》(教高〔2015〕14号),明确提出高等学校图书馆是学校的文献信息资源中心,是学校信息化建设的重要组成部分……图书馆应不断提高文献服务水平,采用现代化技术改进服务方式,优化服务空间,注重用户体验,提高馆藏利用率和服务效率。对于中小学图书馆,教育部、文化部和新闻出版广电总局联合印发的《关于加强新时期中小学图书馆建设与应用工作的意见》(教基一〔2015〕2号)强调,各地要将中小学图书馆信息化建设纳入区域和中小学信息化建设整体规划……逐步建立起县级、地市级、省级中小学数字图书馆网络体系……逐步实现中小学图书馆管理信息化和服务形式网络化。虽然这两个文件并没有直接提出建设智慧图书馆,但其内容均契合智慧图书馆建设理念。2017年11月4日,由中华人民共和国第十二届全国人民代表大会常务委员会第三十次会议审议通过的《中华人民共和国公共图书馆法》正式颁布,成为图书馆相关的第一个国家层面的法律性文件。其第八条和第四十条提出,推动运用现代信息技术和传播技术,提高公共图书馆的服务效能;国家构建标准统一、互联互通的公共图书馆数字服务网络,支持数字阅读产品开发和数字资源保存技术研究,推动公共图书馆利用数字化、网络化技术向社会公众提供便捷服务。

2021年,智慧图书馆建设被写入《中华人民共和国国民经济和社会发展第十四个五年规划和2035远景目标纲要》,成为国家发展战略的重要组成部分。同年,文化和旅游部、国家发展改革委和财政部共同印发的《关于推动公共文化服务高质量发展的意见》(文旅公共发〔2021〕21号)直接提出加强智慧图书馆体系建设,表明智慧图书馆建设已受到高度重视。意见指出,要建立覆盖全国的图书馆智慧服务和管理架构,提升数字文化馆网络化、智能化服务水平,推动国家云和地方云、地方云和当地智慧城市平台的对接。

在政府发展战略的驱动下,各高校图书馆、中小学图书馆、公共图书馆纷纷加入了智慧图书馆建设浪潮,并且随着信息技术的发展不断摸索不同形式、不同内容、不同类型的智慧化建设。其中,高校图书馆智慧化建设对高校人才培养、科学研究、服务经济社会发展、文化传承创新具有至关重要的作用。纵观我国高校图书馆的智慧化建设，部分"双一流"高校图书馆在人、财、物资源上有着优势而始终处于前沿，而部分西部地区市属高校图书馆则始终在模仿，不同地区、不同级别的图书馆在智慧图书馆建设进程中差异较大。因此，有必要选取我国在智慧图书馆建设中具有典型性、代表性的高校图书馆，对其智慧图书馆建设情况进行实证研究，同时结合量化研究，探索新时代高校智慧图书馆建设路径。

1.2 研究目的和意义

1.2.1 研究目的

高校智慧图书馆建设如火如荼，站在历史的新起点上，各高校图书馆有着各自的发展优势和存在的问题，亟须开展相关研究，分析高校智慧图书馆建设现状，找出存在的问题，探寻新时代我国高校智慧图书馆建设的路径。基于此，本研究的目的主要包括以下两个方面：一是选取具有典型性、代表性的高校图书馆，分析其智慧建设现状；二是通过数据分析、质性分析等，挖掘高校智慧图书馆的发展趋势。

1.2.2 研究意义

1.2.2.1 理论意义

智慧图书馆建设是信息化时代图书馆发展的必然选择。目前我国学者对高校智慧图书馆建设的研究颇多，但大多关注其中的某一方面，如智慧服务、智慧设施、智慧空间等，综合性的探究还不够。本研究拟在已有研究的基础上，选取一定数量具有典型性、代表性的高校图书馆，分析其智慧建设现状，在此基础上，通过图书馆发展水平评价、图书馆发展趋势质性分析等，对智慧图书馆发展进行量化研究，最后根据理论与实证研究，找出存在的问题，得出相应的发展路径。这是对智慧图书馆研究的继承与开拓，可丰富已有的理论体系。

1.2.2.2 现实意义

本研究基于理论和实证研究，针对我国高校智慧图书馆建设中存在的问题，挖掘其发展的优势所在，探寻高校智慧图书馆建设的路径。本研究的现实意义在于，相关高校可基于本研究，根据自身区位、资源、发展状态等，制定相应的智慧图书馆发展规划，推动图书馆事业在新时代向上向好发展，从而为高等教育事业可持续发展贡献图书馆力量。

1.3 国内外研究现状

本研究采用知识图谱研究方法进行国内外研究现状分析。知识图谱又称科学知识图谱，其概念源于2003年美国国家科学院组织的一次研讨会。陈悦（2015）将其定义为：以知识域（knowledge domain）为对象，显示科学知识的发展进程与结构关系的一种图像。它具有"图"和"谱"的双重性质与特征：既是可视化的知识图形，又是序列化的知识谱系，显示了知识单元或知识群之间网络、结构、互动、交叉、演化或衍生等诸多隐含的复杂关系，而这些复杂的知识关系正孕育着新的知识的产生[①]。知识图谱研究工具纷繁多样，周春雷（2019）通过对中国知网的研究数据的统计，得出使用次数超过1000次的软件有6种：UCINET、CiteSpace、Netdraw、Pajek、CytoScape和Gephi[②]。其中，使用CiteSpace的学者达到了3806人，表明该研究工具具有广适性、可行性及可信性，因此，本研究采用CiteSpace软件作为研究工具。CiteSpace软件可对样本文献的关键词、发文作者、发文机构、文献来源期刊、基金项目等内容进行共现、共引、共被引、耦合等方面的定量分析，通过差异化的图标、连线、色彩、文字等可视化形式，得到直观的分析结果。

1.3.1 国外研究进展

本研究选取Web of Science核心合集作为数据来源，该数据库收录文献范

[①] 陈悦，陈超美，刘则渊，等. CiteSpace知识图谱的方法论功能［J］. 科学学研究，2015，33(2)：242-253.

[②] 周春雷，张猛. 知识图谱软件学术影响力研究［J］. 信息资源管理学报，2019，9(1)：85-93.

围广、数量多、历时长、影响大，能够全面反映国外智慧图书馆研究领域的概况与最新动态。为保证数据获取的准确与全面，本研究首先以"Smart Library"作为关键词进行检索，结果表明检索准确率较低，检索结果繁杂多样。因此，本研究将"Smart Library"作为标题进行检索，文献出版时间设定为所有年份，共检索到169篇文献，剔除专利、书评、新闻、摘要等不具备分析意义的文献后，获取到本研究需要的文献114篇。检索时间为2022年8月。

1.3.1.1 年度发文量

年度发文量是反映某一领域研究热度的重要指标，本研究绘制出智慧图书馆研究领域年度发文量分布图，如图1-1所示：

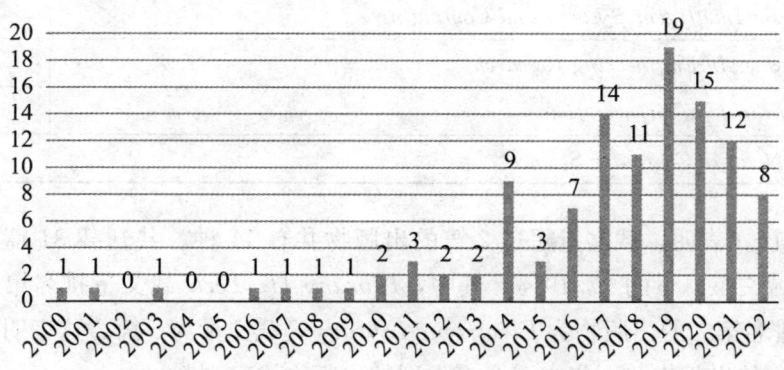

图1-1 智慧图书馆研究文献年度发文量

结果表明，智慧图书馆研究可分为三个阶段：首先是2000—2009年的研究初期，主要是在20世纪学者研究的基础上，进一步对推动图书馆智慧化发展的各项智慧技术、智能设施进行研究，该阶段年度研究成果为0篇或1篇。其次是2010—2016年的研究拓展期，该阶段研究文献较第一阶段有明显提升，但发文总数仍然偏低，年均发文量为4篇。最后是2017—2022年的研究深化期，该阶段年度发文量大幅增长，年均发文量为13篇。总体来看，研究初期，学者们更多的是关注图书馆智慧化建设的某一具体的点；随着信息技术的发展，学者们更多地关注到了智慧图书馆综合建设，发文量极速上升，推动了该研究领域的发展。

1.3.1.2 出版物载文量

期刊是论文学科属性和影响力的反映，能够反映出论文的研究主题和学者的学术水平,智慧图书馆研究文献出版物载文量如表 1-1 所示。

表 1-1 出版物载文量

出版物	载文量
Library Hi Tech	6
Electronic Library	5
Advancesin Social Science Education and Humanities Research	3
Applied Mechanics and Materials	3
2019 Second International Conference on Next Generation Computing Applications	2
Acm IEEE Joint Conference on Digital Libraries	2
Acsr Advances in Computer Science Research	2
Advancesin Intelligent Systems and Computing	2
Aer Advancesin Engineering Research	2
E-Ciencias de la Information	2
Lecture Notes in Computer Science	2

表 1-1 表明,载文量超过 2 篇的出版物共有 11 种,共刊载 31 篇,占该研究领域文献总量的 27.19%。其中,Library Hi Tech 载文量排名第一,为 6 篇。排名第二的出版物为 Electronic Library,载文量为 5 篇。这表明智慧图书馆研究的出版物并不集中,众多类别的出版物均有刊载。

该研究领域最高被引期刊文章"Smart libraries: an emerging and innovative technological habitat of 21st century"发表于 Electronic Library,由 Gul 和 Bano 撰写,发表于 2019 年第 37 卷第 5 期。该篇文章对包含智慧图书馆、智慧技术、物联网、电子资源管理、数据挖掘、人工智能、区块链技术和虚拟现实等相关主题的文献进行了收集、整理与分析,认为随着新兴技术的发展,图书馆呈现出智慧化趋势,提高了图书馆工作效率,提升了服务水平,契合了人们不断增长的知识需求[①]。

1.3.1.3 作者

作者是从事智慧图书馆研究的主体,通过分析作者之间的合作网络,可以

---

① Gul S, Bano S. Smart libraries: an emerging and innovative technological habitat of 21st century [J]. The Electronic Library, 2019, 37 (5): 764-783.

发掘研究领域中重要的研究团队和处于核心位置的研究人员。作者合作关系图谱见图1-2。

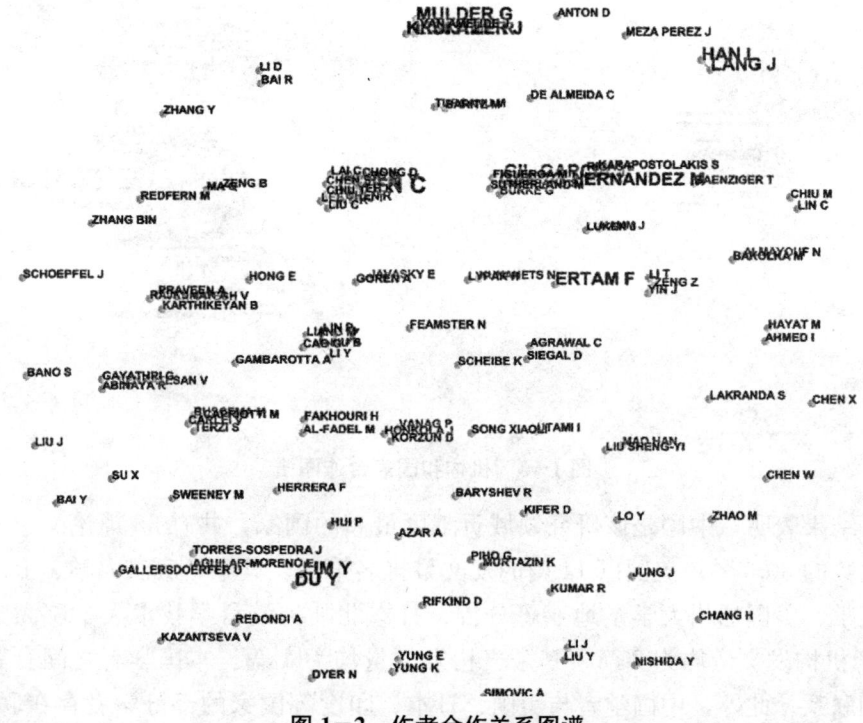

图1-2 作者合作关系图谱

智慧图书馆研究领域作者整体呈现散点分布状态，作者之间的合作较少，仅有的少数作者合作均存在于本机构或本国范围内，鲜有跨国之间的联系。有11位作者发文量为2篇，发文2篇的作者中有4位来自中国，其余作者发文量均为1篇，表明智慧图书馆研究领域还未出现领军人物和高产作者，各国学者均处于不断探索的状态。

1.3.1.4 机构和国家

本研究运用CitesPace软件绘制出智慧图书馆研究领域的机构和国家合作图谱，如图1-3所示。

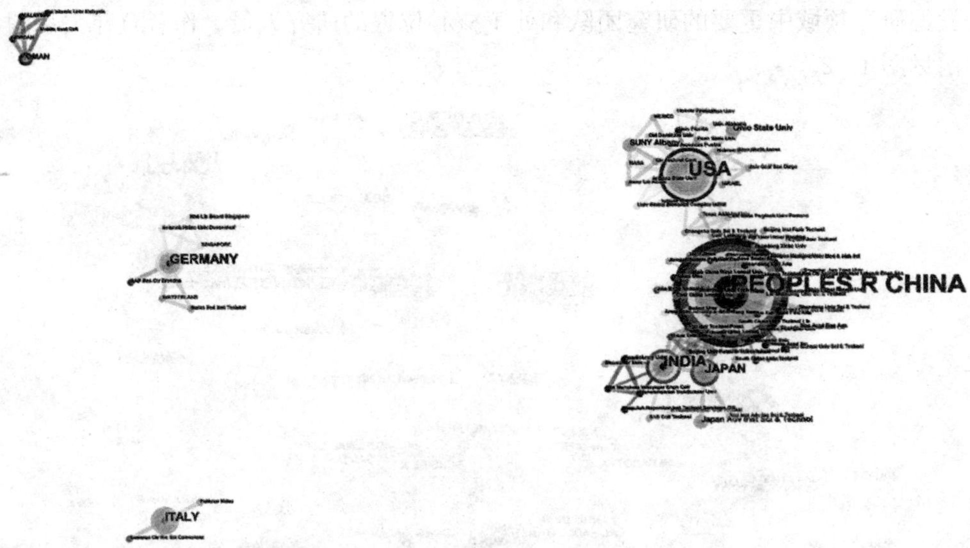

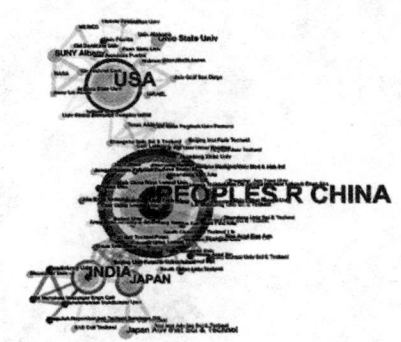

图1-3 机构和国家合作图谱

结果表明，中国是该研究领域贡献度最高的国家，共有35篇论文，占总论文数的30.7%；美国以14篇的发文量排名第二。其中，武汉大学、上海交通大学、美国加州大学圣地亚哥分校、日本北陆先端科学技术大学院大学等16个机构发文量均为2篇，其余机构发文量均为1篇。本国学者之间有着紧密的联系。此外，中国学者与美国、日本、印度等国家的部分学者存在联系，但联系并不紧密。德国、意大利等国家的学者与其他国家的学者无学术联系。同时，研究机构主要为高等学校，表明高校学者较为关注智慧图书馆研究。

1.3.1.5 研究热点

关键词能够反映出研究热点，是研究领域前沿与焦点的体现，对关键词进行分析，能够全面科学地把握该研究领域的面貌。本研究通过CiteSpace软件生成智慧图书馆研究文献的关键词共现图谱，如图1-4所示。

第1章 概 论

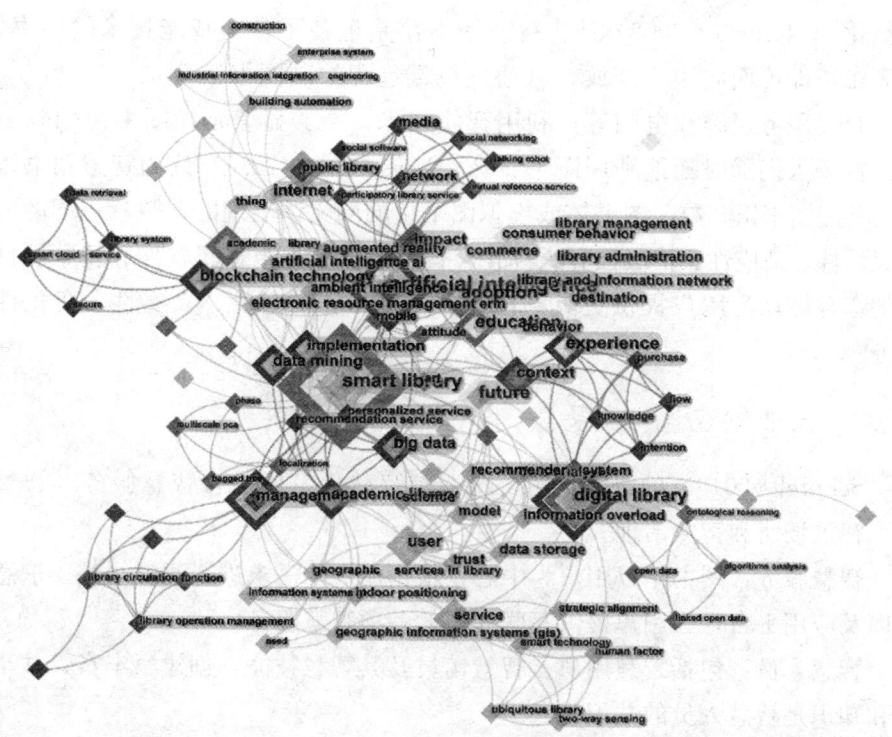

图 1-4 关键词共现图谱

词频大于或等于 2 的关键词共有 26 个。其中"smart library"（智慧图书馆）排名第一，词频为 47 次，远高于其他关键词；其次为"digital library"（数字图书馆）的 6 次和"artificial intelligence"（人工智能）的 4 次。这反映了本研究领域的核心，即信息时代背景下以大数据、人工智能为突出特征的智慧图书馆研究。其他关键词综合反映了图书馆的智慧化趋势，如"big data"（大数据）、"blockchain technology"（区块链技术）、"data mining"（数据挖掘）、"internet"（互联网）等。图 1-4 描绘出智慧图书馆研究文献关键词的图景全貌，该图谱以"smart library"为核心，逐步辐射到四周，散落的关键词较少，表明本研究关键词数量合理，联系紧密，能够反映出该领域的研究现状。国外智慧图书馆建设可划分为以下五个研究热点。

1. 智慧图书馆的内涵

Zimmerman 等（2018）认为智慧图书馆是对图书馆藏书、文献资源、空间资源的综合信息化，在此基础上，实现大数据的交换和共享，利用大数据智能分析平台，以读者需求为导向，将图书馆的服务与管理建设得更为智能化和个性化①。Kroski（2008）认为智慧图书馆是配备了各项智能技术的图书馆，无需馆员即可面向用户开放，可通过终端远程控制图书馆建筑，包括门、灯具、自助服务设施和电脑等，利用智能技术，能够显著延长图书馆的开放时间，便于人们随时随地利用图书馆②。Baryshev 等（2018）认为智慧图书馆是作为智能图书馆、数字图书馆或虚拟图书馆的同义词出现的，智慧一词的内涵是灵活性、适应性、扩展性和人性化，智慧图书馆是由智慧软件和智慧硬件组成的综合体，为用户提供更具互动性、创新性、信息性、真实性、变化性的服务③。

2. 图书馆智慧化发展

Schpfel（2018）的研究表明，图书馆智慧化发展包含智慧服务、智慧人员、智慧场所和智慧治理。

智慧服务：图书馆以用户为中心，根据用户的需求进行调整，基于信息技术以及应用平台，为用户提供互联互通的各项智慧服务。

智慧人员：包括智慧用户、智慧馆员及其智慧技能，创建、丰富、共享信息和知识是智慧人员的共识。

智慧场所：一是要建设绿色无污染的图书馆，智慧图书馆应是可持续的建筑，废物管理、自然条件、污染度、资源利用等均应符合可持续建筑评级系统；二是智能建筑，如建筑物监控和自动化控制、电气设备监控、环境监控等。

智慧治理：包括图书馆的制度建设，如提升管理水平、管理信息公开、相关利益者参与决策、自动化管理水平、用户体验改善等④。

Li 等（2020）从智慧服务、用户虚拟现实体验、移动终端体验、智慧学术等方面设计了基于 5G 移动互联网技术的智慧图书馆。一是智慧服务，包括基于 5G 物联网的智慧图书馆控制系统、5G+AI 智能出入口检测系统、图书馆智能管理机器人、图书馆三维实时跟踪地图等。二是虚拟图书馆，即基于

---

① Zimmerman T, Chang H C. Getting smarter: Definition, scope, and implications of smart libraries [C]. Proceedings of the 18th ACM/IEEE on Joint Conference on Digital Libraries, 2018: 403-404.

② Kroski E. On the move with the mobile web: libraries and mobile technologies [J]. Library Technology Reports, 2008, 44 (5): 1-48.

③ Baryshev R A, Verkhovets S V, Babina O I. The smart library project: development of information and library services for educational and scientific activity [J]. The Electronic Library, 2018, 36 (3): 535-549.

④ Schpfel J. Smart Libraries [J]. Infrastructures, 2018, 3 (4): 43.

5G和人机交互技术的虚拟现实设备，以全景的方式创建虚拟图书馆，并且用户可与虚拟环境进行交互。三是移动终端，即利用物联网技术对各种数据进行集成和处理，包括借阅图书、预约座位、用户数据统计分析、发布公告通知、电子资源使用等。四是智慧学术，包括建立5G+3D投影学术交流大厅、远程会议或学术研讨空间、5G+VR/AR虚拟仿真学习空间等，为多部门互动交流创造环境[①]。

Xue等（2021）以上海交通大学图书馆为研究对象，通过读者问卷调研的形式，对图书馆光线环境及用户舒适度进行了调研，结果表明光线环境对读者体验产生显著影响，如阳光直射会导致眩光、电脑屏幕反射、高环境温度以及其他诸多带给读者不舒适体验的问题，对读者体验有严重的负面影响；同时，不同读者的学习习惯、个人着装和主观感受也会影响环境的整体舒适度。根据研究结果，结合用户感受、实际情况、用户需求，Xue等设计了智能窗帘以改善图书馆空间环境。智能窗帘可移动、便携，未使用时可收藏在设备内部，设备内部装有传感器，通过收集的环境参数自动调整遮阳帘的高度，保证有效遮阳。用户可在移动设备中安装相应的操作软件，通过软件便捷操作；同时，智能遮阳帘可适时发布收集的温度、湿度、紫外线等环境参数[②]。

3. 智慧服务

智慧服务是智慧图书馆以用户为中心的体现，图书馆一切软硬件的智慧化建设最终均体现在智慧服务中。Bai（2020）利用可计算射频识别（CRFID）和循环神经网络（RNN）深度学习技术对利用图书馆纸质文献资源过程中图书的运动情况进行识别，包括取书、浏览书名、翻页、携带书、看书、图书上架、借书七个阶段，从而判断读者对图书的需求程度，为纸质文献资源购置和个性化、精准化读者服务提供依据。同时，结合图书运动轨迹、读者检索记录以及借阅记录进一步发现读者的阅读需要。Bai等利用图书馆实际阅读过程中记录的真实数据对深度学习网络进行了训练和测试，结果表明其对智慧服务具有良好的效果[③]。Gul等（2019）提出知识发现的过程也是数据挖掘的过程，一般采用人工智能、统计分析和机器学习三种技术，通过对数据进行挖掘，发

---

① Li J H, Wang N X, Duan C. The Design of Smart Library Based on 5G [J]. Journal of Physics: Conference Series, 2020, 1606 (1): 1–6.

② Xue J, Wang Y, Wang M. Smart design of portable indoor shading device for visual Comfort—A case study of a college library [J]. Applied Sciences, 2021, 11 (22): 1–16.

③ Bai R, Zhao J, Li D. RNN-based demand awareness in smart library using CRFID [J]. China Communications, 2020, 17 (5): 284–294.

现新颖和潜在的联系，并提取其中隐藏的有用信息。对应到图书馆智慧服务，由于信息时代的数据量不断增长，图书馆可通过数据挖掘对用户进行画像，精确掌握用户的需求，为用户提供个性化的智慧馆藏推荐等[1]。

4. 智慧技术

物联网技术是智慧图书馆建设的关键技术之一。Pujar 等（2015）提出物联网技术可应用于智慧图书馆建设，为用户提供更好的图书馆使用体验。智慧图书馆物联网技术包括 RFID（射频识别设备）、无线通信设备、传感器、能量收集技术、云计算和高级互联网协议等，各项技术相辅相成，共同推动智慧图书馆发展。其中 RFID 用于识别和跟踪用户的数据，传感器用于收集和处理数据，能量收集技术有助于降低相关智慧设施的能耗，云计算将收集的数据存储在云端并根据数据进一步分析用户行为[2]。人工智能技术对于智慧图书馆建设至关重要，包括自然语言处理、深度学习、个性化推荐系统、机器视觉和智能采集等，人工智能技术与物联网技术相辅相成，共同推动了智慧图书馆的发展。Bi 等（2022）对人工智能技术在智慧图书馆建设中的应用进行了全面介绍：一是自然语言处理技术，即智能机器在自然语言处理技术的支持下，理解、处理甚至生成人类语言，从而理解人类语言并与人类互动，可应用于图书馆的自动问答系统和智能机器人。二是深度学习技术。深度学习技术是最重要的机器学习技术之一，极大地影响着人工智能技术，包括卷积神经网络、循环神经网络、图神经网络等。在智慧图书馆中，深度学习技术可以应用于各类统计数据的分析和学习，找出数据隐藏的规律。三是推荐系统技术。该技术主要是针对海量的信息资源，可以在海量的资源中通过用户画像数据，为用户提供精准化、个性化的推荐，如网络电商可以基于用户浏览和购物记录，推荐相应的广告，而智慧图书馆则可以通过读者借阅记录、电子资源浏览记录推荐更为个性化的纸质和电子资源。四是人工智能辅助物联网。两者可在智慧图书馆建设的多个方面相互合作，如人工智能可以利用算法分析，对读者轨迹、自助借还书机使用情况进行分析，优化机器摆放位置。人工智能对利用率极低的书籍、阅览室座位进行分析，优化排架、空调温度、空间布局等[3]。馆藏纸质文

---

[1] Gul S, Bano S. Smart libraries: an emerging and innovative technological habitat of 21st century [J]. The Electronic Library, 2021, 37 (5): 764—783.

[2] Pujar S M, Satyanarayana K V. Internet of things and libraries [J]. Annals of Library and Information Studies, 2015, 62 (3): 186—190.

[3] Bi S, Wang C, Zhang J, et al. A survey on artificial intelligence aided internet-of-things technologies in emerging smart libraries [J]. Sensors, 2022, 22 (8): 1—20.

献资源管理是图书馆的基础业务工作。图书馆大多采用 RFID 技术对纸质图书进行智慧化管理。Tang 等（2020）对这一智慧化技术进行了改进，通过建设智能书架，构建易于部署、低转换成本和高效的图书管理。智能书架系统由五部分组成：传统书架、带标签的书籍、RFID 读写器、天线和智能书架管理系统。当带有标签的书籍进入天线的范围内时，RFID 阅读器将向标签发送信号，标签利用信号的能量将其信息发送到天线。然后天线将信息发送到 RFID 阅读器。管理系统用于从 RFID 阅读器读取信息。这样，被标记的书籍的当前位置和基本信息就被传送到管理系统中。图书馆的图书馆员和用户可以通过不同的应用终端获取任何书籍的确切位置[1]。人脸识别技术也是智能技术的体现。Yalagi 等（2021）的研究表明，自动化系统在智慧图书馆的建设中尤为重要，而人脸识别技术能够减少重复工作，节省时间，提高准确性和速度。图书馆在用户注册时获取其人脸信息，并运用到借书、还书过程中，不仅让借还书流程简单化，而且增加了用户和图书馆的交互程度，也可根据用户数据生成相关的报告[2]。

5. 数字图书馆

数字图书馆是在信息时代背景下对传统图书馆的继承和创新，而随着信息技术的飞速发展，数字图书馆已呈现向智慧图书馆发展的趋势。数字图书馆的概念发展于 20 世纪 90 年代中后期，基础为图书馆各类文献资源的数字化，同时包括资源管理软硬件的数字化、图书馆各项服务的数字化[3]。数字图书馆评价是衡量数字图书馆发展水平高低的重要方法：一是从用户的角度评价数字图书馆的服务质量；二是将数字图书馆作为一个整体，从可访问性、导航设计、互动性、馆藏建设、资源使用、馆藏评估、用户交流、可持续性等方面进行评价。评价方法主要为定量方法或定性与定量相结合，其中问卷调查和访谈法使用较多[4]。Maja 等（2022）对斯洛文尼亚卢布尔雅那大学艺术学院 30 名参与者使用 Tobii 眼动仪进行数字图书馆用户体验实验研究，使用 SPSS 对问卷收

---

[1] Tang M W, Chen J P, Chen H H. Smart bookshelf for library book management [J]. Proceedings of the Association for Information Science and Technology，2020，57（1）：396-399.

[2] Yalagi P S, Mane P V. Smart library automation using face recognition [J]. Journal of Physics：Conference Series，2021，1854：1-10.

[3] Candy S. Digital libraries：an overview [J]. The Journal of Academic Librarianship，2000，26（6）：385-393.

[4] Rahimi A, Soleymani M R, Hashemian A, etc. Evaluating digital libraries：a systematised review [J]. Health Information and Libraries Journal，2018，35（3）：180-191.

集的数据和实验数据的统计数据进行分析,结果表明 Tobii 眼动仪可以深入了解用户在使用数字图书馆时的感知和体验,并为用户提供积极影响的相关元素,从而吸引用户。用户使用数字图书馆体验的好坏程度受用户的期望以及用户已有经历的影响[1]。

1.3.2 国内研究进展

本研究选取中国知网作为数据来源。该数据库收录文献范围广、数量多、历时长、影响大,能够全面反映国内智慧图书馆研究领域的概况与最新动态。为保证数据获取准确与全面,本研究设定检索范围为北大核心和南大核心期刊。先以"智慧图书馆"作为关键词进行检索,结果表明检索准确率较低,检索结果繁杂多样,因此,本研究将"智慧图书馆"作为标题进行检索,文献出版时间设定为所有年份,共检索到 404 篇文献,剔除书评以及不具备分析意义的相关文献,如"数据驱动的智慧图书馆建设与智慧服务——高校图书馆面向'十四五'战略规划学术研讨会暨论文写作研修班邀请函"等,获取到本研究需要的文献 391 篇。检索时间为 2022 年 8 月。

1.3.2.1 年度发文量

本研究绘制出国内智慧图书馆研究年度发文量如图 1-5 所示。

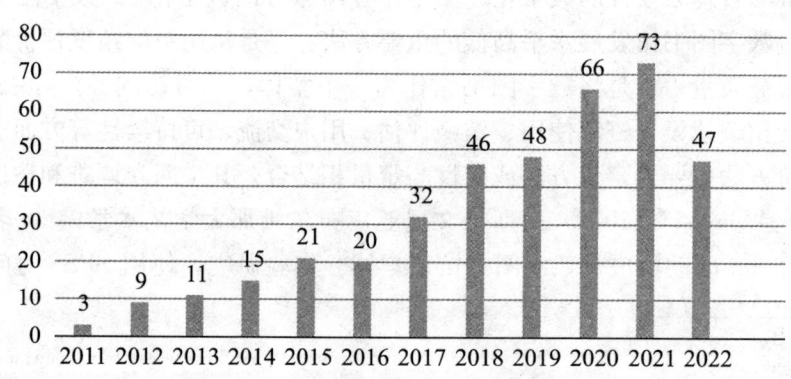

图 1-5 智慧图书馆研究文献年度发文量

结果表明,国内学者在该领域的研究呈总体上升趋势,2021 年达到峰值

---

[1] Maja K, Tanja M. Exploring user experience in digital libraries through questionnaire and eye-tracking data [J]. Library & Information Science Research,2022,44(3):1-11.

73篇，较2011年的最低值3篇增长了23倍多。总体来讲，可划分为两个阶段：一是2011—2016年，发文量由3篇逐步提升为20篇左右，年均提升率为58.76%，学者在这一阶段不断摸索图书馆各项功能的智慧化建设，为第二阶段奠定了基础。二是2017—2022年，该阶段年均发文量为52篇，远远超过上一阶段。该研究领域第一篇文章为北京邮电大学董晓霞等撰写的《智慧图书馆的定义、设计以及实现》，发表在《现代图书情报技术》2011年第2期。文章对北京邮电大学智慧图书馆建设情况进行了分析，给高校智慧图书馆建设提供了参考[①]。

1.3.2.2 出版物载文量

如前所述，期刊是学者发表学术研究成果的载体，可以反映出论文影响力、研究主题和学术水平。本研究整理出载文量大于10篇的期刊，如表1-2所示。

表1-2 出版物载文量

期刊	载文量
图书馆学研究	43
图书馆工作与研究	40
图书馆	30
情报科学	22
图书馆论坛	21
图书情报工作	18
图书馆杂志	12
现代情报	12
中国图书馆学报	11
图书馆建设	11

表1-2表明，载文量大于10篇的期刊共有10种，共刊载220篇，占文献总量的56.27%。其中，《图书馆学研究》和《图书馆工作与研究》两种期刊载文量排名第一和第二，分别为43篇和40篇。最高被引文章为上海社科院

---

① 董晓霞，龚向阳，张若林，等. 智慧图书馆的定义、设计以及实现[J]. 数据分析与知识发现，2011, 27 (2): 76-80.

信息研究所王世伟2012年发表在《中国图书馆学报》的《论智慧图书馆的三大特点》，被引次数为522次。文章认为互联、高效、便利是智慧图书馆的三大特点，且智慧图书馆将成为图书馆未来跨越式发展的新理念和新实践[①]。

1.3.2.3 作者与机构

作者是推动某一研究领域前进的动力，研究机构则代表了研究力量的集中分布。本研究整理出发文量大于5篇的作者和机构，如表1-3所示。

表1-3 作者与机构分布表

作者	发文量	机构	发文量
刘慧	11	武汉大学信息管理学院	23
邵波	9	南京大学信息管理学院	15
陆康	9	华中师范大学信息管理学院	9
曾子明	9	南京晓庄学院图书馆	9
初景利	8	南京大学图书馆	9
杨文建	7	中国科学院文献情报中心	7
段美珍	7	上海市网络技术综合应用研究所	6
邓李君	6	上海社会科学院信息研究所	6
任贝贝	6	四川外国语大学图书馆	5
周玲元	6	南昌航空大学经济管理学院	5
孙守强	5	重庆第二师范学院图书馆	5
王世伟	5	上海图书馆	5
刘炜	5		

表1-3表明，发文量大于5篇的作者共有13人，共计发文93篇，占文献总量的23.79%。其中南京晓庄学院图书馆的刘慧以11篇发文量排名第一，但其文章的下载及被引量均较低，11篇文献的被引总量仅为69次。发文量大于5篇的机构共有12个，共计发文104篇，占文献总量的26.6%。其中武汉大学信息管理学院以23篇发文量排名第一。发文量大于5篇的机构，除四川外国语大学图书馆和重庆第二师范学院图书馆外，均位于我国中东部地区，表明我国西部地区关于智慧图书馆的研究稍显落后，这也契合了我国经济发展的

---

① 王世伟. 论智慧图书馆的三大特点[J]. 中国图书馆学报，2012，38(6)：22-28.

格局——图书馆智慧化是建立在信息技术的基础之上，而各项信息技术的建设均需要大量的经费支持。

1.3.2.4 研究热点

高频关键词反映了某一研究领域的热点集中分布点。关键词共现图谱隐含着该领域的研究现状、研究热点、发展规律等线索[1]。词频分析结果表明，词频大于等于3的关键词共有30个，可分为3个区间：一是智慧服务，词频61次，首次出现年份为2012年，表明智慧服务是智慧图书馆建设的首先关注点以及持续关注点；二是物联网、大数据、人工智能、云计算，词频大于10次，该4个关键词是建设智慧图书馆的关键技术所在，因此成为学者们的重点关注点；三是词频大于3而小于10的25个关键词，涵盖了智慧技术、智慧服务、智慧空间等智慧图书馆建设的方方面面。

在此基础上，为进一步清晰、直观地展现关键词，本研究绘制出关键词共现图谱，如图1-6所示。

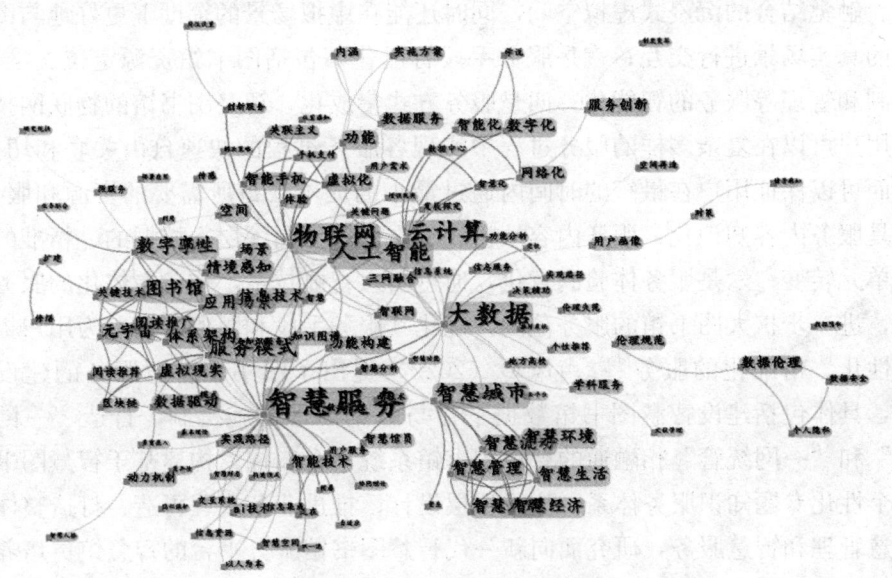

图1-6 关键词共现图谱

图谱中的节点代表关键词，字体的大小为关键词出现的频次，字体越大代表共现频次越高，节点之间的连线表示关键词之间的关系以及共现强度，线的

---

[1] 李杰，陈超美. CiteSpace科技文本挖掘及可视化[M]. 北京：首都经济贸易大学出版社，2016：200.

粗细表示线条连接的关键词之间共现次数的多少,线越粗表明关键词连接越紧密。图1-6直观地反映出国内智慧图书馆研究的热点所在,排名前五的研究热点分别为智慧服务、大数据、物联网、云计算、人工智能,其中,智慧服务是智慧图书馆建设的最终目的,大数据、物联网、云计算、人工智能是智慧图书馆建设的信息技术。

1. 智慧服务

智慧服务是建立在知识服务基础上的,运用创造性智慧对知识进行搜集、组织、分析、整合,形成全新的知识增值产品,支持用户的知识应用和知识创新,并将知识转化为生产力的服务[①]。国内学者开展了诸多图书馆智慧服务的研究。初景利(2018)从六个方面展望了智慧图书馆的服务愿景:一是服务场所泛在化,信息技术推动图书馆服务智慧化,突破时间和地点的限制,因此读者可以在任何场所、任何时间享受图书馆全方位、立体式的服务;二是服务空间虚拟化,通过AR和VR技术,打造虚拟服务空间,为用户提供视觉、听觉、触觉结合的沉浸式虚拟空间,同时还能在虚拟场景的辅助下更好地与图书馆的真实场景进行交互;三是服务手段智能化,包括图书馆资源定位、推送、定制和管理等服务的智能化;四是服务方式集成化,智慧图书馆的物联网技术让用户可以在复杂多样的服务过程中实现各服务过程的快速自由关联和切换,从而可以保证用户在最短的时间内通过最小的成本获得所需要的资源和服务;五是服务内容知识化,服务内容从粗放的文献单元向深层次挖掘的、精准的知识单元转变;六是服务体验满意化,通过引入智能技术,构建立体化的服务环境,进一步扩大图书馆的服务范围,优化其服务手段和服务方式,为用户提供人性化、精准化的服务[②]。卢凤玲(2022)提出了图书馆智慧服务的建设路径,具体包括建设智慧图书馆数据平台与数据治理措施机制,打造"一网通办"和"一网统管"相融通的智慧图书馆系统平台,探索构建基于智慧图书馆的个性化专题知识服务体系,注重顶层设计、推进业务流程再造、打造整体性智慧管理和智慧服务,研究面向新一代智慧图书馆服务平台的智慧馆员培养与转型途径[③]。

图书馆智慧服务层次模型是学者关注的重点之一。陈远等(2015)从泛在

---

① 乌恩. 智慧图书馆及其服务模式的构建[J]. 情报资料工作,2012(5):102.
② 初景利,段美珍. 智慧图书馆与智慧服务[J]. 图书馆建设,2018(4):85-90.
③ 卢凤玲. 面向智慧图书馆的新一代图书馆服务平台发展研究[J]. 图书馆理论与实践,2022(1):108-114.

智慧服务角度构建了层次模型，分为五个层次：最底层为智能场馆层，包括图书馆的实体空间、智慧化管理员、泛在图书服务网点；第二层为智能感知层，通过物联网技术、RFID技术、身份认证技术、体感识别技术、监控感知技术进行智慧感知；第三层为泛在网络层，含有互联网、WiFi、电信网、电视网等；第四层为大数据处理层，具体应用云计算、云储存、数据挖掘与分析、语义分析等信息技术进行数据处理；第五层为智慧应用服务层，该层是智慧服务的输出层，为用户提供泛在图书馆、个性化服务、多媒体图书服务、虚拟现实服务、推送嵌入服务、智慧集群服务、智慧反馈交互等智慧服务。另外，智慧图书馆在运行过程中还离不开系统运行维护体系和信息安全保障体系的有力支撑[1]。孙守强（2019）构建了基于多元协同的智慧图书馆泛在智慧服务体系：资源整合层，该层整合各类资源，如图书馆知识库、档案馆数据库、博物馆知识库、科研成果库等，并且集数据采集、处理、传输、存储和应用于一体；网络连接层，该层在大数据技术、云服务技术、物联网技术等信息技术的支撑下，实现馆馆协同、人馆协同、人人协同；信息交互层，该层融合共识机制、传输协议、信息披露、资源共享、责权分配、考核机制等，是为了保障智慧图书馆多元主体能够达成共识、相互信任，为共同的目标达成一种动态平衡；智慧服务层，提供泛在智慧服务，包括智能检索服务、推荐服务、可视化服务、情景展示服务、社交服务及其他智慧服务[2]。

2. 大数据

大数据技术是便于图书馆由被动服务变为主动服务的核心技术，对图书馆搜集的海量信息数据、用户数据等进行处理和分析，为读者提供个性化的智慧服务，为图书馆软硬件运行提供支持，为领导决策提供依据。徐蕾等（2020）采用Spark Streaming流式处理框架结合Chukwa分布式收集系统和Kafka消息系统，构建了基于大数据的智慧图书馆系统框架，包括由硬件存储器存储的数据、传感器和内部网络收集的读者阅读数据、外部互联网中收集的有关图书馆或者图书更新的数据组成的物理层资源，基于Spark大数据处理技术实时地收集和处理相关的业务数据的数据处理层，以及使用混合型的协同过滤算法

---

[1] 陈远，许亮. 面向用户泛在智慧服务的智慧图书馆构建［J］. 图书馆杂志，2015，34（8）：4-9.
[2] 孙守强. 多元协同视角下智慧图书馆泛在智慧服务研究［J］. 图书馆，2019（11）：52-57.

的数据分析层和匹配各类终端的数据应用层[1]。王维秋等（2020）探讨了智慧图书馆大数据技术运用中的伦理失范问题：一是个人隐私泄露，图书馆在个人信息和数据采集过程中，会对读者的个人身份信息、读者的行为轨迹和读者的阅读偏好信息进行搜集，而这些信息包含了读者的隐私，一旦使用不当，将成为伦理失范行为。二是信息安全威胁，图书馆在运用大数据技术时，信息安全威胁无处不在，如图书馆员因操作不当、技术水平不过关等泄露相关数据，或受外部网络攻击导致数据泄露，或电脑遭受病毒攻击等。三是信息公平失范，信息技术在推动图书馆发展的同时，也造成了信息不对称、不透明及数字鸿沟问题，图书馆中不同身份、不同类型、不同级别群体差异巨大，仅靠图书馆获取的数据进行用户分析，有失公平，因此，智慧图书馆建设不能唯大数据论，图书馆员的作用仍然至关重要[2]。廖运平等（2020）研究智慧图书馆利用大数据进行用户画像，将用户画像分为面向设计和面向营销两类。面向设计的用户画像要根据用户需求设计出好的产品，用户画像是虚构出来的典型用户，借助用户的行为、目标和动机来分析用户的真实诉求，利用定性、定量或定性定量结合等方法创建。面向营销的用户画像解决用户与产品的匹配问题，将对的产品提供给对的用户。用户画像在本质上是定量的，是用户属性、行为特征的集合，广泛应用于电子商务、广告、精准营销等领域。利用大数据技术进行用户研究，用户画像尤为重要，通过用户画像分析用户的信息、行为、轨迹等，能够有效提高图书馆的个性化、精准化服务水平[3]。

3. 物联网

物联网技术是支撑智慧图书馆建设的核心技术，工业和信息化部电信研究院在《物联网标识白皮书》一书中将其定义为：物联网是通信网和互联网的网络延伸和拓展，是新一代信息技术的高度集成和综合运用。它利用感知技术与智能装置对物理世界进行感知识别，通过网络传输互联，进行计算、处理和知识挖掘，实现人与物、物与物的信息交互和无缝连接，以达到对物理世界实时控制、精确管理和科学决策的目的。物联网环境下，智慧图书馆服务平台将注

---

[1] 徐蕾，孔伟. 基于大数据的智慧图书馆系统框架与实现[J]. 实验技术与管理，2020，37（3）：71-75.

[2] 王维秋，刘春丽，刘丽萍，等. 智慧图书馆的大数据伦理失范问题及伦理规范的发展战略[J]. 新世纪图书馆，2020（3）：19-23.

[3] 廖运平，卢明芳，杨思洛. 大数据视域下智慧图书馆用户画像研究[J]. 国家图书馆学刊，2020，29（3）：73-82.

重实现虚拟和现实环境连接，通过虚拟环境的信息交互来促进物理世界信息服务的优化，同时也重视将读者吸引、融入虚拟图书馆信息建设中，作为图书馆可持续发展的动力和要素。物联网环境下的智慧图书馆具有以下特征：可以不受时间限制地提供各项服务，突破了传统图书馆的弊端；可以不受空间限制地提供各项服务，营造无处不在的图书馆环境；馆藏资源集群化，可以实现跨类型、跨部门、跨系统、跨媒介、跨馆际、跨时空的定位感知响应，为用户提供一站式服务[1]；馆藏资源"人性化"，通过书和人相连，实现馆员和读者对馆藏资源的感知；各类人群无缝相连，即在智慧图书馆大开放、大服务体系中各类人员角色相连；读者对馆藏文献信息资源的获取也会有多种渠道、多种形态、多种途径，在文献载体媒介上同样会有多种多样的不同拣选体验[2]。

武洪兴（2020）从智慧建筑、智慧管理、智慧服务三个角度详细研究了智慧图书馆建设时物联网技术的作用。一是智慧建筑，通过智能芯片、传感器、管理系统、智能终端等"感知"图书馆建筑物内各个空间的"信息"，并通过云计算处理后给出相应的控制策略，再通过通信终端或控制终端反馈至图书馆实体空间各类智慧设施，实现节能环保、智能调控、安全应急、人性关怀等目标；二是智慧管理，在物联网的支撑下，应用人工智能、大数据、云计算等新技术和智能设备，优化业务流程和日常管理，使管理更加智能化、高效化；三是智慧服务，通过智慧感知系统随时随地响应读者请求，同时还能利用大数据、云计算等技术分析、预测读者共性需求和潜在需求，通过智能设备根据不同场景向读者提供智慧推送、地图导航、服务推荐、参考咨询等精细化、个性化、人性化服务[3]。黄辉（2014）指出了物联网技术在智慧图书馆应用中存在的问题，包括过度依赖RFID技术导致智慧化改造成本过高、缺乏标准制定话语权、用户智慧化改造未完成、缺少智慧图书馆高级智慧应用等，并有针对性地提出了四条发展建议，具体为构建智慧图书馆的通用架构模型、研制国产标签产品和加大产品标准研发力度、使用智能手机代替标签进行用户智慧化改造、借鉴企业成熟技术建设智慧图书馆高级智慧应用[4]。

---

[1] 陈秀兰，于丽萍. 基于物联网的智慧图书馆服务架构设计与实现［J］. 电化教育研究，2013，34（10）：76—79.

[2] 苏清闽. 物联网环境下智慧图书馆的价值实现研究［J］. 数字图书馆论坛，2015（4）：35—39.

[3] 武洪兴. 基于物联网的智慧图书馆应用构想［J］. 图书馆工作与研究，2020（3）：85—91.

[4] 黄辉. 基于物联网标识体系的智慧图书馆建设研究［J］. 图书馆工作与研究，2014（8）：41—44.

4. 云计算

云计算与物联网、大数据相辅相成，核心是对图书馆大数据的分析，为用户提供更为个性化的服务。梁转琴（2013）认为云计算指的是提供可用的、便捷的、按照用户需求进行网络访问的一种按使用量付费的模式，用户进入可配置的包括网络、服务器、存储、应用软件、服务的计算资源共享池，只需投入很少的管理工作，或与服务供应商进行很少的交互，这些资源就能够被快速地提供给用户。梁转琴（2013）提出云计算无实体存在，仅仅是存在于虚拟的网络空间中，用户使用云计算也无需掌握云计算技术，只需租赁云计算资源即可。云计算系统是诸多信息技术的集合，其构成包括基础设施、云计算平台、电脑及移动终端的相关软件[1]。谢芳（2014）将云计算定义为"将分散的硬件资源和应用系统资源集中在一起，通过虚拟化技术和超级计算技术进行整合，形成一个开放的共享型应用平台，用户借助云平台随心所欲地传送和获取其中的资源并进行运算处理"，同时提出了在云技术支持下的图书馆智慧服务：一是一站式服务，图书馆提供云平台，集成图书馆所有的资源与服务，读者只需登录一次，即可享受所有服务；二是个性化服务，除共性服务外，图书馆通过对用户数据的云计算，分析出用户的阅读偏好、兴趣与爱好，推出个性化定制、推送、检索、收藏、知识管理等服务；三是突破时空限制，读者可 7×24 小时按照自己的时间与规划，自主利用云计算享受图书馆服务；四是互联互通服务，各高校图书馆通过云平台，消除信息孤岛，各自购买相应的数字资源，集成在云平台上，互联互通使用，节约了经费和人力成本[2]。

5. 人工智能

人工智能是推动智慧图书馆发展的关键技术，学者们就人工智能如何推动图书馆智慧化发展进行了综合研究。傅云霞（2018）、徐涛涛（2020）、李菲菲（2021）对人工智能在智慧图书馆发展中发挥的作用进行了综合研究，结果表明人工智能在以下几个方面极大地推动了智慧图书馆发展：一是文献资源智慧化。人工智能技术能够有效对文献资源进行整合，如纸电资源关联整合、异构数据库元数据抽取整合、异构电子资源库接口链接整合等，有利于将相互独立的各种文献资源整合为新的有机体，形成效能更好、效率更高的文献资源体

---

[1] 梁转琴. 智慧图书馆实现的条件探析［J］. 图书馆学研究，2013（14）：6-9.
[2] 谢芳. 论高校智慧图书馆的功能与构建［J］. 图书馆学研究，2014（6）：15-20.

系。同时，人工智能技术能够推动信息资源快速定位、一站式检索、精准导航，并根据用户行为，个性化、精准化推送文献资源，实现文献资源智慧化利用。二是智慧服务。人工智能技术可为用户提供个性化、精准化、差异化、多元化的智慧服务，如使用人脸识别技术完成用户身份识别及用户阅读数据、阅读兴趣、到馆规律统计等，使用 RFID 技术实现图书借阅智能化，使用语音识别技术为相关的老人、儿童、残障人士等弱势群提供无障碍用户服务等。三是图书馆安全保障，包括纸质文献资源安全、电子文献资源安全、网络安全、图书馆实体空间安全、设备设施安全等，人工智能可适时监控图书馆一切资源的状态，建立预警模式以及应急处理。四是智慧咨询，传统图书馆咨询服务由馆员完成，无法满足信息时代用户 7×24 小时利用图书馆资源的需求，基于人工智能技术，图书馆可构建 7×24 小时智慧咨询系统，通过大数据构建问题数据库，根据用户输入的关键词，智能匹配回答，为用户提供更为精准、优质和高效的服务①②③。

除了对人工智能推动图书馆整体智慧化发展的研究外，部分学者对人工智能推动图书馆空间变革、人工智能技术的风险进行了研究。杨文建等（2020）的研究表明，人工智能技术嵌入图书馆空间是信息时代图书馆的发展趋势，能够提升图书馆空间与用户的互动、空间价值感知等。应用人工智能的智慧图书馆空间具有空间表现力持续增强、空间层次性更为分明、空间多样性更加凸显等特点④。曾子明等（2020）对中国知网 193 篇与人工智能技术风险相关的文献进行研究，将图书馆应用人工智能的风险划分为安全风险、技术风险、法律风险、伦理风险、社会风险和监管风险。他们提出图书馆可持续发展需要人工智能技术，人工智能同时不断推动图书馆智慧化发展。人工智能犹如一把双刃剑，在推动图书馆智慧化发展的同时带来了不确定的风险，只有将其风险控制在合理的范围内，才能实现人工智能与智慧图书馆的有机融合⑤。

---

① 傅云霞．人工智能在智慧图书馆建设中应用研究［J］．图书馆工作与研究，2018（9）：47－51＋79.
② 徐涛涛．人工智能环境下智慧图书馆的建设探究［J］．出版广角，2020（8）：76－78.
③ 李菲菲．基于人工智能的智慧图书馆建设的逻辑和方法研究［J］．情报科学，2021，39（12）：87－92.
④ 杨文建，邓李君．人工智能与智慧图书馆空间变革［J］．图书馆工作与研究，2020（8）：5－12.
⑤ 曾子明，孙守强．智慧图书馆人工智能风险分析与防控［J］．图书馆学研究，2020（17）：28－34＋15.

1.3.3 研究述评

智慧图书馆是图书馆在信息时代发展的必然趋势，国内外学者对智慧图书馆概念的内涵和外延、智慧服务、智慧技术、智慧空间等进行了诸多研究。由于经济水平、科学技术发展等，国外学者的研究早于我国，但我国学者在国内智慧图书馆建设的浪潮下，纷纷开展智慧图书馆相关研究，推动了该研究领域的发展，但总体来看，还可以进一步深入研究。

1.3.3.1 理论与实证相结合的研究还有待加强

智慧图书馆属于应用型研究领域，但同时需要理论积淀。关于这一新兴研究领域，国内外学者研究的侧重点更多地集中在应用领域，理论研究相对薄弱，理论与实证相结合的研究则更有待加强。学者们针对不同时期、不同地区、不同类别的图书馆进行了一系列的研究，探索了图书馆整体智慧化以及部分功能智慧化可持续发展的路径，但总体上未形成此研究领域的理论研究体系。

1.3.3.2 动态研究较少

智慧图书馆是不断发展变化的，因此需要对智慧图书馆发展水平进行持续观测，分析其变化过程、影响因素、发展趋势、存在的问题等。学者们普遍是对某一时间节点某一类型的图书馆智慧化发展进行研究，而静态的研究难以反映出智慧图书馆发展的全貌，因此，应加入时间序列数据，动态地、全面地反映智慧图书馆发展水平，从而有针对性地提出相关建议。

1.4 研究内容和研究方法

1.4.1 研究内容

本研究在明确研究背景、研究目的与意义的基础上，首先利用 CiteSpace 软件系统分析国内外学者关于智慧图书馆研究的现状，其次全面整理、梳理了我国 36 家世界一流大学建设高校（A 类）智慧图书馆建设现状。在此基础上，选取具有代表性、典型性的高校图书馆进行智慧图书馆发展水平评价、智慧图书馆发展趋势分析的实证研究。各章具体安排如下：

第一章主要阐述研究的背景、目的与意义，在分析国内外学者关于智慧图书馆研究现状的年度发文量、出版物载文量、作者和机构等的基础上，利用CiteSpace软件进行关键词共现图谱可视化分析，并梳理该研究领域的研究主题。根据国内外学者的研究现状，找出此领域研究存在的不足，抓准本研究的着力点；同时阐述本研究的主要内容、研究方法、研究框架等。

第二章以我国36家世界一流大学建设高校（A类）图书馆为例，分别对其智慧图书馆建设中的智慧用户服务、智慧设施服务、智慧空间服务等进行全面的梳理。

第三章采用多指标综合评价方法，选取具有代表性的24家高校图书馆作为研究对象，从图书馆年度总经费、文献资源购置费、电子资源购置费、纸质资源购置费、在编职工人数、馆舍面积等六个方面对其2010—2020年智慧图书馆建设现状及发展趋势进行分析。

第四章基于扎根理论，采用质性研究方法，选取NVivo作为研究工具，选取教育部高等学校图书情报工作指导委员会官方网站发布的具有代表性的12篇"馆长采访大学书记/校长"访谈记录作为研究材料，确定主轴编码、核心编码等，分析智慧时代背景下各高校图书馆未来的发展趋势。

1.4.2 研究方法

1.4.2.1 文献研究法

本研究基于Web of Science核心合集数据库以及中国知网数据库，全面、广泛地收集国内外学者关于智慧图书馆的研究文献，利用CiteSpace软件分别进行文献研究，对年度发文量、出版物载文量、作者、机构和国家、关键词、研究主题等进行全面的文献研究，为理论研究与实证研究提供文献支撑。

1.4.2.2 定性分析法

本研究利用NVivo分析软件对北京大学、上海交通大学、四川大学等12所高校"馆长采访大学书记/校长"的访谈记录进行质性分析。

1.4.2.3 定量分析法

本研究在构建高校智慧图书馆发展水平评价指标体系的基础上，采用极差变换法对指标数据进行无量纲化，采用熵值法确定指标权重，进而采用多指标综合评价法对研究对象智慧图书馆总体发展水平进行评价。

1.4.2.4 动态与静态结合分析

高校智慧图书馆建设是一个动态的过程，且随着社会发展、科技进步，影响其建设的因素也不尽相同。本研究一方面对高校智慧图书馆建设水平现状进行分析，另一方面对其变化情况、未来的发展趋势进行研究，试图找出高校智慧图书馆的发展规律、影响因素等。

第 2 章　我国世界一流大学建设高校（A 类）智慧图书馆建设现状

21 世纪以来，我国各高校图书馆纷纷投入数字图书馆建设，继而发展为智能图书馆，再到现今如火如荼的智慧图书馆建设，空间、设施和服务的重构已成为当前各高校图书馆建设的重中之重。高校图书馆智慧化重构包括空间智慧化、资源智慧化、服务智慧化和管理智慧化，而其中具有代表性的是我国 36 家世界一流大学建设高校（A 类）图书馆。这 36 家高校办学规模、办学质量、教育经费等均领先大部分高校，用于智慧图书馆建设的人、财、物等资源也较多。因此，这 36 家高校智慧图书馆建设具有一定的代表性、典型性。本章选择这 36 家高校图书馆为研究对象，深入分析其智慧服务、智慧设施、智慧空间等智慧图书馆建设现状。本章介绍的各图书馆基本情况，智慧服务、智慧设施、智慧空间建设情况等均来源于 36 家高校图书馆官网、微信公众号、微博等。

2.1　北京大学图书馆

2.1.1　基本情况

1898 年，京师大学堂藏书楼建立，是我国最早的现代新型图书馆之一。辛亥革命后，京师大学堂藏书楼改名为北京大学图书馆（以下简称北大图书馆）。1952 年，原燕京大学图书馆主体并入北大图书馆。2000 年，北京大学与北京医科大学合并。一百多年来，经过几代北大图书馆人的辛勤努力，北大图书馆形成了宏大丰富、学科齐全、珍品荟萃的馆藏体系。北大图书馆还大量自建和引进了数据库、电子期刊、电子图书和多媒体资源等各类国内外数字资源。馆藏 150 万册中文古籍，为世界瞩目，其中有 20 万件 5 至 18 世纪的珍贵书籍,是中华民族的文化瑰宝,因此北大图书馆被国务院批准为首批国家重点古籍保护单位。外文善本、金石拓片、晚清民国时期出版物的收藏均名列国内图书馆前茅,为研究者所珍视。此外,还有燕京大学学位论文、名人捐赠等特色收藏。

2.1.2 智慧服务和智慧设施

2.1.2.1 自助服务

北大图书馆设有自助借还书机,读者可利用自助借还书机自助完成借书和图书的归还。

图书馆内使用联创图书馆自助服务系统,为读者提供简单便捷的自助式打印、复印、扫描等系列服务。图书馆在各分馆均设有自助打印复印一体机,实行全程无人化管理,为读者提供自助打印、复印、扫描系列服务。全校师生可在校园内任意一台装有打印、复印、扫描客户端的机器上进行打印、复印、扫描,并在任意一台装有刷卡端的机器上,方便地用校园卡进行自助刷卡缴费,并取走所打印或复印的资料。同时,还可利用该机器缴纳图书超期罚款。

2.1.2.2 智能客服

图书馆通过主页咨询台给读者提供七种服务方式,分别是电话咨询、QQ问答、BBS发帖、邮件咨询、微博/微信、常见问题以及给馆长写信。读者可选择任意一种方式咨询与图书馆资源和服务利用相关的问题。

2.1.2.3 微信公众号

北大图书馆微信公众号有"我的图书馆""资源·服务""阅读·活动"三个菜单栏。"我的图书馆"提供了绑定 & 解绑、在借 & 续借、预约列表、校友入馆和校外入馆服务,读者可以了解自己在借图书的到期日以及预约图书的流程;"资源·服务"包括馆藏搜索、扫ISBN查馆藏、云打印、空间预约和使用攻略的功能,读者可利用上述功能查询各项资源,并翻阅图书馆推荐的图书书目;"阅读·活动"则包含书声朗润、一小时讲座、新生专栏等版块,能够让新同学快速熟悉图书馆空间、馆藏资源及各项服务。

2.1.2.4 微博

北大图书馆官方微博开通于 2013 年 4 月,主要用于图书馆的自我宣传和文化展现。微博发布的内容主要集中于图书馆活动的开展、馆内资源推介、讲座培训、图书馆通知公告等信息。

2.1.2.5 3D 打印服务

图书馆免费提供 3D 打印服务,为师生们提供更多实现自己设计想法、解决实际问题的机会。目前仅接受教师、学生自己设计完成的 3D 模型打印,可在图书馆进行现场预约。

2.1.3 智慧空间

2.1.3.1 研讨室

为支持师生的学术研讨、学习交流等活动,满足用户对独立研讨空间的需求,图书馆专门开辟出远离阅览区域的数个房间,推出研讨室空间服务。研讨室可供 3~30 人使用,房间内配备液晶电视、玻璃白板、桌椅等设备,读者可登录预约系统,选择房间和预约时间。

2.1.3.2 研修专座

为满足读者写硕博士论文、课题论文及准备考试等研修需求,提供更好的学术研究环境,图书馆面向硕博士二年级及以上学生、教师开放了三个空间提供研修专座服务。专座配备密码锁书柜、桌面电源、桌面照明、无线网络等设备设施供有研修需求的读者长期使用。登录预约系统后,读者可选择专座号码和使用时间,然后提交请求。申请成功后,将会收到短信及邮件通知,也可在预约平台查看选座信息。

2.1.3.3 和声厅

为给北大师生提供在安静的图书馆中可以发出声音的空间,丰富同学们的文化生活,图书馆开设"和声厅"多功能室。该空间交给读者自由使用,可朗读、歌唱、听音乐、演练 PPT,也可进行小组讨论。该空间还提供专业的放映设备和音响设备,同学们可在此观看高清电影、3D 电影,以满足读者对声音、画面的高品质要求。

2.1.3.4 音乐赏析

北大图书馆设有音乐赏析区，包括 16 台视听机，可供读者欣赏音乐。

2.1.3.5 报告厅

图书馆内设有南北配楼报告厅，由科学报告厅和艺术鉴赏厅组成，是图书馆开展文化传播的重要阵地，可用于举办学术会议、学术报告、讲座、相关学科专业教学实践、观摩、工作会议、校内相关机构组织的竞赛活动等。

2.1.3.6 展陈空间

图书馆展厅面积 600 平方米左右，面向校内各级单位，适用各式中小型专题展览。

2.2 北京航空航天大学图书馆

2.2.1 基本情况

北京航空航天大学图书馆（以下简称北航图书馆）始建于 1952 年，前身为北京航空学院图书馆。学院路校区图书馆馆舍建于 1986 年，2002 年进行了扩建改造，建筑面积 2 万平方米；沙河校区图书馆位于 2 号教学楼，于 2010 年启用，建筑面积 0.9 万平方米；2021 年在沙河校区"一站式"学生社区增设特色阅览室。目前"两校区三地"一体化运行的图书馆馆舍总面积 3.1 万平方米，阅览座位 2500 余个。

北航图书馆最初的藏书由新中国成立初期的清华大学、北京工业学院（现北京理工大学）、厦门大学、四川大学、云南大学等院校的航空书刊组成，如 1909 年的英国航空报告、1915 年的美国航空咨询委员会（NACA）报告等。经过多年的积累，截至 2021 年底，馆藏印刷型书刊资料已达 298 万册，航空航天等特色馆藏资源逐步完善，航空航天类纸本馆藏总量达 4.4 万册、科技报告超 17 万篇，在航空航天特色文献的保有量上处于同类高校的前列；数据库子库达到 249 个，电子期刊 182 万册，电子图书 765 万册，电子学位论文

1009万篇，中文学术电子期刊已基本全面覆盖。

2.2.2 智慧服务和智慧设施

2.2.2.1 自助服务

图书馆为读者提供多样化的自助服务：一是馆内设置了多台24小时自助借还书机，读者可利用自助借还书机自助完成相关服务。二是配置了自助一体机，使用联创图书馆自助服务系统，可实行全程无人管理，为读者提供自助打印、复印、扫描服务，读者可以在宿舍或实验室、办公室等地任意一台装有打印、复印、扫描客户端的计算机上远程发送打印任务，到任意一台装有系统刷卡端的自助打印复印扫描机上，用校园卡进行自助刷卡缴费，并取走所打印或复印的资料。三是自助图书杀菌机。为了让读者不担心图书的卫生问题，安心使用图书，馆内配备了自助图书杀菌机，读者将图书放置图书杀菌机内，启动机器后，机器能够均匀地吹开图书内页，使紫外线光照射到图书内页杀菌。

2.2.2.2 智能客服

图书馆通过智能机器人小创、主页的智能客服、官方微信公众号等为读者提供智能咨询服务，读者可直接查看系统中列出的师生们的常见问题，如图书馆图书捐赠，校友入馆，图书、期刊及数据库如何推荐购买，电子资源校外访问等，也可以通过输入关键词方式进行查询，系统将根据关键词自动匹配答案。工作时间咨询可以转接人工服务，非工作时间咨询可发邮件至指定邮箱。

2.2.2.3 微信公众号

图书馆微信公众号具有"微图书馆""服务动态""特色资源"三个菜单栏。"微图书馆"包括高级检索、热门借阅、图书推荐、数据库导航等功能，师生们可以在手机上快速查找所需的资源及利用各项服务；"服务动态"包括云打印、读者留言、智能客服、数据库导航等功能，读者可利用上述功能查询电子资源；"特色资源"则包含"专题书柜"和"在线展览"两项，其中"专题书柜"中展示了红色初心、大国担当、科技强国、人才强国、健康中国及美丽中国等主题，对不同主题书目的分类能够让同学们快速找到感兴趣的书籍。

2.2.2.4 移动图书馆

移动图书馆依托海量信息资源与云服务共享体系,为读者提供便捷的移动阅读服务,读者在移动设备下载超星移动图书馆应用,绑定北京航空航天大学校园卡即可。移动图书馆不仅可以在线阅读 100 万册电子图书、7800 万篇报纸文章、3 亿篇中外文期刊文献,还可以查询馆藏书目,使用文献传递功能获取图书馆未购买的文献资源。

2.2.2.5 歌德电子书借阅机

图书馆购置有歌德电子书借阅机,歌德电子书借阅机内置经典畅销书,每月更新超星电子图书借阅排行榜前 150 位经典畅销新书,读者通过手机扫描二维码即可轻松借阅正版电子书刊。

2.2.3 智慧空间

2.2.3.1 24 小时阅读区

为了提高精准服务质量,响应读者的学习热情,尽力满足读者夜间学习需求,图书馆设置了 24 小时阅读区,正常闭馆后,从晚上 10 时到第二天早上 8 时,24 小时阅读区仍对外开放。

2.2.3.2 特色阅览室

北航沙河校区图书馆设有特色阅览室,主要提供沉浸式全景新阅读。房间内配备有休闲沙发以及 5G 阅读树、书画台、宣传屏等新媒体阅读设备。

2.3 北京理工大学图书馆

2.3.1 基本情况

北京理工大学图书馆始于 1940 年创建的延安自然科学院图书馆。1949 年学校迁入北京,1950 年与中法大学合并后,图书馆开始正规化。1952 年图书馆更名为北京工业学院图书馆，1988年易名为北京理工大学图书馆。图书馆以服务师生为宗旨，不断推进优质服务工作，形成了以学术资源保障、人才培养支撑、研学空间打造、学科情报服务、特色馆藏建设于一体的研究型教学科研辅助机构。图书馆现由中关村校区图书馆、良乡校区徐特立图书馆组成，总建筑面积55699平方米。截至2021年底，图书馆文献总量为281.4万册，电子出版物1258.3万册（包括电子图书172.2万册，电子论文951.4万篇），数据库子库255个；拥有以"老科学家学术成长资料采集工程馆藏基地"为核心的特色馆藏文献体系，形成了高质量、学科覆盖齐备、印刷型与数字型并重、国防特色鲜明的文献资源保障体系。

2.3.2 智慧服务和智慧设施

2.3.2.1 自助服务

北京理工大学图书馆目前设有自助借还书机。读者可利用自助借还书机自助借阅、归还、续借、查询。馆内的自助打印机为读者提供了简单便捷的自助式打印服务。全校师生可在馆内任意一台自助打印机上进行上传、打印，并可在线上缴费后取走所打印的文档。

为了让读者不用再担心图书的卫生问题，放心使用图书，馆内设置了图书杀菌机，读者将图书放置在图书杀菌机内，启动机器，机器能够均匀地吹开图书内页，使紫外线光照射到图书内页，去除多种细菌、病毒。

2.3.2.2 智能客服

图书馆通过主页智能客服小北、微信公众号、馆长信箱等多种途径为读者提供智能咨询服务。读者可直接查看咨询系统列出的常见问题，如怎样访问图书馆电子资源、借书时长、快到期了怎么办、图书超期了怎么办、什么是馆藏目录系统等。

2.3.2.3 微信公众号

图书馆微信公众号内设有"座位预约"菜单栏，读者可通过微信移动端预约座位。公众号会推送与图书馆资源、服务相关的信息，便于读者了解图书馆的最新动态。

2.3.2.4 一站购书

为了更快、更好地为师生提供阅读资源，满足读者个性化的阅读需求，图书馆与京东图书资源授权开发公司合作，增加了"一站购书"版块，通过汇采平台，构建由读者自主选书、下单，图书馆审核、买单的服务新模式，提升图书获取服务体验，提高图书资源使用效能。读者登录平台后，可根据自身需求选书下单，待审核通过后，选购图书由京东物流直接派送到读者指定地址。读者需在规定期限内将书归还至北京理工大学两校区图书馆服务台。

2.3.2.5 歌德电子书借阅机

图书馆购置有歌德电子书借阅机，以电子图书借阅终端为平台，以手持移动互联终端为传播途径，建立了 24 小时电子自助借阅服务站，以方便师生数字化移动阅读。师生使用手机扫描二维码进行下载和离线阅读。电子书借阅机内置不少于 3000 种正版授权的电子图书，每月定时更新不少于 150 种热门电子图书。内置期刊资源，期刊种类不少于 100 种，每月定期更新。学术视频模块支持在线播放，学术视频不少于 200 集。

2.3.2.6 学院分馆

为全面助力学科建设，图书馆为学校 21 个学院建立了独立的线上学院分馆，针对不同学科提供多种学术服务，涵盖全球学术发表动态、学科相关资讯、师生最新学术成果、学科资源推荐、学院发文统计和借阅信息等实时大数据。

2.3.2.7 i 理微课

针对信息素养课程教学过程中学生最常遇到的问题，图书馆策划了"i 理微课"，主题包括学科数据库导航、常用数据库基本操作、引用与学术规范、文献管理软件、开放获取、引文筛选与评价、科学图谱工具等，以 5~15 分钟为一个主题，让学生能够快速掌握资源使用技巧，提升资源利用效率。

2.3.2.8 特色资源

图书馆的特色资源版块重点展示科学家特藏和本校特藏资源。作为国内唯一一家以科学家群体为对象，集"藏、展、研"于一体的"老科学家学术成长采集工程馆藏基地"，现已收藏全国 500 余位顶尖科学家的珍贵史料，仅实物就已超过14万件。另有本校特藏资源近4万册，包括徐特立文献资料和本校基础典藏这些宝贵资源经过系统梳理，部分已通过新门户实现数字化展示，提供在线阅览，带领读者进入一个别样的科学世界。

2.3.2.9 朗读亭

朗读亭采用高强度全隔音钢化玻璃建造，可保证朗读者在亭内不受干扰。内部安装了高清摄像机和专业的录音棚设备，包括高保真音响、头戴式耳机和专业麦克风等，集朗读、练习、录制、演讲训练等功能为一体。朗读者进入其中，选择自己想读的素材或者朗读自己带过来的文本内容。朗读时，屏幕界面同步显示文字。读完之后，录音音频可以保存上传，朗读者可选择发布到朗读平台，或者自由分享给朋友。

2.3.3 智慧空间

2.3.3.1 研讨间

为满足读者个性化学习需求，图书馆开设了一批研讨间。研讨间分为8人间和12人间两种类型。房间内均提供了桌椅，并配置了投影屏和空调等硬件设施。部分研讨间还设置了阅览书架、沙发等设施。读者可根据需要自由选择不同类型的房间，借助良好的设施和环境，激发读者灵感，促进协作学习、交流和研讨。读者只需通过预约系统就可预约使用研讨间。

2.3.3.2 馨书吧（24小时共享学习空间）

为助力学校"双一流"建设，满足读者个性化学习需求，图书馆开设了新型学习交流空间馨书吧，空间24小时开放，夜间开放期间实行预约制，读者需提前进行座位预约。

2.3.3.3 视听学习空间

空间内设笔记本电脑使用专区、电视屋，可满足读者视听学习、休闲等多元化的要求。

2.3.3.4 学术报告厅

学术报告厅内可容纳200余人，用于举办各类大型会议、学术报告等活动。

2.3.3.5 老院长徐特立纪念展厅

展览主题为"人民之光，我党之荣"，展示了老院长徐特立的生平简介、主要教育思想等内容，以及与他相关的文献资料，以激励师生读者永葆光荣传统、服务祖国、奉献社会。

2.3.3.6 党建工作室

以"面向党员、贴近党员、服务党员"为宗旨，为全校师生党员提供党建书籍、校史文化资源、特色馆藏资源，在两校区打造集学习、交流、文化、活动于一体的空间，党支部可在此开展"三会一课"，组织专题学习，领略校史文化、特色馆藏文化，也可进行入党宣誓、党员活动。工作室面向全校教师、学生党支部开放。

2.4 北京师范大学图书馆

2.4.1 基本情况

北京师范大学图书馆始于 1902 年京师大学堂师范馆的图书室。1917 年，学校将各部图书室的藏书和杂志集中起来，加以重新整理、组织、统一典藏，正式建立"北京高等师范学校图书馆"。为扩大图书馆规模，1921 年 9 月，学校在和平门外的校园内开始兴建第一座图书馆大楼，1922 年 10 月完成。总面积 1157 平方米，设 200 人阅览座位，并设有办公室、目录室、新闻报纸室、杂志室、阅览室和讲演厅，书库可藏书 10 万册。1931 年 2 月，北平大学女子师范学院图书馆并入北京师范大学图书馆。

北京师范大学图书馆主馆面积 32000 平方米，主馆南区、学科分馆等面积 3914.20 平方米，昌平校园 G 区分馆面积 4997 平方米，总计 40911.20 平方米。截至 2022 年底，图书馆藏有包括中外文图书、期刊、学位论文等在内的印本文献总量 550 万余册、电子图书 924 万余册、电子期刊 14 万余种、学位论文 2136 万余篇，引进 Web of Science、Proquest、Science Direct 等各类型中外文数据库 410 个，自建各类型特色馆藏资源数据库 29 个。目前，馆内的古籍线装书达 3 万余种共计 40.6 万余册，善本古籍 3500 余种，其中 130 种馆藏古籍入选《国家珍贵古籍名录》。教育学科资源是图书馆最具特色的重点建设馆藏。

2.4.2 智慧服务和智慧设施

2.4.2.1 自助服务

北京师范大学图书馆主馆设有自助借还书机、24 小时还书机。读者可利用机器自助借书和归还。

为了给读者提供更为简单便捷的自助式打印、扫描服务，图书馆向读者开通网络漫游自助打印系统。图书馆在馆内设置了自助打印复印扫描一体机，实行全程无人化管理，为读者提供自助打印、复印、扫描系列服务。利用现有分布广泛的校园网，可实现基于校园卡的自助打印服务。读者可在校园网内任意电脑上安装打印服务客户端软件，并提交打印作业，通过图书馆的自助打印复印扫描一体机自助漫游刷卡完成打印任务。

2.4.2.2 微信公众号

图书馆微信公众号有"我的""资源""服务"三个菜单栏。"我的"一栏中提供了借阅/续借、预约图书取消、绑定/解绑、座位预约四项功能；"资源"包括馆藏查询、中文电子书、信息素养、京师书韵和世界教育动态的功能，读者可利用上述功能查询所需的资源，其中京师书韵里设了专家讲座、传统文化、BNC 朗读者、京师珍藏等特色内容；"服务"则包含入馆指南、常见问题、自助打印等版块，能够让新同学快速熟悉图书馆空间、资源及各项服务。

2.4.2.3 学习通

学习通是图书馆的移动服务平台，提供了海量的移动阅读资源。读者在移动设备下载或扫描二维码学习通应用，绑定北京师范大学学工号后，可以检索图书馆目录，使用预约、续借、个人账户查询等图书馆服务。读者可不受校园 IP 限制，随时随地查询、检索、下载，还可以通过文献传递等方式获取其他图书馆的海量文献资源。学习通也为读者提供了一个创作和社交互动的平台。读者可以创建自己的专题并发布，专题的内容既可以是原创，也可以整合已有资源，如电子书、视频等，作为专题创作的素材。

2.4.2.4 歌德电子书借阅机

图书馆购置有歌德电子书借阅机，借阅机内置不少于 3000 种正版授权的电子图书，每月更新超星电子图书借阅排行榜前 150 位经典畅销新书，读者通过手机扫描二维码即可轻松借阅正版电子书刊。

2.4.2.5 易阅通

为给读者提供更加便利的图书采选途径，图书馆引入了中图海外选书系统——CNPeReading（易阅通），平台上汇集了数百家海内外出版社的全学科数字资源，读者登录后，在"出版物"下点击"机构已订阅"，即可查看所有可阅读资源并进行访问。目前平台提供了 Brill 电子书 5000 余种、American Mathematical Society（美国数学协会）电子书 2000 余种、免费资源 10 万余种。

2.4.2.6 朗读亭

为给学生提供专业的朗读练习、英语学习、录制、演讲训练空间，图书馆配备了朗读亭设备，让学生尽情朗读出自己心中的梦想。朗读亭采用高强度全隔音钢化玻璃建造，内部有摄像机和完整的录音设备，包括高保真音响、头戴式耳机和专业麦克风等，集朗读、练习、录制、演讲训练等功能为一体，可以满足读者朗读、测评需求。朗读时，屏幕界面同步显示文字。可供选择的朗读题材集合了经典文学作品以及热门、热点文章精彩选段，内容包括唐诗、宋词、元曲、文言文、现代诗歌、散文、小说节选、玩转汉语、外语名篇等海量丰富资源，并提供由专业电台主播、中国传媒大学播音系教授、广播电台十佳播音主持人等录制的名家原声朗读素材，支持经典影视片段原声试听及配音。朗读结束后，通过朗读亭提交的朗诵作品将于审核后发布在图书馆微信公众号"资源"菜单的"BNU 朗读者"栏目，可在页面中聆听、点赞和分享。

2.4.2.7 存包柜

为了方便读者，图书馆设置有存包柜，并分为短期柜和长期柜。短期柜提供给所有入馆读者使用，长期柜使用者主要面向入馆次数较多和在馆时长较长的读者，以及校外住宿、毕业年级、考研考公等对存包柜需求大的读者。

2.4.3 智慧空间

2.4.3.1 研究（讨）间

研究（讨）间是图书馆打造的新兴读者服务空间，可为读者提供进行学习、交流和研讨相对独立的学习科研环境。北京师范大学图书馆设有研究间48间，研讨间7间，其中有32间单人研究间、16间四人研究间、3间六人研讨间和4间六人研讨间。研究（讨）间内配备了会议桌椅、空调等硬件设施。读者需通过选座系统预约使用。

2.4.3.2 多媒体学习中心

馆内设有多媒体学习中心，中心内配备了电脑和各种设备，读者使用图书馆选座系统进行预约选座。

2.4.3.3 会议室

图书馆面向校内各单位/部门提供两个会议场地，分别可以容纳80人和280人，用于举办培训、讲座、会议等各类学术活动。

2.4.3.4 弘文轩

图书馆古籍精品展室弘文轩是图书馆展示馆藏古籍精品的重要窗口，图书馆员定期规划主题，精选藏品，向读者展示馆藏古籍的收藏历史及历代古籍精品。

2.5 重庆大学图书馆

2.5.1 基本情况

重庆大学图书馆馆舍总面积为59362平方米，阅览座位5481个，按校区和学科布局设立3个分馆，分别为理工图书馆、建筑图书馆和虎溪图书馆，还与学院合作建设有博雅分馆、新闻分馆等。图书馆设有综合办公室、学科服

(业务)办公室、资源建设部、网络服务部、情报服务部、特藏部、文化育人中心、理工图书馆、建筑图书馆、虎溪图书馆 10 个部门，为读者提供全方位的文献服务。馆藏资源丰富，实体馆藏达 512.07 万册，数字馆藏 1332.56 万册（件）。重庆大学图书馆办馆宗旨为"文献支撑、文化育人"，建设思路为"资源、管理、服务"三位一体协调发展，服务理念为"读者至上"，馆训为"智慧与服务"。

2.5.2 智慧服务

2.5.2.1 自助借还

三个分馆的服务大厅均设有自助借还书机，提供自助借阅和归还服务，为读者高效利用图书馆资源提供了便利。

2.5.2.2 图书预约和续借

为了使读者更加便捷、有效地利用馆藏图书，读者想借阅已被其他读者借出的图书时，可以在网上进行图书预约；读者在图书馆主页或微信公众号，可以对在借图书进行续借，无需将实体书带至图书馆。

2.5.2.3 固定座位预约

图书馆在各分馆设定了一定数量的固定座位，如理工图书馆设有 52 个固定座位，读者可在重庆大学图书馆微信公众号进行预约，预约成功后可连续使用一个月，每月末最后一天早上 8 点开放次月座位的预约。固定座位预约系统进一步提升了图书馆的服务质量和水平，营造出一个更加和谐有序的阅览环境。

2.5.2.4 微博

重庆大学图书馆微博开通于 2009 年，截至 2022 年 7 月，共计发布动态消息 4631 条，有粉丝 20665 人，视频累计播放量 1.3 万次。微博发布的内容主要集中在图书馆讲座信息、图书馆通知公告、书摘、阅读、高等教育、国内重大时事等方面。

2.5.2.5 微信公众号

微信公众号是重庆大学图书馆智慧服务的重要载体，包括"重大悦读""智慧图书馆""我的"三个版块。

首先是"重大悦读"。该平台是重庆大学图书馆在整合京东读书、可知电子书、馆藏图书等文献资源基础上，根据教学计划任务和读者阅读习惯，协同相关部门共同建设的线上资源平台，可实现线上和线下的互通、课上和课下的交互、教师和学生交流。该平台将本科生必修课程和阅读能力提升、阅读兴趣培养等工作结合起来，引导学生阅读传统经典，满足学生多元化的学习需求。

其次是"智慧图书馆"。"智慧图书馆"集成了重庆大学图书馆主要的智慧服务功能。校内读者可直接登录使用，校友及社会读者则需要在线注册后使用。"智慧图书馆"顶部为通知公告、校长书单，然后设有"掌上资源""借书""预约""其他服务"四个栏目。"掌上资源"涵盖了重庆大学图书馆为读者提供的主要文献资源服务，包括弘深搜索（纸电统一检索平台）、学术头条、博看书苑、书香重大、网上报告厅、云图有声、机构知识库、+馆藏、新语听书、掌阅精选、口语伙伴、库克音乐、就业创业、小海鸥悦读、重大悦读等；"借书"和"预约"栏目为基础的馆藏借阅、京东买书、预约入馆、座位预约等智慧服务；"其他服务"包含虚拟图书馆、青春时光纪念册两项智慧服务，读者可以通过虚拟图书馆在线参观图书馆，通过青春时光纪念册随时上传读者的照片。

最后是"我的"版块，该版块可以通过"电子读者卡"查看读者的基本信息，可以重置密码，查看当前借阅的图书，查看读者指南等。同时，该版块设有"博看朗读"栏目，读者在该栏目中可以进行线上朗读，与实体的朗读亭相辉映。

2.5.2.6 知识发现系统

重庆大学图书馆提供的知识发现服务包括弘深搜索（纸电统一检索平台）、超星发现系统、SUMMON 外文发现系统、CALIS E 读、百链云图书馆等，为读者有效利用图书馆资源提供便捷。

2.5.2.7 移动图书馆

移动图书馆由超星公司提供相关服务，包括馆藏 OPAC 查询、移动阅读、电子书阅读、数字资源检索、个人图书馆、电子文献传递、信息订阅等。读者需要在移动设备上安装移动图书馆客户端方可使用，满足随时随地学习的需求。同时，移动图书馆为读者提供个性化的服务，如续借、预约、挂失、到期提醒等服务。

2.5.3 智慧设施

2.5.3.1 歌德电子书借阅机

借阅机为读者提供约 20 万本电子书免费移动阅读，每月远程自动更新 150 种最新图书以及 100 余种文艺文化类综合期刊。读者在移动设备上安装"歌德电子书阅读器"或"超星移动图书馆"后，扫描图书二维码即可下载电子书。

2.5.3.2 朗读亭

朗读亭是一个专业的、独立的、隔音的、沉浸式的发声空间，包含麦克风、耳机、触摸点播系统等整套设施。朗读亭重视朗读体验，融合朗读练习、英语学习、录制、演讲训练说读、线上分享等丰富功能，可满足用户享受朗读、快乐阅读和社交分享的个性需求。

2.5.3.3 智慧入馆设施

读者在注册电子读者卡后，在入馆时，除了刷实体的校园一卡通外，还可以刷校园码或刷脸入馆，由此避免了忘记带校园卡无法入馆的问题。

2.5.3.4 数据展现设施

图书馆在公共区域摆放有多个 LED 显示屏、电视机等设备，通过大屏幕的形式，展示最新书评、新书通报、推荐阅读、借阅排行榜等与读者密切相关的内容。同时，图书馆主页实时展示本周入馆人数、本周访问量、学院访问排行榜、本周更新资源、借阅排行、热门下载等数据，以直观的形式向读者展现图书馆基本运行情况。

2.5.3.5 自助复印设施

理工图书馆、建筑图书馆、虎溪图书馆均设有自助复印设施，实现复印无人化管理。

2.5.4 智慧空间

2.5.4.1 创新发现中心

创新发现中心集环境服务、软硬件服务、文献资源服务、研究空间服务、科研培训服务、科研协助服务和学科服务为一体，是重庆大学图书馆打造的智慧图书馆服务综合体，是为满足师生科研需求构建的学术共享空间，致力于在大学生人才培养和科研创新发展两个方面发挥重要作用。其中环境服务包含无线网络服务和多媒体视听服务；软硬件服务即软件和硬件资源使用；文献资源服务包含数字教参和学术文献资源使用；研究空间服务包括研修间、讨论区和会议室使用，能够有效促进用户的交流、互动、协作和共享；通过科研培训服务和科研协助服务创造多样性的科研环境，包含科研入门培训、科研素质培训、科研工具、研究咨询等；学科服务包含科技查新、定题服务和学科分析等。

2.5.4.2 研讨空间

重庆大学图书馆各分馆均设有研讨空间，为科研团队提供免费空间服务。各科研团队可采用预约的形式在一段时间内利用研讨空间开展小组讨论、课题研究等。

2.5.4.3 课程中心

课程中心是图书馆联合教务处、研究生院等部门合建的虚拟空间，为读者提供网络课程辅导服务。课程中心根据教务处提供的课程目录，为每门课程提供 2~5 门教材教参的全文资源，读者可直接在该虚拟空间内阅读教材、教参的电子版。

2.6 大连理工大学图书馆

2.6.1 基本情况

大连理工大学 1949 年 4 月建校，时为大连大学工学院；1950 年 7 月大连大学建制撤销，大连大学工学院独立为大连工学院；1988年3月更名为大连理工大学。目前，大连理工大学图书馆拥有一个主馆、三个分馆，共五座馆舍：主馆坐拥主校区的伯川图书馆和令希图书馆两座馆舍，三个分馆分别是开发区校区图书馆、盘锦校区图书馆和马克思主义分馆，五座馆舍总建筑面积83000平方米。截至2021年底，学校图书馆实体馆藏累计374万余册（件），累计订购96个平台268个数据库，其中中外文电子图书约175万册、电子期刊5.1万余种，形成以理工科为主，兼顾人文社科、经济管理等学科的多类型、多语种、多载体的完整馆藏体系。

2.6.2 智慧服务和智慧设施

2.6.2.1 自助服务

大连理工大学图书馆设有自助借还书机和24小时自助还书机。读者可利用自助借还书机自助办理借书和图书的归还。馆内还配置了自助打印机，真正实行全程无人化管理，为读者提供自助打印服务。

为了让读者能够放心使用图书，馆内设置了图书杀菌机，读者将图书放置在图书杀菌机内，启动机器后，能够去除多种细菌、病毒。

2.6.2.2 智能客服

图书馆通过主页智能助手小灵及微信公众号为读者提供智能咨询服务，读者也可直接查看咨询系统列出的常见的与大连理工专业、培训系统、图书馆资源和服务利用等相关的问题，如学校的王牌专业、党员培训系统、万方相似性检测使用等。

2.6.2.3 微信公众号

图书馆微信公众号有"资源检索""@我的""常用服务"三个菜单栏。"资源服务"包括图书检索、资源发现、万方知识、自由荐购四个功能。通过访问移动OPAC，读者可以进入数据库进行书刊检索，并可查看图书馆的热门图书、新书通报、捐赠清单等信息。"@我的"包括个人中心、扫码续借、博看朗读三个项目，绑定读者证，即可收到读者本人的图书馆借书成功、还书成功、预约图书到馆、委托图书到馆、图书超期催还等通知消息。点击进入其中的博看朗读，读者可以选择是在朗读亭朗读或手机朗读。"常用服务"则包含入馆培训、预约入馆、通知公告、联系方式和全景导览五个版块，能够让读者快速熟悉图书馆空间、馆藏资源及各项服务，并及时、准确地获取图书馆的最新消息公告。

2.6.2.4 移动图书馆

为方便越来越多的手机用户了解、利用图书馆资源和服务，图书馆为读者提供了手机版的移动图书馆，其功能与大连理工大学图书馆主页电脑版基本一致。读者可根据自己的手机类型下载相应的客户端，手机客户端可实现查询、预约、续借、新书通报、关注等各项主要功能，以及通过短信和邮件分享给好友。

2.6.2.5 电子读报机、歌德电子书借阅机

图书馆安装了电子读报机、歌德电子书借阅机。电子读报机内收录了数千种畅销期刊；电子书借阅机内置不少于 3000 种正版授权的电子图书，每月更新超星电子图书借阅排行榜前 150 位经典畅销新书。读者用手指轻轻地触碰显示屏上的图片就能实现对主机的操作。读者扫描二维码下载并安装超星移动图书馆客户端后，只需在电子书借阅机屏幕上选择心仪图书，扫描图书封面二维码，便可将该书下载至手机。

2.6.2.6 信息发布机

图书馆设有信息发布机，利用图片、文字、视频等形式展示图书馆重要信息，丰富了图书馆的信息发布媒介，更好地展示了图书馆的馆情、信息。

2.6.3 智慧空间

2.6.3.1 研讨室

为支持师生的学术研讨、学习交流等活动，满足用户对独立研讨空间的需求，图书馆专门开辟出 16 个研讨室，读者可登录预约系统，选择房间和预约时间。

2.6.3.2 会议厅

图书馆内设有报告厅、贵宾厅、多功能厅、普罗名特一厅等多个会议厅，

可用于举办培训、讲座、会议等各类学术活动，校内各单位/部门均可申请使用。

2.7 电子科技大学图书馆

2.7.1 基本情况

电子科技大学图书馆始建于 1956 年，由当时交通大学（现上海交通大学、西安交通大学）、南京工学院（现东南大学）、华南工学院（现华南理工大学）三所高校电讯工程有关专业类文献汇集而成。经过数十年的建设与发展，图书馆在基础设施、资源建设、文化塑造、服务创新等方面跨入了新时代，形成了以电子信息科学技术为核心，以工为主，理工渗透，理、工、管、文、医协调发展的特色文献资源保障与基于用户需求的文献资源服务体系，成为一所馆藏丰富的现代化数字图书馆。

图书馆由沙河校区、清水河校区以及九里堤校区三个分馆组成，馆舍总面积 68000 余平方米，读者座位总数 6600 余个，各类研修间 114 间。

截至 2021 年末，图书馆拥有纸质图书馆藏总量约 260 万册，数字资源系统 129 个平台 300 个数据库，其中电子图书 700 余万册，电子期刊 186 余万册，在线学位论文 1000 余万册；并自建特色数据库，如本校博硕士学位论文数据库、成电学者库、成电学术典藏库、自主学习系统、电子期刊导航系统等。

2.7.2 智慧服务和智慧设施

2.7.2.1 自助服务

电子科技大学图书馆自助借还系统主要包括自助借还书机、24 小时自助还书机和三维定位图。三维定位图可定位图书位置，帮助读者根据层架架标信息快速、准确地找到需要的图书。24 小时自助还书机则可让读者不再受图书馆开放时间的限制，随时还书。

图书馆为读者提供了简单便捷的自助式打印、复印、扫描等系列服务。图书馆设有自助打印复印一体机，真正实行全程无人化管理。全校师生可在校园内任意一台装有打印、复印、扫描客户端的机器上进行打印、复印、扫描，并在任意一台装有刷卡端的机器上，方便地用校园卡进行自助刷卡缴费，并取走打印或复印的资料。

为助力教师备课以及进行课堂教学需要，并满足学生对纸本图书的保存及查阅需求，图书馆购置了图书扫描仪，可将纸本图书秒变电子读物。图书扫描仪支持双页扫描、OCR 文字识别以及 TTS 语音朗读。

2.7.2.2 智能客服

图书馆主页"你问我答"中为读者提供了留言板、电话咨询、QQ 咨询等多种咨询方式，尽力解答读者在使用图书馆资源、服务等过程中遇到的各种问题。

2.7.2.3 微信公众号

图书馆微信公众号有"服务大厅""通行码"等菜单栏。其中"服务大厅"包括图书馆藏、服务预约和个人中心三个版块，读者在手机上就能够完成馆藏搜索及预约空间、座位、讲座等功能，在馆藏检索中发现自己需要借阅的图书，只需使用"书送达"服务，图书就能够直接送达读者的手中。

2.7.2.4 读者荐购

为了"无缝对接"读者需求、吸引读者深度参与图书采购环节，图书馆将众多新书集聚一室，采用了"读者说了算"的模式，先借阅后加工。

2.7.2.5 移动图书馆

移动图书馆以移动网络为支撑，以图书馆集成管理系统平台和基于元数据的信息资源整合为基础，以适应移动终端一站式信息搜索应用为核心，以云共享服务为保障，通过手机、iPad 等手持移动终端设备，为图书馆用户提供搜索和阅读数字信息资源、自助查询和完成借阅业务，帮助用户建立随时随地获得全面信息服务的现代图书馆移动服务平台，真正实现数字图书馆功能。

2.7.3 智慧空间

2.7.3.1 研修室

为支持师生的学术研讨、学习交流等活动，满足用户对独立研讨空间的需求，图书馆专门推出研修室服务。研修室分别设置了单人间、三人间、六人间和互动团队研修室，分别供不同人数使用。独立小组研修室内配有写字板、移动桌椅、多媒体显示屏等，可按照预约者的要求将区域独立或合并。读者可登录预约系统，选择房间和预约时间。

图书馆还设立了仅向教师开放的教师研修室。教师登录预约系统后，可选择预约时段，使用期限最长 7 天。

2.7.3.2 党员先锋活动站

图书馆专门设置了党员先锋活动站，为校内师生党组织、党员免费提供互动研讨、组织生活、理论学习等服务，是党组织或党员开展宣传和执行党的路线、方针、政策，充分发挥党员先锋模范作用的场所。

2.7.3.3 多媒体教学空间

空间内设置了六边形木桌，配备了投影矩阵，可将观点随时投影在屏幕上，随处可见，让使用者之间的交流近在咫尺。

2.7.3.4 会议报告厅/多媒体阅览室

图书馆提供会议报告厅/多媒体阅览室，空间内配有 LED 大屏、电子投影白板、音响、麦克风等，可供校内单位开展学术交流、知识讲座、互动教学、文化传播等活动。

2.7.3.5 考研座位

为给校内本科毕业班准备考研的学生提供更好的备考条件，图书馆专门设置了考研学习区座位，学生在研究生入学考试准备期间可预约申请，在成功预约到考研座位后，可前往图书馆流通服务台办理收纳箱借用。

2.7.3.6 夜间学习区

为了更好地满足读者在夜间学习的需求，为学校人才培养创造优良的保障条件，图书馆开放了夜间学习区。空间内设有各类阅览座位150席，营造了温馨舒适的环境，全天24小时开放，每日21：00至次日7：00为夜间学习时段。

为保障读者的安全，夜间学习区内覆盖有24小时监控并与学校监控中心联网，如在夜间学习过程中遇到异常、突发、意外等情况，读者可即刻按下"一键报警"装置或拨打"校园110"报警求助电话。

2.7.3.7 VR体验区

图书馆购置有VR（虚拟现实）设备，读者以5～15人为团队在图书馆主页上进行预约，可以使用VR全景体验等。读者穿戴设备后，即可进入电脑模拟产生的一个三维空间的虚拟世界。

2.7.3.8 朗读亭

朗读亭采用高强度全隔音钢化玻璃建造，内部有摄像机和完整的录音设备，包括高保真音响、头戴式耳机和专业麦克风等，集朗读、练习、录制、演讲训练等功能为一体，可以满足读者朗读、测评需求。朗读时，屏幕界面同步显示文字，可供选择的朗读题材包括部编版教材资源、重温国学、诗词大汇、英语名篇、中华诗文经典等海量丰富资源。外部的制作人员可以遥控"雾化"设备，将亭子玻璃调整成毛玻璃状态，保证朗读者在亭内不受干扰。

2.7.3.9 e韵空间

空间内设置了舒适的太空舱、电脑工作区、光影厅、天韵厅等。光影厅、天韵厅内配备了现代化的视听设备，让读者可以享受影院级的视听体验，读者能够免费欣赏学术、音乐、电影等视频资源。

2.7.3.10 电子钢琴

电子钢琴配有专用的耳机，可以让读者独自地倾听自己的演奏，享受音乐的快乐，而无需担心影响他人。

2.7.3.11 轻型影音室

轻型影音室有两个 24 座影音室，可为读者开展主题活动或电影鉴赏提供合适的场地。

2.8 东南大学图书馆

2.8.1 基本情况

1902 年，三江师范学堂藏书楼建成。1923 年，国立东南大学孟芳图书馆独立建馆；1952 年 10 月，调整合并为南京工学院图书馆；1988 年 5 月，复更名为东南大学图书馆。2000 年 4 月，原南京铁道医学院、南京交通高等专科学校、南京地质学校图书馆并入，组成新的东南大学图书馆。2007 年 3 月，九龙湖校区李文正图书馆建成。一百多年来，经过几代图书馆人的辛勤努力，东南大学图书馆已经发展成资源丰富、空间舒适、技术先进、服务完善的研究型图书馆。图书馆现由九龙湖校区李文正图书馆、四牌楼校区图书馆、丁家桥校区图书馆组成，馆舍面积 66900 平方米，阅览座位 5575 席，周开馆时间达 98 小时。截至 2021 年 12 月，馆藏纸本文献 460 万册，中外文数据库平台 149 个（233 个子库），电子图书 368 万册，电子期刊 12 万种，电子学位论文 1296 万篇。

2.8.2 智慧服务和智慧设施

2.8.2.1 自助服务

东南大学图书馆设有自助借还书机，读者可利用自助借还书机完成借书和图书的归还。为了方便了读者的学习和生活，图书馆还配置了无人驾驶还书车，师生们可以在教学楼、宿舍楼前轻松借还图书。图书馆内使用联创图书馆自助服务系统，馆内设有自助打印复印一体机，真正实行全程无人化管理，为读者提供自助打印、复印、扫描系列服务。

2.8.2.2 智能咨询

图书馆通过主页及微信公众号为师生提供 7×24 小时智能咨询服务。读者可直接查看咨询系统列出的常见问题，如图书借还、电子资源校外访问等，也可以通过输入关键词提问，系统将根据关键词自动匹配答案，并会列出与之相关的其他问题供读者选择。图书馆同时还为到馆的读者配置了咨询机器人，为有疑惑的读者提供服务。线上线下相结合的咨询服务方式，为更有效地解答读者问题提供了保障。

2.8.2.3 微信公众号

东南大学图书馆微信公众号有"我的""服务""新知计划"三大功能模块。"我的"模块包括馆藏查询、借阅/续借、空间预约、常见问题等功能，读者可以通过馆藏查询快速找寻自己所需的书刊信息；"服务"模块包括在馆人数、新生专栏、芸悦读、智能咨询及每天一本电子书等功能，新同学可以通过新生专栏快速熟悉图书馆空间、学习资源及各项服务；"新知计划"则包括东南朗读、书乐园、书香东南和微期刊等服务。

2.8.2.4 微博

东南大学图书馆官方微博开通于 2011 年 11 月，主要用于对图书馆资源、服务等的自我宣传和文化展现。微博发布的内容主要集中于图书馆活动的开展、馆内资源推介、讲座培训、图书馆通知公告等信息。

2.8.2.5 超星瀑布流电子书借阅机

超星瀑布流电子书借阅机采用拼接触摸大屏，自上而下展示各式书籍，如同"瀑布流"；后台大数据拼接屏则实时显示书籍借阅排名、到馆人数、空间使用情况等信息。读者一进门就可以看到屏幕上自上而下不断刷新的书籍信息、热点书籍的排行、新购书籍、经典著作等内容。读者遇见自己喜欢的书籍，只需用手机一扫就可以"借走"；也可以按照索引分类，轻轻一触摸，简单几步即可查询到自己所需。

2.8.2.6 移动图书馆

应用元数据整合技术与云共享服务体系，移动图书馆为读者提供便捷的个人借阅查询、馆藏查阅、图书馆最新咨询浏览等服务，读者可在手机、平板电脑等移动设备上下载超星移动图书馆，绑定东南大学校园卡即可。移动图书馆不仅可以在线阅读超过百万册电子图书、7800 万篇报纸全文、海量的中外文期刊文献，还提供 24 小时云图书馆文献传递服务，无论是电子图书还是期刊论文，都可以通过邮箱接收到电子全文。

2.8.2.7 电子读报机

图书馆设置了电子读报机，24 小时为读者提供自助借阅服务。电子读报机为读者提供了 3000 册正规电子图书与多本群众喜闻乐见的杂志，通过触摸屏及师生手中的智能手机，一点、一扫、一借即实现多区域的阅读服务与借阅服务。

2.8.2.8 歌德电子书借阅机

图书馆购置有歌德电子书借阅机，以电子书借阅终端为平台，以手持移动互联终端为传播途径，建立了 24 小时电子自助借阅服务站，以方便师生数字化移动阅读。师生使用手机扫描二维码即可下载和离线阅读。电子书借阅机内置不少于 3000 种正版授权的电子图书，每月定时更新不少于 150 种热门电子图书；内置期刊资源，期刊种类不少于 100 种，每月定期更新；学术视频模块支持在线播放，学术视频不少于 200 集。

2.8.2.9 朗读亭

朗读亭采用高强度全隔音钢化玻璃建造，内部有摄像机和完整的录音设备，包括高保真音响、头戴式耳机和专业麦克风等，集朗读、练习、录制、演讲训练等功能为一体。朗读时，屏幕界面同步显示文字，可供选择的朗读题材有中英文诗歌、散文、小说等。读者可自行选择朗诵配乐，配乐种类多达上百种。

2.8.2.10 电子钢琴

图书馆内配备了电子钢琴，戴上专用的耳机，可以让读者倾听自己的演奏，享受音乐的快乐，而无需担心影响他人。

2.8.3 智慧空间

2.8.3.1 学习室和多媒体小间

图书馆内为读者提供共同学习室、多媒体小间等特色空间。房间内配置了电脑机、网络、有线电视、投影仪等设施提供资源的一站式服务，可以满足读者个性化学习和互动交流需要。

2.8.3.2 学习书房

以东南大学红色文献资源和公共文化空间为基础，图书馆建立了东南大学思想政治理论学习基地。"学习书房"主体建设包括三个部分：一是"学习书房"。该空间与宣传部、马克思主义学院、团委共建，汇集了习近平总书记的论著、马克思主义原典著作、"四史"等相关主题纸本文献近5000册，以主题文化墙的形式展示了百年中国共产党的发展历程和重大历史事件，同时还包括"习近平系列重要讲话数据库""党史资料库"等多个专题数据库和红色经典电子书等资源。二是"教育部高校思想政治工作创新发展中心东南大学虚拟仿真教学基地"。该空间与马克思主义学院共建，通过软硬件建设实现教育内容的平面化向立体化延伸，真实感受、沉浸式体验如爬雪山、过草地等场景，以现代化教育技术手段，改革思想政治课的教学模式，使思想政治教育入脑入心。三是"追光剧场"。"光"意味着理想之光、信仰之光、科学之光。该空间与物理学院党委共建。"追光剧场"2021年围绕党史学习教育推出100部红色影片，供全校各党支部、班级观看，加深对中国共产党治国理政、发展道路的理解。

2.8.3.3 童寯画室

童寯画室内定期分批、逐次、有主题地展示童寯先生的各类画作，为建筑专业人士及美术爱好者展现我国第一代建筑师的高超技艺与精神气质，可供广大师生观摩欣赏。

2.9 复旦大学图书馆

2.9.1 基本情况

1918年,学生集资购书成立戊午阅书社,标志着复旦大学图书馆初创。图书馆现由文科馆、理科馆、医科馆、张江馆、江湾馆(李兆基图书馆)、古籍部(国家古籍重点保护单位)组成。馆舍总面积62137平方米,阅览座位总数4490个,周开馆时间105小时,日均接待读者7000多人次。

截至2021年底,馆藏纸本文献资源约591.06万册(含纸本图书和期刊合订本),其中中文465.97万册(含线装古籍约37万册,包括善本6万册,民国时期图书10万册),外文125.09万册,订购中外文数据库643个,自建数据库13个。特色馆藏包括古籍、民国时期文献、外文图书、复旦人著作以及各类专题赠书。

2.9.2 智慧服务和智慧设施

2.9.2.1 自助服务

目前复旦大学图书馆的文科馆、理科馆、医科馆、张江馆、江湾馆均设置有自助借还机,共计31台,分别放置在各馆的书库、阅览室和服务台旁,本校读者均可凭有效一卡通进行图书自助借还操作。图书馆还设置了自助取书柜、智慧书架等设备,如智慧书架专供读者借还热门书籍,学生还书后,设备会自动更改相关信息,另一个同学即可借出。

图书馆为读者提供了简单便捷的自助式打印、复印、扫描等系列服务。图书馆在各分馆均设有自助打印复印一体机,真正实行全程无人化管理,为读者提供打印、复印、扫描系列自助服务。全校师生可在校园内任意一台装有打印、复印、扫描客户端的机器上进行操作,并使用一卡通自助刷卡付费。

2.9.2.2 智能咨询

图书馆通过主页咨询台及微信公众号为读者提供7×24小时智能咨询服

务,读者可以选择旦小图咨询、电话咨询、现场咨询以及 E-mail 咨询等咨询方式。读者可直接查看咨询系统列出的常见问题,如怎样进行座位预约、怎样查找馆藏图书等;也可以输入关键词提问,系统将根据关键词自动匹配答案,并列出与之相关的其他问题供读者选择。采用线上线下相结合的咨询服务方式,为有疑惑的读者提供多种答疑途径,为更有效地解答读者问题提供保障。

2.9.2.3 微信公众号

复旦大学图书馆微信公众号有"服务""看历史""活动"三大功能模块。"服务"模块包括借阅服务、文献提供、学科服务、图书馆微服务、咨询服务等功能,读者可以通过图书馆微服务选择学术搜索、空间预约、数字阅读等,同时也可以了解图书馆近期开展的最新活动;"看历史"模块将图书馆发布的活动预告、培训、通知等按照日期排序进行展示,方便读者们翻阅;"活动"分为图书馆的一百年、博看有声书、经典诵读、旦旦悦读等部分。

2.9.2.4 微博

复旦大学图书馆官方微博于 2011 年 4 月开通。官方微博作为实时的消息发布平台,发布的内容主要为图书馆各项活动通知、图书馆馆务公告、图书馆工作动态、高等教育等,及时为广大师生提供图书馆的最新资讯。

2.9.2.5 移动图书馆

复旦大学移动图书馆是一款专为复旦大学师生打造的手机移动图书馆客户端。用户可以使用客户端检索图书馆的不同资源、阅读不同文档格式的文献,支持一站式检索、统一检索,支持多种形式的全文阅读。通过学生证/借阅卡验证后,客户端提供馆藏检索、借阅信息查询、预约等功能,也可以查看图书的最新公告信息。

2.9.2.6 京东电子墨水屏阅读器

利用手机短信快速注册京东阅读后,即可借阅京东电子墨水屏阅读器。

2.9.2.7 预约书柜

预约书柜位于医科馆 1 楼大厅,它可以方便读者自助获取预约图书。读者可根据需求在图书馆主页的馆藏目录中预约图书,当预约的图书抵达医科图书馆并放入预约柜之后,读者会收到一封确认邮件,可在一周之内到预约柜区取书借阅。

2.9.2.8 智能书架

智能书架上的图书通过高性能的图书定位管理系统，实现了图书的智能定位。当读者在图书馆主页上的馆藏目录中预约了该区域的图书后，只需在该区的查询机上刷读者证（一卡通或借书证），智能书架上的彩色灯就会以亮灯的方式引导读者到对应的书架取书，从而节约了读者找书的时间。在查询机上，读者还可以按照课程名、教师名、书名、图书条码号快速查找教学参考图书，并可在室内的自助借还书机上完成借书操作。

2.9.3 智慧空间

2.9.3.1 多功能智慧研讨空间

研讨空间内设有不同规模的独立研究室（可录像、可分享），分为单人研究室和多人研讨室，可满足不同读者的需要，并可促进读者协作学习、交流和研讨。空间内置远程视频会议功能，不仅能够自动录制和生成会议纪要，还支持4K高清画质，配备了专门的投影设备、彩色写字板、电子板、桌椅等硬件设施，学生可以在讨论的同时展示自己的电脑屏幕。为了保障进行学术交流时不被打扰，空间内有一面墙专门使用了吸音材料。读者需通过选座系统预约使用研讨空间。

2.9.3.2 开放学术讨论区

讨论区内配备多人讨论桌、电脑等硬件设施，读者需通过选座系统预约使用。

2.9.3.3 新技术体验空间

新技术体验空间设有AR（增强现实）、VR（虚拟现实）和3D设备。空间内集合了医学VR游戏、人体器官模型AR展示、3D鼠标模拟临床操作以及3D扫描仪、3D打印机等多种体验项目。无论是即将进入临床的医学生、科研岗位的研究者还是非医学背景的读者，都能在这里体验到多款手术操作、观察3D器官模型、模拟B超操作等。

2.9.3.4 视听区

视听区内设有白色蛋形的太空舱样式的视听舱，可供学生休闲娱乐，提供视频观看、音乐欣赏功能，分单人及多人医学主题电影放映、多人视听舱、单人视听位。

2.9.3.5 公共展示区

图书馆特辟文科馆一楼大厅作为公共展示区。校内各院系均可申请在此组织开展各类弘扬复旦文化、展示学生风采的公益性主题展览。

2.10 国防科技大学图书馆

2.10.1 基本情况

国防科技大学图书馆创建于1953年，前身为哈尔滨军事工程学院图书馆，1970年随学校主体南迁长沙。1999年，长沙炮兵学院、长沙工程兵学院、长沙政治学院并入国防科技大学。目前国防科技大学图书馆有三座馆舍，建立了以理工类重点学科为核心，多学科协调发展，数字化资源为主、印刷型资源为辅、相互协调发展的文献资源体系。现有印刷型文献370余万册（件），每年订购中外文现刊3500余种。建成了包括95个大型综合数据库、151个专题数据库或子库的数字图书馆。

2.10.2 智慧服务和智慧设施

2.10.2.1 微信公众号

图书馆微信公众号有"微门户""资源·服务""动态·活动"三个菜单栏。"资源·服务"包括服务大厅、移动阅读、科图云借、实验室预约、图书馆空间预约，其中移动阅读为读者提供获取音视频和电子书的服务，让读者能够更为便捷地使用馆内的资源；"动态·活动"则包含新闻通告、活动报名、咨询问答等版块，能够让读者了解图书馆服务和工作的动态信息。

2.10.2.2 智能咨询

图书馆通过主页及微信公众号为读者提供智能咨询服务。读者可直接查看咨询系统列出的常见问题，也可以通过输入关键词查询，系统将根据关键词自动匹配答案。

2.10.2.3 科图云借

"科图云借"是国防科技大学图书馆推出的"你选书，我买单"图书荐购服务，读者凭统一身份认证登录，通过线上新书采购平台选购京东和当当的上百万种图书，直接进行新书借阅，平台将在1~4天内通过物流完成图书配送，读者无需支付书款，图书采购费和运费由图书馆承担。读者在借阅期内归还至所在校区图书馆服务台即可。

2.10.2.4 京东电子墨水屏阅读器

图书馆内引入了京东电子墨水屏阅读器，阅读器内置了图书馆已订购的超过20万种热门新书，并可以同步到读者的阅读记录、笔记等。读者需要通过图书馆的京东读书自助借还柜，像借书一样借用阅读器。

2.10.2.5 学习通

学习通是图书馆的移动服务平台，提供了海量的移动阅读资源。读者在移动设备安装学习通应用，绑定国防科技大学学工号后，可以检索图书馆目录，使用预约、续借、个人账户查询等图书馆服务。读者可随时随地查询、检索、下载，还可以通过"文献传递"等方式获取其他图书馆的海量文献资源。

2.10.3 智慧空间

研修室、研讨室均为自助式学习空间，可为读者提供阅览、自修、研讨等服务。为满足读者不同的需求，图书馆内的研修室可供单人阅读、学习使用，研讨室则可供4~6人学习、交流使用。

2.11 哈尔滨工业大学图书馆

2.11.1 基本情况

哈尔滨工业大学图书馆（以下简称"哈工大图书馆"）建于1920年。建馆初期，馆舍面积只有七八十平方米，藏书仅几百册。1950年初，我国政府接管哈尔滨工业大学，从此哈工大图书馆在党和政府关怀及学校重视下，逐步发展壮大。1954年，哈工大图书馆迁至西大直街169号之后，馆舍面积达到3200平方米，馆藏图书增加到40万册。20世纪60年代中期，图书馆已逐渐形成了中外文兼顾、理工并重，以机、电、仪书刊为主体的，具有哈尔滨工业大学专业学科特色的藏书体系。2000年，哈尔滨工业大学与哈尔滨建筑大学合并后，哈工大图书馆拥有了两座独立馆舍和建筑分馆，总面积为3.9万平方米。图书馆拥有丰富的馆藏量。截至2022年8月，图书馆已拥有传统型馆藏346万册（件），电子图书196万种。数据库的总数量为145个，其中文摘数据库13个，外文全文数据库46个，中文数据库20个，中文电子书5个，外文电子书21个，多媒体资源13个，发现系统2个，免费电子资源23个，检索系统和分析工具2个。图书馆自建了2003年以来的本校学位论文全文特色库，并在筹建国防工程文献特色库。

2.11.2 智慧服务和智慧设施

2.11.2.1 自助服务

目前哈尔滨工业大学图书馆在馆内放置了RFID自助借还书机，本校读者均可凭有效一卡通进行图书自助借还操作。同时增设24小时自助还书机，实现了读者还书自由。馆内的智能共享储物柜可以满足考研、考公务员和自习同学的存放物品需求。

2.11.2.2 微信公众号

图书馆微信公众号有"我的lib""云资源""服务"三大功能模块。"我的

lib"为读者提供文献检索、图书推荐、热门借阅、活动预约等功能,读者在使用服务的同时还可以了解图书馆近期开展的最新活动。"云资源"分为博看专区、名师讲坛、云阅读、云发现和主题书柜,其中名师讲坛遴选热门方向,精选有识有趣有科的讲座,或分享成功经验,或聚焦一技之能,或讲授博雅知识,或展现名师智慧,让读者可以在移动互联网时代更方便、高效、有趣地获取和分享知识。"服务"模块包括座位/空间预约(校内IP)、语林学习云、馆长信箱。其中语林学习云提供了深度阅读、视频讲堂等服务,师生们可以利用这个平台进行创作以及展示自主创作作品。

2.11.2.3 移动图书馆

哈尔滨工业大学移动图书馆是一款专为师生打造的手机移动图书馆客户端。用户可以使用客户端检索图书馆的不同资源,阅读不同文档格式的文献。客户端支持一站式检索、统一检索,支持流式及版式的全文阅读。通过学生证/借阅卡验证后,客户端提供馆藏检索、借阅信息查询、预约等功能。

2.11.2.4 英语口语训练亭

训练亭配备的投影仪支持线下教学、英语原声电影播放和主题演讲;与此同时,引入在线课程、教学视频和模拟试题等英语学习资源,供大学生自主学习。训练亭还提供英文歌曲、英语原声影片等休闲类学习资源,培养学生分析问题、解决问题和创造性的思维能力。学生可以通过图书馆微信公众平台和网站预约使用。

2.11.2.5 博看朗读亭

朗读亭采用高强度全隔音钢化玻璃建造,内部有摄像机和完整的录音设备,包括高保真音响、头戴式耳机和专业麦克风等,集朗读、练习、录制、演讲训练等功能为一体。

2.11.2.6 电子资源阅读机

以电子图书、期刊借阅终端为平台,以手持移动互联终端为传播途径,建立了24小时电子自助借阅服务站,以方便师生数字化移动阅读,提高资源的使用效率。师生通过移动图书馆或者微信进行扫描阅读。电子资源阅读机内置不少于3000种正版授权的电子图书,每月定时更新不少于150种热门电子图书。内置期刊资源,期刊种类不少于100种,每月定期更新。学术视频模块,支持在线播放，学术视频不少于 200 集。

2.11.2.7 超星阅读本

超星阅读本自助借还柜内置数台阅读本，具备自助语音触控交互功能，支持阅读本自动初始化与智能充电，真正实现阅读本无人自助借还。超星阅读本通过多点触控进行操作，支持滑动、拖动等手势，根据需要对显示书页进行个性化设置，贴近读者阅读习惯。通过阅读本可进入书城选书系统下载离线阅读，在线书城提供 5 万种图书，每月更新 150 种新书；同时也提供了 7000 种畅销期刊，可在阅读本上在线阅读或整本下载离线阅读。

2.11.3 智慧空间

2.11.3.1 研讨室

研讨室内设有不同规模的独立研究室（可录像、可分享），可满足不同读者的需要，并促进读者协作学习、交流和研讨。研讨室内配备了专门的投影设备、写字板、桌椅等硬件设施，读者需通过选座系统预约使用。

2.11.3.2 教师阅览专区

专区内可同时容纳 12 人，室内环境幽雅、舒适，是教师查阅文献、静心研究、学习备课、开展研讨的好去处。教师可通过微信或图书馆主页的"预约空间"进行预约。

2.11.3.3 智课外语自助学习中心

中心内配备了电脑、黑板、桌椅等硬件设施，采取线上线下相结合的学习模式，涵盖大学英语四级和六级、GRE、雅思、托福等不同课程，匹配沉浸式英语课堂体验系统为学生提供英语类学习服务。

2.11.3.4 主题班会教室

教室内配备了投影仪等设备，可用于召开主题班会、团会等活动。

2.11.3.5 经典阅读导读空间

空间内配置了智能大屏、白板、桌椅等硬件设施，师生可以在此开展小型座谈会、见面会等。

2.11.3.6 报告厅

图书馆内设置了报告厅，可容纳上百人。报告厅内配有 LED 大屏、音响、麦克风等，可为学校各单位及图书馆举办各种会议、报告、讲座、见面会等活动提供合适的场所。

2.11.3.7 博看智慧阅读空间

空间内利用前沿的数字技术把传统阅读方式通过瀑布屏、太空舱、光影阅读、AI 机器人等多种高科技的智能平台展现出来，营造全感官视听阅读学习空间。

2.11.3.8 数字文房

空间内设置了数字琴棋书画之"益智棋桌"，并提供多种交互工具，给读者展示超真实的全息影像。

2.11.3.9 音乐体验空间

图书馆音乐欣赏空间，拥有正版古典高雅音乐艺术资源，融合先进科技，打造数字留声机、云 CD 借阅机、电子钢琴、库客音乐厅等不同的浸入式高雅艺术体验环境。此空间结合有趣的智能场景以及人机互动技术，让古典更现代，可以有效地提高全校师生对高雅艺术的鉴赏水平。

2.11.3.10 虚拟现实体验空间

在当前 5G 传输技术及 VR 技术的发展背景下，动感单车及 VR 蛋椅设备可以让学生体验科技带来的全场景震撼感受。通过设备联网及内置的 VR 体验场景，师生在学习工作之余可体验科技乐趣并放松身心。

2.11.3.11 全息激光影院

影院内配置了专业的影视播放设备，有座位 25 个，为师生提供影院级的中外经典影片欣赏空间。

2.11.3.12 融媒体空间

图书馆引进了 MR 安全教学平台系统，在空间内配备了 MR 增强现实体验设备、3D 打印机、视频剪辑电脑。可以通过 3D 建模软件建立模型连接 3D 打印机，进行实时打印。

2.11.3.13　微课录播室

微课录播室内有专业摄像机、提词器、绿幕、麦克风等设备，能实现现场录制、直播、导播、存储、切换、编码等功能，师生可以使用微课录播室进行课程录播与直播服务。各学院师生通过馆内空间预约系统就可以预约使用。

2.11.3.14　解压体验室

体验室内准备了心理减压音乐椅、减压模拟人，同时配备了解压心理沙盘及对应的各种沙盘教具，涵盖自然、历史、人文、社科、人物等十大领域，供学生在紧张的学习之余进行心理沙盘模拟游戏等活动，有助于学生的心理放松及心理健康发展。

2.12　华东师范大学图书馆

2.12.1　基本情况

华东师范大学图书馆创建于 1951 年 10 月，现由闵行校区图书馆和普陀校区图书馆组成，馆舍总面积约 5.6 万余平方米，其中，2006 年 9 月正式启用的闵行新校区图书馆面积为 3.9 万平方米。

图书馆拥有丰富的馆藏资源，包括古今中外各类印刷型文献和数字文献。馆藏文献的学科范围涵盖人文科学、社会科学、自然科学与应用技术等学科领域，尤以教育学、地理学、文史哲等学校重点学科领域的文献见长。截至 2021 年底，图书馆拥有实体馆藏文献总量 493.86 万余册，其中图书 407.86 万余册，期刊合订本 41.28 万余册，古籍文献 33.48 万余册，学位论文 5.79 万余册，非书资料 5.1 万余册；各类电子文献数据库 164 个（466 个子库），其中电子期刊 8.02 万余种，电子图书 220.16 万余种，学位论文 789 万余篇。

2.12.2 智慧服务和智慧设施

2.12.2.1 自助服务

目前华东师范大学图书馆馆内放置了 RFID 自助借还书机,可通过识别图书内置 RFID(无线射频识别技术)标签进行借还。本校读者通过校园卡、微信电子校园卡可以自助借/还馆内开架图书,并支持单次多本借还操作。图书馆使用联创图书馆自助服务系统的打印复印扫描一体机,为读者提供更为简单便捷的自助式打印、复印、扫描等系列服务。图书馆在两个分馆均设有自助打印复印扫描一体机,真正实行全程无人化管理,为读者提供自助打印、复印、扫描系列服务。

2.12.2.2 微信公众号

华东师范大学图书馆微信公众号分为"读者服务""资源推荐""活动推广"三大功能模块。"读者服务"包括查询 & 预约 & 续借、座位预约、研修间预约及实时在馆人数四个选项,读者可利用查询馆内纸质和电子资源,或完成预约服务;"资源推荐"包括特色书展、授渔小讲堂、培训 & 课程等功能;"活动推广"则包括天堂电影院、读书会、文化展览、我的朗读和江南小课堂,其中江南小课堂以"参与式小课堂"模式开展江南文化教育,利用创意文化空间以开放的互动模式提供情境化学习,这种注重培养学生参与性与实践能力的课堂模式受到广大师生的好评以及追捧。

2.12.2.3 微博

华东师范大学图书馆官方微博于 2011 年开通。官方微博作为实时的消息发布平台,发布的内容主要集中在图书馆馆务公告、图书馆工作动态、图书馆各项活动通知、培训活动、图书馆文献资源等方面,让广大师生能够及时了解图书馆的最新资讯。

2.12.2.4 移动图书馆

华东师范大学手机图书馆支持移动端访问,可让读者随时随地将属于自己的图书馆带在身边。移动图书馆为读者随时随地了解图书馆资讯,查询图书馆服务信息、资源等提供了便捷的途径。

2.12.2.5 电子书阅读本

电子阅读本是基于先进的墨水屏技术的阅读设备，能完全模拟纸质书内容效果的阅读体验，且相较于一般的纸质书籍更加轻便。阅读本内提供不少于50000本精编电子图书，每月更新150本图书，与出版社同步发行，提供在线、离线两种图书获得方式。

2.12.2.6 歌德电子书借阅机

图书馆以电子图书借阅终端为平台，以手持移动互联终端等为传播途径，建立了24小时电子自助借阅服务站，以方便师生数字化移动阅读，提高资源的使用效率。师生通过移动图书馆或者微信进行扫描阅读。歌德电子书借阅机包含经典名著、经管理财、成功励志、小说传记、历史军事、人文社科等12大类图书。借阅机每月将会更新150本电子图书。

2.12.2.7 超星瀑布流电子书借阅机

超星瀑布流电子书借阅机汇集热门图书、名师讲座等各类电子资源3000多种，每月更新150种。资源信息由屏幕顶部缓缓飘落，动态流动，犹如瀑布飞流直下，通过触屏方式为读者提供服务，简便快捷。轻轻一扫，即可将数字资源下载至手机，离线阅读。

2.12.2.8 博看朗读亭

朗读亭采用高强度全隔音钢化玻璃建造，内部有摄像机和完整的录音设备，包括高保真音响、头戴式耳机和专业麦克风等，集朗读、练习、录制、演讲训练等功能为一体。朗读时，屏幕界面同步显示文字，可供选择的朗读题材有中英文诗歌、散文、小说等。

2.12.2.9 库克数字留声机

库克数字留声机是集"音乐图书馆""有声读物"和"电子杂志"三种功能于一体的数字化设备。库克数字留声机收录了海量的音乐资源和各类音乐杂志，并配备了耳机，读者在闲暇时间戴上耳机即可进入缤纷的音乐世界。

2.12.3 智慧空间

2.12.3.1 研讨间

图书馆内设有多种不同规格的研讨间，空间配备了多媒体高清显示系统、无线投屏、电子白板、录播系统等设备，可通过创意空间预约系统在线预约，也可通过馆内的预约机现场预约。

2.12.3.2 文化展厅

为培养读者人文精神、增强读者人文底蕴，图书馆配备了馆内文化展厅，可以举办形式多样、内容丰富的文化展览和展示。展厅内配有移动展板，能满足不同规格的展览需要。图书馆还设计开发了"网上展厅"服务，将历届展览内容在网上展出，让广大师生通过网络也能参观各场展览。学校各单位均可使用展厅举办各类学术文化展览。

2.12.3.3 天堂电影院

天堂电影院配备了先进的音响与投影、屏幕系统，每月设立主题影展，以经典电影为主，兼及介绍当前的电影潮流与电影新片，致力于提升师生的电影素养，搭建全校影迷的交流平台。同时，影院也为传播学院的影视编导、播音主持等专业的师生提供教学实践基地。

2.12.3.4 星光小剧场

星光小剧场面积约 50 平方米，整体为弧形结构。观众座位席采用台阶式设计，常设可移动彩色软座席 28 个。小剧场内配备了投影和音响系统，可满足小型的表演要求。舞台全部铺设地毯，舞台与观众席零距离，方便互动，适合用作话剧、舞台剧等表演的空间。小剧场面向全校师生免费开放，符合资格的使用者只需提前三天预约即可使用。

2.12.3.5 王元化学馆

王元化学馆向学校各单位免费开放，可举办各类学术文化活动。

2.12.3.6 丽娃文库

丽娃文库是依靠华东师范大学及其前身学校大夏大学、光华大学、圣约翰大学丰厚的学术积累建设的特色资源典藏库，主要收录各前身学校和华东师范大学建校以来对学校发展具有重要影响的名师、学生和杰出校友的相关资料。

2.12.3.7 学术报告厅

图书馆内设有学术报告厅，用于举办各类讲座报告，校内各单位/部门均可申请使用。

2.12.3.8 缥缃楼

图书馆古籍特藏部在对馆藏资源深入挖掘梳理的基础上，按不同专题定期举办实物展览，展品力求兼顾知识性与趣味性、文物价值与文献价值的统一。在提供文化服务的同时，更为广大读者营造一个高质量的学习共享空间。

2.13 华南理工大学图书馆

2.13.1 基本情况

华南理工大学图书馆源溯老中山大学图书总馆，奠基于1936年11月，由著名图书馆学家杜定友负责筹建。1952年华南工学院图书馆随学校的建立而诞生。其后，图书馆的馆名以及馆藏结构随学校变更多次变化，直至1988年1月，学校更名为华南理工大学，图书馆遂更为现名。

华南理工大学图书馆由五山校区总馆、五山校区图书馆北区分馆和大学城校区图书馆组成，馆舍总建筑面积达到6.3万平方米。截至2021年底，图书馆馆藏总量约870万册，其中，纸质文献约381万册，电子文献约489万册；现有各式数据库总库164个，自建特色库累计42个。

2.13.2 智慧服务和智慧设施

2.13.2.1 自助服务

为方便读者借还书，华南理工大学图书馆设置有自助借还书机，读者可持本人校园卡，直接在自助借还书机上按操作借还书；或在华南理工大学图书馆微信公众号上进行手机借书。在图书馆自助借还书机上，师生可以用校园卡完成滞纳金的自助缴纳。

图书馆为读者提供了简单便捷的自助式打印、扫描等系列服务。读者可使用自助设备进行打印、扫描系列自助服务，费用通过校园卡扣除。

为了让读者不担心图书的卫生问题，安心使用图书，馆内配备了自助图书消毒设备，读者将图书放置在图书消毒设备内，启动机器后，机器能够均匀地吹开图书内页，使紫外线照射到图书内页杀菌。

图书馆设置了自助存物区，读者可将随身物品存入储物柜中。

2.13.2.2 微信公众号

图书馆微信公众号分为"资源推荐""微服务""试用资源"三大功能模块。"资源推荐"为读者提供了中科考试库、新东方微课堂、库克音乐图书馆、国图移动阅读平台、信息素养教育五个选项，其中新东方微课堂不仅仅服务于英语学习，更有法语、日语的公开课和学习资料，可以满足外语考试、外语学习、出国培训等多种需求。"微服务"分为馆内 WiFi、研修室预约、开馆时间、个人阅读报告及优谷朗读亭，读者在微信上可以完成预约服务。"试用资源"包含畅想之星电子书、中邮期刊、书香微阅读、掌阅等，提供了大量的电子图书和期刊资源。

2.13.2.3 移动图书馆

用户可以使用客户端检索图书馆的不同资源、阅读不同文档格式的文献，支持一站式检索、统一检索，支持流式及版式的全文阅读。读者在移动设备客户端后，通过华南理工大学借阅证号验证，即可进行馆藏检索、借阅信息查询、使用预约、续借、个人账户查询等，也可以查看图书的最新公告信息。

2.13.2.4 朗读亭

朗读亭内提供耳机和麦克风,朗读者在用微信登录亭内的设备后,便可以自由选择朗读的内容。从诗歌、散文、儿歌、故事到英语美文,任君挑选。朗读时可选择多种背景音效,或根据需要调节音量,朗读后会有系统的自动打分供朗读者参考,朗读音频也会同步到微信,供其他听众倾听。

2.13.3 智慧空间

2.13.3.1 信息共享空间

为满足读者多元化的需求,图书馆专门设置了不同类型的学习研修空间。研修室是安静独立的学习研修空间,共有 16 间,房间内均配备了电脑,可供 2~4 位读者小组学习使用;讨论室内提供触屏一体机、无线键盘、无线鼠标、手写笔等硬件设备,可供 4~12 位读者同时进行小组学习;交流培训室可用于各类主题培训及拓展;专题体验区可供师生学术交流使用。

2.13.3.2 信息共享(IC)学习交流空间

IC 学习交流空间是图书馆特别为支持读者学习研究、交流共享设置的新型空间,配置有电脑、网络、有线电视、投影仪等设施,是个人研究和小组研讨的理想空间。图书馆共设有 18 间大小不等的 IC 学习交流空间,学校师生均可通过预约系统自助预约使用。

2.13.3.3 研习书院

研习书院融合了传统书院教育模式,整合了红色文献资源。书院内收藏有习近平新时代中国特色社会主义思想相关著作、马克思主义著作、中国社会主义建设理论研究著作及中国传统文化精粹文献等近 3 万册图书和期刊,并配置专题电子数据库等电子资源。

2.13.3.4 研墨学堂

研墨学堂以传承历史和文化为己任,以传统文化体验为目的,开展系列讲座、展览展示、体验等活动。学堂内书画体验区配备书画一体机、电子画屏等设备,囊括书法、绘画、古文字三大部分的展示、体验和学习,是接续文脉,传承、体验和研究中国优秀传统文化的理想空间。

2.14 华中科技大学图书馆

2.14.1 基本情况

华中科技大学图书馆由原华中理工大学图书馆、同济医科大学图书馆、武汉城市建设学院图书馆合并而成。华中理工大学图书馆前身是华中工学院图书馆，始建于1953年；同济医科大学图书馆前身是原德文医学堂（同济大学前身）图书室，始建于1907年；武汉城市建设学院图书馆前身是中南建设工程学校图书室，始建于1952年，1981年7月，在武汉城市建设学院重新组建时，再次复建图书馆。2000年5月合校时，武汉城市建设学院图书馆并入华中科技大学图书馆，现为东区分馆；同济医科大学图书馆2006年10月并入华中科技大学图书馆，现为医学分馆。

华中科技大学图书馆现设主馆、医学分馆、东区馆三个馆区，馆舍总面积60500平方米，可用座位6000多个，各类阅览室32个，其中电子阅览室3个。馆藏文献涵盖理、工、医、文、管等十三大学科门类。截至2022年12月31日，馆藏文献总量累积1238.99万册（件），有中外文数据库615个。医学古籍特藏是馆藏特色之一，其中三种古籍入选《国家珍贵古籍名录》。

2.14.2 智慧服务和智慧设施

2.14.2.1 自助服务

为方便读者借还书，华中科技大学图书馆馆内设置了自助借还书机。读者可站在自助借还书机前，启动"人脸绑定"界面拍照，把个人信息保存到人脸识别系统资料库中。进馆和借书时，读者只要将脸对着摄像头，门禁系统和自助借还书机就会自动识别身份，从而快速高效地完成无卡借阅和无卡进馆。在图书馆自助借还书机上，师生还可以用校园卡完成滞纳金的自助缴纳。

2.14.2.2 微信公众号

图书馆微信公众号分为"资源""服务""我"三大功能模块。"资源"包括书目搜索、扫码查书、电子资源、本馆新闻服务功能,读者可查找所需的馆藏纸质和电子资源,了解图书馆的最新动态;"服务"则为读者提供阅读推广、微讲座、新生培训、物联医学馆和微信帮助五个版块;"我"分为座位预约、我的朗读、我的借阅和我的账号四个版块,读者可以查看自己图书的借阅情况、完成座位的预约和图书续借等。

2.14.2.3 信息发布机

图书馆设有信息发布机,利用图片、文字、视频等形式展示图书馆实时数据:图书馆各馆区当日实时进馆人数和前一日进馆人数、当日实时借阅量和前一日借阅量、上月院系进馆排名、主馆今日分时进馆人数等,更好地展示了图书馆的馆情、信息。

2.14.2.4 博看朗读亭

朗读亭采用高强度全隔音钢化玻璃建造,内部有摄像机和完整的录音设备,包括高保真音响、头戴式耳机和专业麦克风等,集朗读、练习、录制、演讲训练等功能为一体。朗读亭内置资源丰富,可供选择的朗读题材包括英文名著、红色经典读物、名家散文随笔、古诗词等。朗读时,读者可自行选择背景音乐,屏幕界面同步显示文字,完成录制后可试听,试听满意后可保存、上传、分享。

2.14.3 智慧空间

2.14.3.1 学习研讨室

图书馆内设有独立的学习研讨室,空间内配有电脑及电子白板一体机,可供师生在此进行学术交流。

2.14.3.2 教师专用阅览室

专为教职工而设的教师专用阅览室,内设 6 座,可为教师、博士后提供更为独立的学习空间。

2.14.3.3　全静音借阅室

该空间不提供桌面电源，读者不可携带有键盘的电子设备，同时需将手机等设成静音，室内禁止接打电话、扎堆讨论等行为，在这里读者可以实现沉浸式学习。

2.14.3.4　中庭展厅

为促进文化推广，图书馆在1~4楼中庭设置了文化空间，推出常态化展览陈列活动，方便师生们参与图书馆活动。

2.15　吉林大学图书馆

2.15.1　基本情况

吉林大学图书馆前身为东北行政学院图书馆，1946年创办于哈尔滨，1948年与哈尔滨大学图书馆合并，1952年改称东北人民大学图书馆，1958年随校名改称吉林大学图书馆。2000年6月，原吉林大学、吉林工业大学、白求恩医科大学、长春科技大学和长春邮电学院合并组成新吉林大学。目前吉林大学图书馆由六校区七个图书馆组成，它们分别为吉林大学前卫校区中心馆和鼎新馆、南岭校区工学馆、新民校区医学馆、朝阳校区地学馆、南湖校区信息学馆、和平校区农学馆。吉林大学图书馆资源覆盖了人文社科、理工农医军等十三大学科。

2.15.2　智慧服务和智慧设施

2.15.2.1　自助服务

吉林大学图书馆内放置了自助借还书机，本校读者通过校园卡可以自助借还馆内开架图书，并支持单次多本借还操作。为了让读者更好地利用图书馆资源，图书馆为读者提供了基于校园一卡通的简单便捷的自助打印、复印、扫描服务。图书馆内设有自助打印复印一体机，读者只要在校园网内任意一台电脑上进入"云打印",都可以发送打印任务,然后于三天内到图书馆任意一台一体机上用校园卡自助刷卡缴费,即可取走所打印或复印的资料。

2.15.2.2 智能客服

图书馆提供主页咨询服务 FAQ、QQ、微信等多种咨询方式,为有疑惑的读者提供多种渠道的服务,为更有效地解答读者问题提供保障。

2.15.2.3 回音壁

回音壁是主要是用来征集读者意见的。学生将问题或者建议贴在回音壁上,每一条都会得到工作人员的回复。

2.15.2.4 微信公众号

吉林大学图书馆微信公众号分为"我的图书馆""云阅读""常用服务"三大功能模块。"我的图书馆"包括绑定读者证、馆藏查询、我的借阅、新闻公告等服务功能,读者可查询馆藏资源,了解图书馆的最新动态;"云阅读"包括 QQ 阅读、JD 阅读、博看期刊、畅想之星等,读者可随时随地、免费阅读海量电子书;"常用服务"则为读者提供了信息素养课堂、图图欢迎你、馆藏分布及服务、开馆时间、CARSI 资源五项服务。

2.15.2.5 微博

吉林大学图书馆官方微博于 2015 年开通。官方微博作为实时的消息发布平台,发布的内容主要集中在图书馆馆务公告、图书馆工作动态、图书馆各项活动通知、培训活动、图书馆文献资源等方面,让广大师生能够及时了解图书馆的最新资讯。

2.15.2.6 移动图书馆

吉林大学图书馆为全校师生开通了移动图书馆,读者可以随时随地,通过接入网络的手机、平板电脑等移动终端享用移动图书馆资源。读者只需用手机、平板电脑下载相应的版本并安装,登录时经过用户认证,即可通过移动端使用馆藏书目检索、学术资源查询、图书续借等功能。读者可不受校园 IP 限制,随时随地查询、检索、下载;还可以通过"文献传递"等方式获取其他图书馆的海量文献资源。移动图书馆为读者随时随地了解图书馆资讯、查询图书馆服务信息、使用资源等提供了便捷的途径。

2.15.2.7 歌德电子书借阅机

借阅机内置 3000 余种正版授权的电子图书，每月更新 150 种，内容涵盖经典名著、生活保健、经管理财、成功励志、小说传记、政史军事、文学艺术、科学技术、社会法律等领域。歌德电子书借阅机可提供在线直接阅读或者移动端下载阅读两种使用方式。在借阅机上，点开喜欢的电子书，选择在线阅读，即可在借阅机上直接阅读。在手机或平板电脑上下载"吉林大学图书馆"或"超星学习通"APP，打开 APP 中"扫一扫"功能，扫描借阅机屏幕上所选图书的二维码，即可轻松将喜欢图书下载到移动端，方便随时阅读。

2.15.2.8 朗读亭

朗读亭是一款以朗读体验方式为主，集朗读练习、录制、演讲训练、阅读为一体，并可通过微信分享读者自己朗读内容的物联网设备。朗读亭内配备专业的录音设备。每个用户用自己的微信账号即可登录。歌曲类资源唱完自动打分、朗读类资源实时录音，并自动推送至微信，增强娱乐性和互动性。专业朗读素材为双音轨文件，支持"原唱"和"伴唱"，即试听原声和保留背景音乐自主朗读两种模式。支持以自测方式进行英语口语练习，可以实现朗读口语自动评分、智能纠错等功能。

2.15.2.9 存包柜

图书馆内设有多组存包柜，放置在公共阅览区域内，向全校读者免费开放。

2.15.3 智慧空间

2.15.3.1 研修间

图书馆内设有独立研修间，空间内配备了多媒体设备，可供师生在此进行学术交流。读者可在网上预约使用。

2.15.3.2 鼎新网络公开课堂空间

鼎新网络公开课堂空间通过独立或嵌入式课程的方式直接开展教学服务。课堂空间配备现代化硬件设备，既可以预约播放网络精品课程视频，又可为教师提供授课场地。

2.15.3.3 多功能厅

多功能厅内配备有专业的音视频设备、电子大屏幕、麦克风，可举办讲座、学术报告、大型会议等。

2.15.3.4 原声影院

为逐步打破以"背"为主的传统学习方式，为广大师生提供现场感更强的学习环境，图书馆选择了时下热映并且具有丰富文化内涵的优质影片在影院放映，结束后，还会鼓励学生用英语进行观影感受的交流。

2.15.3.5 信息共享空间

空间内设置了个人学习区、多媒体网络预览区、协作研讨区、视听区、自助文印区、多功能培训室等多个功能分区，满足师生查阅资料、调研、小组讨论等多样化的学习需求。

2.16 兰州大学图书馆

2.16.1 基本情况

兰州大学图书馆的历史可追溯到 1909 年的甘肃官立法政学堂阅报室、图书室。1913 年，甘肃官立法政学堂改称甘肃公立法政专门学校，此时学校设有图书保存室、阅书室。1928 年，兰州中山大学成立，同年 4 月图书馆成立。兰州大学图书馆馆舍总建筑面积达到 6 万平方米，设有阅览室（书库）24 个，读者阅览座位 7300 多席。现有纸质文献 360 余万册（件）、音像资料 2000 余种、中外文电子数据库 120 多个，涵盖 11 个学科门类。近年来，图书馆积极参与国内外文献信息资源建设与协作共享，馆内业务管理系统实现了从自动化、数字化到智慧化的转型。智慧图书馆的建设与应用形成了"电子资源管理系统+纸质资源管理系统+资源发现服务"的组合，构建了集中央知识库、智慧采选平台、馆员智慧服务平台、读者智慧应用服务平台于一体的新一代智慧图书馆服务平台。

2.16.2 智慧服务及智慧设施

2.16.2.1 自助服务

兰州大学图书馆内设置有多台自助借还书机，读者可利用自助借还书机自助完成借书和图书的归还，并支持单次多本借还操作。24小时自助还书机则可让读者不再受图书馆开放时间的限制，随时还书。

2.16.2.2 微信公众号

兰州大学图书馆微信公众号内提供萃英微服务，服务分为"萃英探索""书香兰大""个人中心"三个部分。"萃英探索"包括开馆时间、服务电话、馆藏分布、校外访问、资源动态等内容，方便读者了解图书馆的服务时间及馆藏资源等；"书香兰大"则设有可知电子书、阅读推广、好书推荐、QQ阅读、懒人听书及云图有声，读者可以选择自己喜欢的图书进行在线阅读或者聆听；"个人中心"包括账号绑定及解绑、我的借阅、图书续借、空间预约等，读者可以足不出户就完成图书馆图书续借、座位预约。

2.16.2.3 微博

兰州大学图书馆微博开通于2013年5月。微博发布的内容主要集中在图书馆讲座培训信息、图书馆通知公告、阅读推广活动消息等方面。

2.16.2.4 智能客服

图书馆通过主页"在线咨询"、微信公众号及图书馆微博为读者提供多种咨询服务。读者可直接点击主页上的在线咨询，查看咨询系统列出的常见问题，如预约图书、馆际互借、入馆预约和电子书等，也可以转人工提问。图书馆同时还提供热线电话、人工咨询等多种咨询方式，为有疑惑的读者提供服务。图书馆采用线上线下相结合的咨询服务方式，为更有效地解答读者问题提供了保障。

2.16.2.5 移动图书馆

学习通是图书馆的移动服务平台，提供了海量的移动阅读资源。读者通过兰州大学统一身份认证后，可以进入APP检索兰州大学图书馆目录，使用预约、续借、个人账户查询等图书馆服务。读者可不受校园 IP 限制，随时随地查询、检索、下载文献，还可以通过"文献传递"等方式获取其他图书馆的海量文献资源。

2.16.2.6 超星瀑布流电子书借阅机

为了更好地满足师生的阅读需求，图书馆在榆中校区昆仑堂安装了四台超星瀑布流电子书借阅机，瀑布流电子书借阅机运用人机交互、增强现实、虚拟现实等技术，通过独特风格的展示平台，为读者打造了沉浸式体验。借阅机利用拼接触摸大屏，自上而下展示各种书籍，如同"瀑布流"。借阅机内置 3000 种正版图书，内容涵盖精品推荐、经典名著、生活保健、经管理财、成功励志、小说传记、政史军事、文学艺术、科学技术、社会法律、哲学宗教、亲子育儿等领域。电子书与出版社纸书同步发行，每月更新 150 种，可提供视频类、期刊类、图书类、图片类、文字类、知识问答类等多种资源类型。读者可以看到屏幕上自上而下不断刷新的书籍信息、热点书籍的排行、经典著作等内容。读者在借阅机主界面点击任意图书封面，即可打开图书详情页，点击"在线阅读"，即可以进行屏上阅读；也可以点击流动的图书，打开图书详情页，通过微信"扫一扫"扫描图书专属二维码，即可阅读书籍内容，更可将其收藏起来，随时随地阅读；或通过学习通客户端进行扫描阅读，把书籍下载到本地。

2.16.2.7 优谷朗读亭

优谷朗读亭内置朗读软件和专业录音设备。优谷朗读亭内置资源包括诗歌散文、唐诗宋词、经典文学选段、外语名篇（带译文）等，总数超过 20000 余种。针对一些热门的文学作品，系统可以实现自动推荐；对于一些篇幅比较长的作品，可以进行自主选段等人性化设置；读者可以依据绘本上的文字进行朗读配音，可一人旁白，亦可二人进行对读；也可以依据选定的视频内容进行朗读，类似于电影配音。系统平台还提供包括德语、法语、西班牙语、韩语、日语、泰语等朗读需求较大的外国语种资源。

2.16.2.8 云屏数字阅读机

阅读机通过"云"+"多屏终端"的方式，基于多屏互动，将海量数字资源推送到个人用户手中，读者可以通过手机客户端、电脑或直接在触控屏上进行阅读和下载，实现数字阅读资源的共享。云端有 5 万册图书、3 万集听书等海量资源，本地包含 3000 册的畅销全本图书、500 集听书资源，均可通过手机扫描触摸屏二维码，免费下载精品图书、听书等资源，让师生们可以利用碎片化时间悦享数字阅读。

2.16.2.9　数图云窗一体机

数图云窗一体机是一款通过触摸屏直接进行观看学习的设备，其数据依托于数图多媒体资源服务平台，是一种视频学习的新模式。数图云窗一体机中内置有高清视频资源，画面生动清晰。

2.16.2.10　大屏幕欣赏室

图书馆内设置有大屏幕欣赏室，定期播放各类教学、科普节目。

2.16.2.11　书包柜

图书馆为读者提供寄存物品的书包柜，每学年（榆中校区）或每学期初（城关校区）可申请一次书包柜，读者根据图书馆相关公告在规定时间内登录，点击"书包柜"申请使用。申请书包柜成功后需现场"确认"方可使用。

2.16.3　智慧空间

2.16.3.1　研讨室

图书馆为满足师生的多样化需求，专门设置了研讨室供读者使用。榆中校区馆有 3 个研讨室，每个可容纳 10~16 人，配置有投影仪、一体机、网络、会议桌椅等设施，为广大师生提供免费服务，接受网上及电话预约。城关校区有 2 个小型研讨室，每个研讨室可容纳 10~14 人，配置有投影仪、电子白板、LED 电视机、网络、会议桌椅等设施，为广大师生提供免费服务。

2.16.3.2　报告厅及会议室

馆内有会议室（50~60 个席位）、学术报告厅（144 席位）等场所，可用于小型学术讲座、培训及重要会议等，可通过学校 OA 系统（兰州大学场馆预约系统）或电话进行预约。

2.16.3.3 影音欣赏空间

影音欣赏空间配置了多功能多媒体视听播放设备,能容纳读者 200 余人。为读者提供科学教育片、外语教学视听资料、国内外经典文学艺术影视作品、现代影视作品欣赏等服务,还可用于校内团委、学生会、学生社团等举办各类讲座或集体活动。

2.17 南京大学图书馆

2.17.1 基本情况

南京大学图书馆的历史可追溯至 20 世纪初建立的中央大学图书馆和金陵大学图书馆。中央大学图书馆肇始于清光绪二十八年(1902年)清政府创办三江师范学堂,三江师范学堂设藏书楼,荟萃中外书籍和各种图册,后改称中央大学;金陵大学图书馆源自 1888 年美国教会在南京建立的汇文、基督和益智等书院,至 1927 年收回教育权运动后,学校基本脱离了教会,改归教育部主管。1949 年,中央大学改名为南京大学,1952 年南京学区院系调整,金陵大学图书馆文理科藏书并入南京大学。截至 2021 年 12 月,南京大学图书馆累计书刊馆藏量为 648 万多册,还收藏了 80 多个国家和地区 20 个语种的期刊,尤以物理、生物、地学、数学、东方学为特色,1949 年以前的中文社会科学书刊收藏颇丰;馆内数据库累计达 205 个。南京大学图书馆是国内较早从事计算机应用的高校图书馆。2019 年,由南京大学图书馆牵头研制的下一代图书馆管理系统 NLSP 上线。南京大学图书馆一直致力于智慧图书馆的建设,智慧图书馆是一种综合的、泛在化的、可持续生长的图书馆智慧服务能力的体现。

2.17.2 智慧服务及智慧设施

2.17.2.1 自助服务

馆内设置有多台自助借还书机,读者可以借助自助借还书机自行办理图书借还手续，无需到服务台办理。借还书的同时，系统自动对图书进行充消磁。

为了让读者更好地利用图书馆资源，图书馆为读者提供了多种自助文印服务。

2.17.2.2 微信公众号

南京大学图书馆微信公众号有三个菜单栏，分别是"我""微视频""活动资讯"。"我"包括证号绑定、资源荐购、个人信息、我的借阅、新书通报等功能，用户使用以上功能可以了解个人图书借书期限、馆内到馆新书等信息。"微视频"包含公益宣传二、公益宣传一、快闪、微电影及奇妙夜五个版块。其中公益宣传片根据真实事件改编，部分情节经戏剧化处理，策划、编剧、导演、演员均为南京大学师生，通过视频的方式让读者对图书馆的使用和环境有更加直观的了解，在欢笑中反映真实，在真实中触发感动，在感动中引起反思。其主办的"图书馆奇妙夜"活动荣获 2019 年国际图书馆协会联合会（IFLA）国际营销奖的第八名，是 2019 年唯一入围的中国高校图书馆。"活动资讯"则包含新生攻略、读书节开幕、2021 年度报告三个版块，为读者能够更快地了解图书馆，更好地使用图书馆提供了多种渠道。

2.17.2.3 微博

南京大学图书馆微博开通于 2011 年 4 月。微博发布的内容主要集中在宣传图书馆，以及发布图书馆讲座培训信息、图书馆通知公告、阅读推广活动消息等方面。

2.17.2.4 智能客服

图书馆通过主页"图宝在线"、官方微信公众号及官方微博为读者提供多种咨询服务。读者可直接点击主页上的"图宝在线"，查看关于图书馆的常见问题及其解答，如图书馆开馆时间、C 刊目录在哪里可以看到、忘了图书馆密码怎么办、智慧图书馆包含内容有哪些等。图书馆同时还提供常用咨询、BBS 发帖、在线留言等多种咨询留言方式，为有疑惑的读者提供服务。图书馆采用线上线下相结合的咨询服务方式，以更有效地解答读者问题。

2.17.2.5 学习通

学习通是图书馆的移动服务平台，提供了海量的移动阅读资源。读者在移动设备下载或扫描二维码学习通应用，通过南京大学统一身份认证后，可以检索图书馆目录，使用预约、续借、个人账户查询等图书馆服务。读者可不受校园IP限制，随时随地查询、检索、下载；还可以通过"文献传递"等方式获取其他图书馆的海量文献资源。

2.17.2.6 超星瀑布流电子书借阅机

为了更好地满足师生的阅读需求，图书馆在一楼大厅安装了超星瀑布流电子书借阅机，通过独特风格的展示平台，为读者打造了沉浸式体验。超星瀑布流电子书借阅机可提供约3000种正版电子图书的下载服务，涵盖名家经典、大众社科、历史文化、经济管理、医药保健等领域。读者通过借阅机触摸屏可浏览图书简介、阅读图书内容，也可以在屏幕上上下拖动页面调整阅读位置。若遇见自己喜欢的书籍，则可在借阅机主界面点击任意图书封面，打开图书详情页，通过微信或者学习通客户端扫描图书专属二维码，可将电子书收藏或下载到手机，随时随地阅读。下载后的电子书无阅读时间限制，无需阅读流量。

2.17.2.7 歌德电子书借阅机

图书馆在二楼大厅安装了歌德电子书借阅机，其内置3000种独家授权的正版图书，内容涵盖精品推荐、经典名著、生活保健、经管理财、成功励志、小说传记、政史军事、文学艺术、科学技术、社会法律、哲学宗教、亲子育儿等，图书与出版社纸书同步发行，每月更新200本电子图书。同时在二楼阅读经典区有"阅读经典计划"图书，也可以使用该客户端下载阅读。电子书借阅机通过多点触控进行操作，支持滑动、拖动等手势。读者只要用手指轻轻地触碰显示屏上的图片，就能实现对主机的操作，读者在扫描二维码下载并安装超星学习通客户端后（不需要登录），只需在电子书借阅机屏幕上选择心仪图书，扫描图书封面二维码，便可将该书下载至手机，免费体验高清电子阅读。

2.17.2.8 智能图书盘点机器人

智能图书盘点机器人——"图客"融合物联网感知、计算机视觉、大数据处理、人工智能等高新技术，通过RFID阅读器定位图书内嵌的RFID芯片，可实现精确、可靠的全自动图书盘点与定位。"图客"可沿书架逐层扫描图书，一旦发现图书错架，可以实时显示其错架位置。图书盘点效率每小时超过20000册，漏读率低于1%，定位精度高达98%，实现了厘米级图书定位。为保障不间断盘点，"图客"具有自动充电功能。闭馆后，"图客"可以根据用户设定的指令工作，第二天盘点结果就会呈现在用户面前，彻底解决了"找书难"的痛点问题。

2.17.3 智慧空间

2.17.3.1 研讨间和研修间

图书馆为读者提供了研究小间（开放时间以系统为主），分别是研讨间和研修间。其中学生与教师均可预约研讨间，仅教师可以预约研修间。

2.17.3.2 报告厅、会议室

图书馆内设有报告厅、会议室，是图书馆开展文化传播的重要阵地，可用于举办大型学术会议、学术报告、讲座、相关学科专业教学实践、业务交流活动等。

2.17.3.3 音乐鉴赏室

为满足读者的多元化需求，图书馆专门设置了音乐鉴赏室。

2.18 南开大学图书馆

2.18.1 基本情况

南开大学图书馆始建于1919年，是中国最早的私立大学图书馆。1919年，著名教育家严修、张伯苓创办私立南开大学，大学图书馆亦随之筹建。1927年，藏书家卢木斋先生捐资南开大学，兴建"木斋图书馆"，1937年毁于日军炮火。抗战期间，南开大学与北京大学、清华大学在昆明组建西南联合大学，成立联大图书馆。1946年，南开大学复校，重建图书馆。

图书馆现有四座馆舍：文中馆建成于1958年，逸夫馆建成于1990年，经济学分馆于1999年归并入总馆，津南校区中心馆建成于2015年。南开大学图书馆的馆藏文献涵盖人文科学、社会科学、自然科学、应用技术等学科领域，截至2022年底，入藏图书文献资源固定资产总计425.1万册，其中普通图书297.1万册（中文图书247.5万册，外文图书20多个语种计49.6万册），中

外文期刊 42.5 万册，电子图书 81.5 万册，电子期刊 3.0 万种。馆藏文献以经济、历史、数学、化学等学科最为系统丰富。南开大学图书馆拥有珍贵的古籍特藏文献近 30 万册，是全国古籍重点保护单位。

2.18.2 智慧服务及智慧设施

2.18.2.1 自助服务

馆内设置有多台自助借还书机，读者可以使用自助借还书机自行办理图书借还手续，而无需到服务台办理。为了让读者更好地利用图书馆资源，图书馆为读者提供了自助打印复印一体机，真正实现打印、复印、扫描无人化管理。全校师生可使用校园网内任意一台能够访问联创云文印服务网址的电脑、手机进行打印、复印、扫描，并在任意一台装有刷卡端的机器上方便地用校园卡进行自助刷卡缴费，并取走所需的资料。

2.18.2.2 自助图书杀菌机

自助图书杀菌机采用紫外线照射并搭配天然香精进行杀菌，机身上的"小窗户"采用抗 UV 材质，因而使用者完全不用担心站在杀菌机身边而被紫外线照射到。此外，杀菌机提供气旋式翻动书页功能，对图书进行逐页杀菌，能够达到书封与内页同时杀菌的效果。机器使用静电薄膜过滤器，可以收集书籍中的细微灰尘、细菌、病毒和环境中的过敏元素。

2.18.2.3 微信公众号

南开大学图书馆微信公众号有三个菜单栏，分别是"读者服务""资源推荐""文化推广"。"读者服务"包括图书检索、预约&续借&委托、座位&研修间预约、智能咨询及意见反馈功能，用户使用以上功能可以进行馆藏纸质资源检索、图书馆借还书、预约书等；"资源推荐"则分为影音空间、讲坛&课程、故物流芳、丽泽微课堂及丽泽五项，读者可以选择自己感兴趣的主题；"文化推广"包括课程&B站、好书 100、读书协会、名师领读及书海撷萃，读者可以了解图书馆推荐的好书书单以及相关活动的开展情况。

2.18.2.4 微博

南开大学图书馆微博开通于 2011 年 5 月。微博发布的内容主要集中在图书馆开展的讲座培训信息、图书馆通知公告、阅读推广活动消息等方面。

2.18.2.5 智能客服

图书馆提供 24 小时智能咨询，通过网站主页"南小图"机器人，读者可以查看关于图书馆的常见问题及其解答，如图书馆几次违约不让进、毕业了是否还能用南开账号下载文献、如何办理图书馆借书证、一次可以委托借阅几本书等；也可以进入微信公众号中的"读者服务"，选择智能咨询，输入自己的问题。图书馆同时还提供咨询电话、BBS 发帖、QQ 等多种咨询方式。这种线上线下相结合的咨询服务方式为更有效地解答读者问题提供了保障。

2.18.2.6 移动图书馆

移动图书馆依托海量信息资源与云服务共享体系，为读者提供便捷的移动阅读服务。读者在移动设备安装移动图书馆应用，绑定南开大学校园卡即可。读者可以自助完成馆藏查阅、预约、续借、个人账户查询、图书馆最新咨询浏览等。读者可不受校园 IP 限制，随时随地查询、检索、下载。

2.18.2.7 Kindle 电子书阅读器

图书馆为读者提供了 Kindle 电子书阅读器借阅服务，直接进入图书馆微信公众号里就可以自助进行借阅。

2.18.2.8 朗读亭

为满足读者语言表达能力训练等需求，图书馆为读者提供了一个专业的朗读平台——朗读亭。朗读亭是一个独立的、隔音的、沉浸式的发声空间，采用高强度钢架结合钢化隔音玻璃建造，内置朗读软件和专业录音设备，正前方有屏幕用以显示操作系统和播放篇目。读者通过手机扫码即可免费进入亭中，在里面完成独立、沉浸式的朗读，不受任何干扰。系统内可供选择的朗读题材包括诗歌、散文、儿歌、名著节选等中外经典作品，读者可选取自己感兴趣的内容。朗读时，屏幕界面同步显示文字。朗读亭不仅可以为每个人的朗读水平打分，还可以将音频发送至读者手机微信，供个人赏析或好友分享。

2.18.3 智慧空间

2.18.3.1 研修空间

图书馆为读者提供了多个独立的研修空间，内部配备桌椅、电源插座、有线网络及无线 WiFi。多人研修间还配备了多点触控一体机、超短焦投影机及电子白板，能够演示、编辑 PPT 和 DOC 等格式的文档，可以用于学术研讨、团队项目交流分享、信息演示与发布，实现"零距离"互动。读者通过南开大学图书馆预约系统即可进行网络预约。

2.18.3.2 电子培训教室

教室内讲台配备了教师培训主机、多媒体讲桌、多媒体教学软件、投影仪等，每位学生座位上均配有电脑一体机，可以集教、学、练等各种教学活动于一体，为本校各单位进行培训等活动提供了场所。

2.18.3.3 教师阅览专区及教师阅览室

教师阅览专区内配置了相应的电源插口，教师入馆阅览可不用提前预约，只需凭工作证在门卫处登记即可。教师阅览室内配置了电子白板，可预约使用。

2.18.3.4 专业学习区

专业学习区内配备了 XPS 双屏机、图形工作站及相关专业软件，可供师生们完成图形图像编辑、视频编辑、三维动画制作等工作。

2.18.3.5 放映厅

放映厅配备了可播放 3D、2K 高清电影的 Barco 院线级数字放映机和 Meyer Sound 7.1 声道立体声音响系统，支持普通及 3D 电影放映。在该厅不仅可以欣赏高清经典影片，还可利用放映厅的高端影音设备和安静的环境，为读者呈现音乐、歌剧、舞剧等经典的表演艺术作品。图书馆每周定期放映电影，并不定期举办艺术大银幕、视听与研讨等文化活动。

2.18.3.6　蓝光影碟服务

该区配备 4K 超高清大屏机、全高清曲面机、蓝光碟机等高清影音设备及资源，可为全校师生提供单人及多人的影音资源播放与赏析。

2.18.3.7　音乐小站

音乐小站内配备了 Hi-Fi 级音乐播放设备及海量高品质的唱片资源，并提供了纸质的简要目次和唱片导赏小册，读者在这里可以得到专业级的音乐享受与体验。

2.18.3.8　创意设计区

设计区内配备了 iMac Pro、Surface、Studio 设备及专业的设计软件，可供师生完成多媒体创意设计等。

2.18.3.9　多功能展览区

南开大学图书馆致力于打造"文化展示与交流中心"。为弘扬南开精神，丰富校园文化生活，展示学校教育教学、科学研究和校园生活中的文化精品，将服务育人和文化育人有机融合，图书馆采用线上和线下相结合的展览方式，特开辟专门空间为全校师生提供展览服务，线下展区内设多块展板。

2.18.3.10　电子阅览区

电子阅览区内配备 DELL 一体机、苹果 iMac 一体机等设备，读者可使用文献检索与阅读、纸质文献扫描等多种功能。

2.19　清华大学图书馆

2.19.1　基本情况

1912 年清华学堂改建为清华学校，正式建立了小规模的图书室，称清华学校图书室；1919 年 3 月图书室独立馆舍（现老馆东部）落成，更名为清华学校图书馆；1928 年，更名为国立清华大学图书馆；1949 年，更名为清华大学图书馆。截至 2022 年 6 月份，清华大学图书馆（含专业图书馆及院系资料室）的实体馆藏总量约 565.87 万册（件）、数据库 913 个，形成了基本覆盖全学科、包含丰富文献类型和载体形式的综合性馆藏体系。图书馆系统由总馆及文科、美术、金融、法律、经管、建筑六个专业图书馆组成，馆舍总面积 78647 平方米，阅览座位近 4000 席。

2.19.2 智慧服务及智慧设施

2.19.2.1 自助服务

图书馆为读者提供多样化的自助服务。一是馆内设置了多台 24 小时自助借还书机，自助借还书机支持 IC 卡刷卡和"人脸识别"，读者可利用自助借还书机自助完成相关服务。同时，馆内为读者提供自助缴纳图书使用费服务，读者只需在自助缴款机的感应区刷校园卡即可完成缴费。二是配置了彩色打印复印一体机、黑白打印复印一体机，以及多种幅面规格的专业级别的平板扫描仪，实行全程无人化管理，为读者提供自助打印、复印、扫描服务，读者可以在远程（宿舍或实验室、办公室等）的任何一台电脑（目前仅支持 Windows 系统）上发送打印任务，三天内到位于馆内的任意一台自助打印复印扫描一体机上刷校园卡，即可打印出该任务。三是配置了自助图书杀菌机。为了让读者不担心图书的卫生问题，安心使用图书，馆内配备了自助图书杀菌机。

2.19.2.2 微信公众号

清华大学图书馆微信公众号有三个菜单栏，分别是"信息""资源""服务"。"信息"包括通知公告、资源动态和开馆时间，读者可以随时了解图书馆资源的最新信息；"资源"则分为图书馆网站、水木搜索、未图和培训讲座四个版块，读者可进行馆藏资源检索、了解培训讲座的开讲时间等；"服务"包括开通借书权限、座位预约、研读/研讨间预约、智能问答 Beta 版等服务。

2.19.2.3 微博

清华大学图书馆微博开通于 2009 年 12 月，主要用于拓展服务、建立联系、自我宣传和展现文化。微博发布的内容主要集中在图书馆资源推介、开展讲座培训的信息、图书馆通知公告、阅读推广活动消息等方面。

2.19.2.4 智能咨询

为了给读者提供全方位的服务，能够快速解答读者使用图书馆服务中的各类问题，清华大学图书馆提供 7×24 小时智能咨询。点击图书馆主页上的咨询，进入后可以看到读者关于图书馆的常见问题及其解答，如图书馆什么时间开放、怎么联系我的学科馆员、图书馆的专题书架在哪个位置等；也可以进入图书馆微信公众号，使用智能问答系统"清小图"，"清小图"具有语音提问、语音播报等功能。图书馆同时还提供咨询电话、邮箱等多种咨询方式。这种线上线下相结合的模式提升了咨询服务效率及读者满意度，为更有效地解答读者问题提供了保障。

2.19.2.5 超星瀑布流电子书借阅机

为了更好地满足师生的阅读需求、提高图书流动率，图书馆在互动体验区内安装了六台超星瀑布流电子书借阅机。电子书借阅机运用人机交互、增强现实、虚拟现实等技术，通过独特的展示平台，为读者打造了沉浸式体验。一本本图书（封面）自上而下在触摸大屏上不停地循环流动，如同"瀑布流"。电子书借阅机内置数千种正版图书，内容涵盖精品推荐、经典名著、生活保健、经管理财、成功励志、小说传记、政史军事、文学艺术、科学技术、社会法律、哲学宗教、亲子育儿等领域，每月更新。在借阅机主界面点击任意图书封面，打开图书详情页，通过微信"扫一扫"扫描图书专属二维码，即可阅读电子图书。

2.19.2.6 通还智能小车

通还智能小车将智能汽车的自动驾驶技术与图书馆的日常业务工作有效结合起来，用于图书馆日常图书通还业务，代替人工运送图书。

2.19.2.7 隔音舱

馆内配有隔音舱，分为单人舱和多人舱，方便读者需要临时接听电话和面试使用。

2.19.3 智慧空间

2.19.3.1 研读研讨间

图书馆提供单人研读间、论文写作专用研读间及团体研讨间。研读研讨间内分别配置有单人自习桌、台灯、电源、会议桌、电视（供投影）等，供读者1人研读或进行3~8人的小组学习讨论。读者可通过预约系统选择需要预定的房间。

2.19.3.2 报告厅

图书馆报告厅内配备有先进的设备设施，环境氛围明亮现代，是学校重要的学术活动场所。

2.19.3.3 学习创作区

创作区配置有70余台电脑设备，安装有多种常用软件，为校内读者提供上机服务，支持检索和下载电子资源、在线访问图书馆多媒体资源管理与服务平台，亦可联机打印。电脑主机性能优越，显示器有多种款式和规格，读者可依据个人偏好与工作需要自行选择。

2.19.3.4 音乐综合区

音乐综合区分为单人欣赏区、团体视听区、电子阅览区、音乐图书区和图书阅览区，面积约500平方米，提供静音电脑、音频解码器、高品质耳机、液晶电视、耳机分配器等设备，为读者提供高清无损音乐赏析、多媒体电子阅览、团体音乐视听、音乐图书阅览等服务。

2.19.3.5 音乐讲堂

音乐讲堂面积220平方米，有座位63席，配备HiFi音响及1998届校友毕业20周年时捐赠的钢琴，可放映各类音视频，举办音乐讲座、小型音乐会等。

2.19.3.6 音乐研讨间

音乐研讨间共有2个，分别为"高山音乐研讨间"和"流水音乐研讨间"。

高山音乐研讨间面积为 75 平方米，配备环绕声音响，可供 5~18 人同时使用。流水音乐研讨间面积为 50 平方米，配备有立体声音响，可供 3~9 人同时使用。

2.19.3.7　清华印记互动体验空间

在空间内读者可以了解清华大学图书馆百余年发展历程中的一些重要节点信息；同清华历史名人或著名历史建筑合影留念；看到以 Web of Science 收录数据为基础的民国时期清华学者发文情况以及近年清华与全球学者展开科研合作情况，感受清华深厚的学术积淀；通过智能终端扫描二维码，阅读炙手可热的电子图书；阅读电子版《清华周刊》。

2.19.3.8　邺架轩

邺架轩 24 小时阅读体验书店面积近 700 平方米，分为两个主要区域：外面是图书文创区，拥有人文社科类等图书近 1 万个品种 3 万多册；里面是活动交流区，最多可容纳 120 人。邺架轩以"服务阅读，引领阅读"为理念，每月评选"最受清华师生欢迎的 10 本书"。

2.19.3.9　展厅

图书馆内设有展厅，平日用于举办书展和各类艺术展。

2.20　厦门大学图书馆

2.20.1　基本情况

厦门大学图书馆始建于 1921 年，由著名图书馆学家裘开明任首任馆长，现设有思明校区图书馆、法学分馆、艺术分馆、经济与管理分馆、海韵学生公寓分馆、德旺图书馆、漳州分馆、马来西亚分校图书馆，建筑总面积约 10.3 万平方米。历经百年积累，截至 2022 年 12 月，厦门大学图书馆馆藏总量达 1468 万册。其中，纸本馆藏 470 万册，电子馆藏 998 万册，数据库 188 个。纸本馆藏涵盖各个领域，哲学、语言学、历史学、政治学、法学、经济学、管理学等方面的文献尤其丰富，在东南亚和中国台湾地区研究的资料建设方面颇具优势。馆内还藏有大量古籍线装书、缩微平片等资源，是全国古籍重点保护单位。

2.20.2 智慧服务和智慧设施

2.20.2.1 自助服务

图书馆为读者提供多样化的自助服务。馆内设置自助借还书机，读者可利用自助借还书机器自助完成借书、还书；馆内设有自助打印复印扫描一体机，实行全程无人化管理，为读者提供自助打印、复印、扫描服务。

2.20.2.2 微信公众号

厦门大学图书馆微信公众号有"我的""查询""服务"三个菜单栏。"我的"设有圕成长和圕时光版块；"查询"包括我的图书馆、电子资源、公告信息及学术成果四个功能；"服务"分为预约座位、常见问题、南强读书、窝趣云打印、博看朗诵五个版块。读者进入微信公众号后可以搜索馆藏资源、预约选座、自助打印、了解图书馆活动的最新动态等。

2.20.2.3 微博

厦门大学图书馆微博开通于2009年11月，主要用于建立联系、自我宣传和展现文化。微博发布的内容主要集中在图书馆资源推介、开展讲座培训等活动的信息、图书馆通知公告等方面。

2.20.2.4 超星移动图书馆

移动图书馆依托海量信息资源与云服务共享体系，为读者提供便捷的移动阅读服务。读者在移动端安装超星移动图书馆APP，登录厦门大学学号（或工号），完成认证，即可实现校外阅读，同时支持互联网内容云同步及共享评论、标注。移动图书馆目前提供100万册电子图书。读者可按书名、作者、主题词、全文检索等多种方式检索，也可通过学科类别进行浏览。

2.20.2.5 书包柜

图书馆配备了书包柜，为学生存储个人物品提供便利。每学年第一学期开学时实行上网申请后随机抽取的方式决定书包柜的使用者，使用期限为一学年。

2.20.3 智慧空间

2.20.3.1 研讨间

研讨间分为 3~6 人间、4~6 人间和 6~10 人间等类型。所有研讨间均提供桌椅和玻璃白板以及白板笔和白板擦，部分研讨间提供触控式平板电脑及 HDMI 连接线。读者可通过网上预约选择自己需要的研讨间开展学习和研究。

2.20.3.2 信息素养教室

教室内配备了投影仪，每个座位均配有电脑。非讲座时间读者可自由上机，可用于校内教师开展教学活动。

2.20.3.3 报告厅

馆内设有报告厅，为全校各单位举办学术会议、讲座、学院开学典礼和毕业典礼、全校性的大型会议及其他重大活动提供场所。

2.20.3.4 梦享屋

梦享屋可容纳 15~40 人，配备有舒适的移动座椅和智能触屏电脑，为小规模的学术沙龙、论坛、分享会等活动提供场地和设备支持。每周一晚图书馆与 U-talk 协会联合举办"Talk"英语沙龙，为广大英语爱好者提供一个可以大胆说英语的空间和机会。

2.20.3.5 光影坊

光影坊支持 3D 电影播放技术，可作为小型现代化影院空间，为个人、团体提供文化交流、电影分享以及教学辅助的电影播放服务。

2.20.3.6 棋艺室

棋艺室内提供围棋、中国象棋、国际象棋、跳棋和飞行棋等棋艺对弈服务，可供读者在辛苦的学习之余切磋技艺、陶冶情操、愉悦身心。

2.20.3.7 数学与智力玩具空间

空间主要用来收藏和展示智力玩具，并开展相关活动。目前，收藏的各类智力玩具及相关的文献资料 4000 余件,皆来自德国 Barbara Ringel 和 Claus Michael Ringel 伉俪的收藏。为了提升资源使用效率,多举措打造立体式服务体系,馆内增设了体验区,有数十种智力玩具供读者随时体验,并定期举办主题展等相关活动。智力玩具在寓教于乐、启迪数学意识、训练数学思维方面有着独特的作用,同时迎接挑战的过程又能锻炼身心、培养自信、陶冶情操。

2.20.3.8 演示练习室

为给师生提供演讲练习、视频面试、录音录像等服务,图书馆设置了演示练习室,练习室内配有电脑、智能平板、高清摄像头及麦克风等设备,读者可进入网上预约系统申请使用。

2.20.3.9 摄影棚

摄影棚内配备了佳能 70D 单反相机、专业造型灯、六色电动背景墙、自拍控制器等多款摄影设施、器材及道具,每天晚上均有厦门大学摄影协会的学生值班,指导读者学习摄影、后期制作等实用技术。摄影棚面向全校师生开放,读者可自行在网上预约使用。

2.20.3.10 艺术展区

展区内提供数十个展位,可用于艺术展览,全体师生均可申请进行展览与展示活动。

2.21 山东大学图书馆

2.21.1 基本情况

山东大学图书馆前身是始建于 1901 年的山东大学堂藏书楼,是我国较早的近代新型图书馆之一。2000 年,原山东大学、山东医科大学、山东工业大学合并成立新的山东大学,三校图书馆合并成为新山东大学图书馆。图书馆现设有中心校区图书馆、蒋震图书馆、洪家楼校区图书馆、趵突泉校区图书馆、千佛山校区图书馆、兴隆山校区图书馆、软件园校区图书馆和青岛校区图书馆。截至 2019 年,馆藏纸质文献 587 万余册,各类数据库 247 个,覆盖文、理、工、医等领域，馆藏古籍 31 万余册（件），被列为全国古籍重点保护单位和山东省重点古籍保护单位。

2.21.2 智慧服务和智慧设施

2.21.2.1 自助服务

图书馆为读者提供多样化的自助服务。一是自助借还书。读者可利用自助借还书机自助完成借书、还书；同时，还可利用该机器缴纳图书超期罚款。二是自助打印、复印、扫描。图书馆在各校区设有自助打印复印扫描一体机，实行全程无人化管理，为读者提供自助打印、复印、扫描服务。三是自助取书。为实现无接触式借还书服务，图书馆设置有自助取书柜，预约图书到馆后，工作人员将预约图书放入取书柜，读者可凭短信验证码、微信、手机号等方式 24 小时内自行取书。另外图书馆在学生生活区配置有 RFID 智能书柜，实现 24 小时自助取书、还书、查询、续借等功能，为读者提供更智能、更便捷、更优质的图书借阅服务。

2.21.2.2 智能客服

图书馆通过主页及微信公众号为读者提供智能咨询服务。读者可直接查看咨询系统列出的常见问题，如开放时间、如何入馆、收录检索证明办理、电子资源校外访问等，也可以通过输入关键词查询，系统将根据关键词自动匹配答案。

2.21.2.3 微信公众号

图书馆微信公众号有"资源检索""服务导航""我的"三个菜单栏。"资源检索"包括馆藏查询、学术检索、中文资源发现和学术视频等与资源相关的功能，读者可利用上述功能查询各项资源。其中，学术视频为超星名师讲坛，集成了众多知名专家的讲座视频；"服务导航"包括入馆预约、座位预约、讲座与培训、捷阅通、智能咨询等功能；"我的"包括我的借阅、图书馆门户、山大图苑（图书馆新闻）、新生指南等功能，其中"新生指南"包含图书馆简介、馆藏资源、借还服务、空间与技术服务、课程培训、学科服务、文化活动等版块，以快速让新同学熟悉图书馆空间、资源及各项服务。

2.21.2.4 捷阅通

捷阅通分为线上版和线下版。线上版为图书馆联合浙江省新华书店集团馆藏图书有限公司为读者开通的一项线上图书荐购及借购服务。读者凭校园卡绑定"芸阅读"账号，每次可最多借购中文图书3册，借购图书会直接邮寄到读者指定地址。读者无需支付书款，在借阅期内归还至山东大学济南、青岛校区各分馆总服务台人工还书处即可。如有需要，读者也可在图书馆结算前在线支付书款，将借购图书转为个人购买。线下版为读者持校园卡直接前往山东书城借购，每人每月可最多借购中文图书2册。读者在借阅期内归还山东大学济南各校区图书馆总服务台人工还书处即可。

2.21.2.5 移动图书馆

移动图书馆依托海量信息资源与云服务共享体系，为读者提供便捷的移动阅读服务。读者在移动设备安装超星移动图书馆APP，绑定山东大学校园卡即可。移动图书馆不仅可以在线阅读100万册电子图书、7800万篇报纸文章、3亿篇中外文期刊文献，还可以查询馆藏书目，使用文献传递功能获取图书馆未购买的文献资源。

2.21.2.6 电子阅报机和歌德电子书借阅机

图书馆购置有电子阅报机和歌德电子书借阅机。电子阅报机为读者提供200余种报纸的阅览服务。歌德电子书借阅机内置经典畅销书3000种，每月更新超星电子图书借阅排行榜前150位经典畅销新书。读者通过手机扫描二维码即可轻松借阅正版电子书刊。

2.21.2.7 朗读亭

朗读亭采用高强度全隔音钢化玻璃建造，内部配备了专业的录音棚设备，包括高保真音响、头戴式耳机和专业麦克风等，集朗读、练习、录制、演讲训练等功能为一体。朗读时，屏幕界面同步显示文字。可供选择的朗读题材有中英文诗歌、散文、小说等。读者可自行选择朗诵配乐，配乐种类多达上百种。

2.21.2.8 库克数字留声机和电子钢琴

库克数字留声机是集"音乐图书馆""有声读物"和"电子杂志"三种功能于一体的数字化设备，收录了海量的音乐资源和各类音乐杂志。电子钢琴配有专用的耳机，可以让读者倾听自己的演奏，享受音乐的快乐，而无需担心影响他人。

2.21.2.9 信息发布机

图书馆设有信息发布机，利用图片、文字、视频等形式展示图书馆、山东大学以及国内重要信息等。

2.21.3 智慧空间

2.21.3.1 信息共享空间

信息共享空间是图书馆打造的新兴读者服务空间，空间内设有研讨空间和学习空间，可供读者协作学习、交流和研讨。研讨空间和学习空间均配备了投影仪、幕布、网络接口、电子白板、大型会议桌椅、空调等硬件设施。读者需通过选座系统预约使用。

2.21.3.2 预演间

预演间可容纳 3~4 人，配备录像机、调音台、麦克风、音响、电视、电脑等设备，有预演需求的读者可预约使用。

2.21.3.3 摄影间

摄影间可容纳 3~4 人，配有三脚架、灯光、幕布、电脑（附图像处理软件）、无线路由器等设备，读者可自带照相机，也可在图书馆办公室领取照相机使用。

2.21.3.4 AR+VR 体验空间

图书馆购置有 AR（增强现实）和 VR（虚拟现实）设备，内置有 VR 找图书、云中行走、拳击游戏等功能，为读者提供相关的体验。读者穿戴设备后，即可进入模拟的一个三维空间的虚拟世界。

2.22 上海交通大学图书馆

2.22.1 基本情况

上海交通大学图书馆由分布于闵行、徐汇和黄浦三大校区的五座图书馆组成，主馆定位为"理工生医农科综合馆"，包玉刚图书馆定位为"人文社科综合馆"，徐汇校区图书馆定位为"社科馆"，医学院图书馆定位为"医学馆"，李政道图书馆承担理学分馆的功能。图书馆总面积约为6.6万平方米，阅览座位7200余席。截至2021年底，图书馆馆藏纸质文献379万册，纸质期刊7500余种，电子期刊5.8万种，电子图书377万册，学位论文845万篇（600万种），电子数据库449个。图书馆以学科服务为主线，通过主分馆协同服务模式，将自身定位为"以人为本，读者之家；知识服务，第二课堂；信息主导，共享空间"。

2.22.2 智慧服务

2.22.2.1 "交我办"智慧服务

"交我办"是由上海交通大学网络信息中心开发和维护的综合服务应用。该应用拥有丰富的校园服务功能，其中集成了图书馆部分智慧服务功能，具体包括查询当前借阅信息、查询历史借阅信息、逾期缴费、预约小组学习室、加入小组预约、查询小组学习室占用情况、查看我的空间预约、查看培训讲座信息、查看开馆时间、常见问题等。

2.22.2.2 自助借还、逾期自助缴费服务

图书馆在主分馆大厅设置了自助借还书系统，方便广大师生不受流通服务时间的约束而自助借还书。自助借还书机操作简单、方便快捷。图书馆在主馆及包玉刚图书馆安装了"逾期图书自助查询和付款系统"专用设备，读者可自助刷校园卡进行图书逾期费用的查询和缴纳。读者也可登录"交我办"完成逾期自助缴费。

2.22.2.3 座位预约系统

读者可通过图书馆主页、"交我办"、微信公众号等方式进行座位预约，刷卡入馆即完成签到。扫描座位码，点击"结束使用"，30分钟后将释放座位。

2.22.2.4 微信公众号

上海交通大学图书馆微信公众号设有三个版块，分别为"资源导航""服务速递""我的"。一是"资源导航"，包括查询图书、思源悦读、交圕导览等功能，其中，思源悦读是集图书馆图书资源、泛在阅读于一体的在线阅读与学习平台，是图书馆资源服务的延伸。该平台提供了来源于上海市图书馆学会、超星、畅想之星等渠道的经典电子书。交圕导览为主馆各重要区域的视频介绍，解说均由各学院同学完成。二是"服务速递"，包括座位预约、实时在馆人数、最新动态、滚动培训、常见问题等功能。三是"我的"，包括我的借阅信息、我的空间信息、我的预约讲座、我的学科服务、我的入馆预约等功能，集成了图书馆智慧服务的基础功能。

2.22.2.5 微博

上海交通大学图书馆微博开通于2011年6月。微博发布的内容主要集中在图书馆各项活动通知、图书馆馆务公告、图书馆工作动态、阅读、高等教育、上海交通大学新闻等方面。

2.22.2.6 机构知识管理服务系统

机构知识管理服务系统是一个集中采集、存储学校各类学术成果信息的管理服务系统，汇聚了WOS、CSSCIS等10个中外主流数据库中2008年来的本机构成果。其中WOS数据回溯至1974年包括60多万份成果元数据，并利用算法匹配到70多家二级机构和1万多位学者个人，大部分通过DOI链接至全文，部分可直接下载全文。该系统采用知识图谱等技术，从学校、二级机构和学者三个层面提供产出、引用、期刊、学科、合作等多维度的可视化呈现。

2.22.2.7 思源微课

图书馆推出信息素养系列微视频——思源微课，精炼与细分数据库使用、信息检索、信息获取、信息评价、信息利用、文献调研、工具使用等知识点，供读者在线学习，满足学习者个性化、深度学习的需求。

2.22.2.8 学习中心

图书馆搜集和精选了网络免费教学资源，包括数据库在线学习与教学资源、MOOC 在线学习与教学资源、信息素养规范在线学习与教学资源、工具应用在线学习与教学资源等，供读者自主浏览与学习。

2.22.2.9 数字加工服务

图书馆为读者提供纸质文献和多类型资源的数字化、多媒体编辑制作和资源保存等技术加工服务。图书馆可加工的资源具体包括印刷型资源（图书专著、论文集、各类文件等）、手稿、信函及书画作品，多媒体资源（照片、音视频等），同时图书馆提供资源备份服务。

2.22.2.10 学术资源地图

学术资源地图定位为"精准搜索，智能推荐"。图书馆建设了以学术资源地图为核心的高品质新型学科知识信息导航，完成对 7.1 万种外文期刊、1.55 万种中文期刊、60.4 万种外文图书、146.6 万篇外文学位论文以及约 7.5 万条会议录等学术资源的整合。同时，将资源映射到教育部 14 个学科门类、113 个一级学科、404 个二级学科，将资源进行学科聚类，检索结果科学排序，一站式显示资源年限、馆藏情况、期刊详情等。

2.22.3 智慧设施

2.22.3.1 盘点机器人、盘点小车与盘点数据平台

图书馆盘点机器人自动化采集图书在架信息，生成盘点结果，盘点小车与盘点机器人实时数据交互，辅助馆员进行日常架位管理，自动采集阅览图书信息。盘点数据平台对多次盘点结果做数据分析，实现动态馆藏调整、遗失图书确定、定位导航等智能化功能。

2.22.3.2 自助复印、打印、扫描服务

图书馆共有 9 台自助复印、打印、扫描机器，机器操作便捷，读者点击屏幕即可"开户或充值"。打印服务可通过 Web 端在线提交。同时，图书馆推出学位论文在线打印功能，毕业生可通过线上方式提交论文打印内容，选择打印

和装订要求。

2.22.3.3 入馆设施、数据展示设施

图书馆通过技术引领，提升了智慧服务水平。一是通过多设施多渠道查看实时在馆人数；二是升级入馆闸机系统，新系统支持人脸识别、校园卡、交大虚拟卡三种身份认证模式；三是升级入馆预约，支持多场馆、分时段、分类型预约入馆。

2.22.4 智慧空间

2.22.4.1 共享办公位

图书馆在包玉刚图书馆设置了8个共享办公位，面向教职工开放，便于教职工跨校区工作。使用时间为周一至周日8：00至闭馆时间，需要提前一天在预约系统内进行预约。

2.22.4.2 小组学习室

图书馆共有37间小组学习室，其中主馆21间，包玉刚图书馆16间。小组学习室面向全校师生开放。小组学习室是图书馆为读者提供的舒适开放、灵动自由、集思广益的交流共享空间，方便读者开展学术交流和教学研讨。

2.22.4.3 会议室

图书馆面向用户提供多个会议室，包括信息楼八楼多功能厅、信息楼九楼多功能厅、李政道报告厅、包玉刚图书馆报告厅等。各会议室容纳人数略有不同，可举办学术报告、学生活动、大/小型会议、专业讲座、教学讲课等。图书馆还可以为用户提供会务增值服务，如会议摄影摄像、影像编辑制作并刻录光盘、宣传材料制作等。

2.22.4.4 南洋书斋

南洋书斋采用中华传统文化元素和交大元素进行空间设计，融合现代课堂播放设备，营造文化氛围，是图书馆为师生提供新时代涵养身心、立德树人、文化育人的新型文化空间，主要服务于本校教师、科研机构、兴趣社团、学生组织等。

2.23 四川大学图书馆

2.23.1 基本情况

四川大学图书馆由文理图书馆、工学图书馆、医学图书馆、江安图书馆组成，另有馆史展览馆建于医学图书馆内。截至 2022 年初，图书馆有馆藏纸质文献总量 828 万册，电子文献数据库 321 个（中文 117 个，外文 204 个），中外文电子图书 368 万册，中外文电子期刊 12 万种，音视频 22 万小时。文献涵盖文、理、工、医、经、管、法、史、哲、农、教、艺等学科门类。图书馆运用先进的信息技术平台为师生提供服务，核心应用软件系统包括图书馆集成管理系统、图书馆门户系统、数字资源管理系统、校外访问系统、"明远搜索"学术资源平台、移动图书馆服务平台等。图书馆为读者提供文献阅览、图书外借、馆际互借与文献传递、参考咨询、科技查新、文献收录与引用检索服务、学科情报分析服务、知识产权信息服务、信息素养教育等多种信息服务，为全校师生提供 7×24 小时网络服务，为本科生、研究生开设专门的"信息检索与利用"课程及诸多讲座。

2.23.2 智慧服务及智慧设施

2.23.2.1 智能咨询

图书馆通过网站提供智能咨询：一是列出了读者的常见问题，如"如何使用校外访问""日常开馆时间""搜索文献""假期安排"等；二是可根据读者输入的关键词进行回复；三是人工咨询，由图书馆工作人员进行人工回复。

2.23.2.2 微视频

图书馆推出电子资源数据库的微视频，介绍各类数据库的核心功能、主要特点和使用技巧，达到让读者"能用、会用、善用"图书馆资源和服务的目标。同时，作为信息素养教育的重要组成部分，微视频可以为大家提供碎片化、移动化的网络学习体验。

2.23.2.3 微信公众号

四川大学图书馆微信公众号设有"馆藏资源""个人中心""其他服务"三个菜单栏。"馆藏资源"有移动图书馆、查询与预约、研讨间预约等功能，便于读者查询馆藏文献、预约研讨间。"个人中心"有入馆预约、新生入馆教育、毕业对账单、我的借阅、绑定与解除等功能。其中，毕业对账单展示每位毕业生大学期间与图书馆相关的数据，包括第一次到图书馆的时间、总到馆次数、到馆次数最多的分馆、外借图书总册数、预约图书总册数、第一本借的书等，为读者留下珍贵的回忆。"其他服务"包括讲座预约、微阅读、龙源期刊、智能咨询、明远学习榜等。其中，读者点击微阅读，可进入书香川大页面，图书馆为读者提供了大众社科类的10万册数字图书和3万集有声图书，数字图书包括畅销长销、名家精品、经典名著、人文历史、大众社科、教育科普、网络文学等多种类型，有声图书包括经典评书相声、畅销小说、经典读物等。智能咨询即图书馆主页的智能咨询服务。明远学习榜定期更新，图书馆以真实的数据、直观的形式、便捷的查询，呈现出川大学子的追梦激情和学习风采。在明远学习榜中，每个学院、每个班级、每个专业、每个同学都可以了解各自利用图书馆开展学习的情况。

2.23.2.4 微博

四川大学图书馆微博开通于2011年9月。微博发布内容主要集中在图书馆公告通知、讲座培训信息、阅读推广活动信息、高等教育相关信息等方面。

2.23.2.5 移动图书馆

图书馆采用超星移动图书馆服务，读者可通过微信公众号访问，也可下载超星移动图书馆应用，7×24小时在线学习。

2.23.2.6 明远搜索

明远搜索是四川大学定制的学术搜索引擎，根据四川大学的资源情况，利用Primo"远程＋本地"的数据采集模式，择优选取数据源，尽可能整合四川大学的资源数据。明远搜索提供的主要检索栏目包含图书、期刊、文章、学位论文、多媒体资源等，为学术检索初级用户的专业化进阶提供了平台环境。

2.23.2.7 自助服务

图书馆在各分馆大厅设有自助借还书机、自助打印复印扫描一体机,读者可自助利用智能机器享受图书馆便捷的智慧服务。同时,图书馆在各分馆大门外设有 24 小时还书机,读者可随时还书,不受闭馆的影响。

2.23.2.8 明远驿站

明远驿站由歌德电子书借阅机升级而来,以泛在方式为师生提供电子图书借阅、可视化阅读、专题推送、活动推广、服务宣传等特色服务。明远驿站放置在四川大学各校区师生活动的重点区域,如教学楼、学生宿舍等。其吸引眼球的大屏幕加上模块化的分区和显示方式,以及配合手机应用便捷操作的形式,有效地提升了驿站利用率。明远驿站主要功能如下:

电子书相关资源:有 3000 种精心制作的 epub 格式电子图书。由畅销书、新书、经典图书三个部分内容构成。涵盖 12 个热门分类,有精品推荐、经典名著、生活保健、经管理财、成功励志、小说传记、历史军事、文学艺术、人文社科、政治法律、人生哲学等。每个月更新 150 种。

新书推荐:从最新上架的电子图书库中精选后进行突出展示。

期刊:100 种大众期刊,包含《新民周刊》《读者·原创版》《南风》《旅游》《中国青年》《小说界》等并每月更新。

通识阅读:精选历史、政法、哲学、社会、国学、经管等领域图书进行推荐。

资源推介:及时宣传图书馆新引进的图书和电子资源信息。

特色专题:契合重大纪念活动,适时推出相关的主题或专题图书。

信息快报:及时发布学校及图书馆的重要事件、活动、通知等信息。

四季书香:宣传发布图书馆开展的以"新年季春之芽,毕业季夏之花,入学季秋之实,岁末季冬之蕴"为主题的四季书香阅读推广活动情况。

视频速递:四川大学图书馆拍摄的小视频轮播,有对图书馆部门的介绍、小技能的介绍、如何文明使用图书馆等。

精品课程:从 400 集高清优质的学术视频库精选的视频讲座。

学苑风韵:四川大学校园风景图片展示。

知识锦囊:分享图书馆服务和资源的相关知识及其使用技巧、方法。

特色馆藏:展示宣传四川大学图书馆丰富的特藏资源。

2.23.3 智慧空间

2.23.3.1 虚拟演播厅

虚拟演播厅设在工学图书馆，配备了用于虚拟抠像合成的专业绿箱、虚拟演播系统、可伸缩调节灯光组、调音台、摄像机、提词器、无线麦克风等多种设备，可完成人物访谈、慕课制作、讲座录制等多种节目类型的制作，使图书馆服务和业务实现从可读到可视、从静态到动态、从一维到多维的转变。

2.23.3.2 研讨间

研讨间配置了电脑、网络、有线电视、投影仪等设施，打通了通信载体、内容分类、物理空间的界限，提供资源的一站式服务，读者在享受最新的阅读体验的同时可以对空间进行多媒介的交互和共享。研讨间须预约使用，读者可通过现场预约、图书馆主页预约和微信公众号预约等线上线下的方式进行预约。研讨间仅供校内读者进行学术研讨等集体使用。

2.23.3.3 学习书屋

学习书屋是图书馆为深入贯彻习近平新时代中国特色社会主义思想，利用红色资源，发扬红色传统，传承红色基因，联合校内外多部门、多学院、多机构打造的主题鲜明、特征明显、功能明确的线上线下相结合的红色文化教育空间。学习书屋位于江安图书馆，集中收藏和展示了习近平总书记著作及其推荐图书、"不忘初心、牢记使命"主题教育专题文献、四川大学革命文化主题文献以及四川大学出版社出版的红色文献。书屋配备有多媒体交互式无线耳机学习系统，读者可开展红色文化主题文献集体阅读和研讨。同时图书馆打造了线上学习书屋，读者可 7×24 小时在线学习。

2.23.3.4 闳声角

闳声角设在文理图书馆大厅，主体为四架库克智能钢琴，采用库客音乐自主研发的库客智能教学系统，能够实现乐理教学、练琴纠正、视唱听音、名曲欣赏等多种功能。每架钢琴前面都有个高清屏，可以直接查询和查看乐谱，弹奏的时候自动翻页，无需手动翻琴谱。同时，每架钢琴配备了头戴式耳机，防止干扰图书馆的安静环境。

2.23.3.5 圕学新工坊

圕学新工坊是为读者提供相关技术支持的双创实践基地,设有技术体验空间、影像工作空间、学习讨论空间和用户研究空间等,是图书馆嵌入本科教育教学的有益尝试,由图书馆与公共管理学院合作建设;同时,该工坊含创客素养教育课程,融课堂教学、自主学习、实践结合、文化引领为一体,是图书馆打造创新创业教育服务体系的有益尝试。

2.23.3.6 明远影苑

明远影苑配备有专业视听设备及蓝光影视资源,图书馆结合馆藏纸质及电子文献资源,面向校内师生提供影视鉴赏、优秀作品展播、音乐欣赏等活动。

2.23.3.7 明远讲坛

明远讲坛配备有专业的音视频设备、电子大屏幕、麦克风,可举办各类活动、讲座、学术报告、大型会议等,可容纳100~200人。

2.23.3.8 线上展厅

图书馆在主页设有线上展厅,展览的主题包括辛亥革命时期的四川大学师生、永乐大典展览、朱德与史沫特莱、四川大学图书馆馆史展览、四川大学图书馆中华优秀传统文化传承发展专题展、改革开放40周年四川大学图书馆发展成就展、四川大学纪念马克思诞辰200周年主题文献展等。

2.24 天津大学图书馆

2.24.1 基本情况

天津大学图书馆由卫津路校区的图书馆(北馆)、科学图书馆(南馆)及北洋园校区郑东图书馆组成,馆舍总面积约为7.6万平方米(含地下面积0.7万平方米)。天津大学图书馆的前身北洋大学图书馆随近代第一所大学——北洋大学的诞生而设立。北洋园校区郑东图书馆于2015年9月投入使用,其馆舍环境、设备设施、管理与服务技术均按照现代化标准修建,提升了图书馆服务与管理水平。天津大学图书馆始终坚持"读者第一，服务至上"的理念宗旨，持续不断地完善图书馆的功能建设。

2.24.2 智慧服务与智慧设施

2.24.2.1 智能咨询

图书馆主页和微信设有智能咨询，读者点击"咨询小图"图标后，转入咨询系统。系统列出了3个最常咨询的问题，读者可点击链接直接查看，包括"校外如何获取图书馆电子资源""借书初始密码是什么""访问电子资源需要登录图书馆OPAC吗"。此外，读者可输入关键词进行咨询，系统将自动匹配关键词进行回答；若读者遇到系统无法回答的问题，可转接图书馆员人工回答。

2.24.2.2 线上展厅

图书馆设有线上展厅，2022年展出"'北洋风华'孙列中国人物画作品展""天津大学庆祝新中国成立七十周年书法作品展""'中国精神'全国社区第四届书法篆刻作品展"等展览。

2.24.2.3 虚拟图书馆

图书馆主页设有全景图书馆链接，读者可直接通过网页参观线上图书馆。该系统将同一地点不同角度图片拼接在一起，生成能够360度上下左右全方位展示图书馆的三维全景图。读者通过移动鼠标，仿佛置身其中，能够参观图书馆各个功能区域。

2.24.2.4 自助服务

图书馆引入联创自助服务，在各分馆设有自助借还书机以及自助打印复印扫描一体机，读者可便捷使用。自助服务提升了图书馆服务效率，推动了图书馆智慧管理。

2.24.2.5 微信公众号

图书馆微信公众号有"服务大厅""动态资源""服务指南"三个菜单栏。"服务大厅"包括借阅情况、读者证绑定、个人中心、书目检索、图书续借、图书借阅排行榜、学术资源、新闻公告、新书通报等功能。"动态资源"包括培训公告、资源推介、直播点播、知学、电子教参等功能。其中,"直播点播"平台设有思政天地、通识课程、天圕微课、培训园地、沙龙讲座、最美天大、入馆教育、活动集萃和电视直播9个主题栏目。"知学"是天津大学图书馆阅读推广平台,读者可通过该平台查看最新活动通知、回顾已举办的活动、查询用户相关信息。"服务指南"包括微信校园卡、研究厢预约、读者反馈、常见问题、咨询小图等功能。

2.24.2.6 图书预约

当读者所需要的图书处于外借状态时,读者可以通过微信公众号及图书馆网站两种方式预约该图书。预约书到馆后,服务台将为读者保留7天并第一时间通知读者,读者到相应校区图书馆总服务台办理相关取书手续即可。

2.24.3 智慧空间

2.24.3.1 会议室、报告厅和多功能厅

图书馆有小型会议室、双校区（北洋园校区和卫津路校区）视频会议室、报告厅和多功能厅,可供校内单位或教职工免费使用。小型会议室位于北洋园郑东馆南区二层;双校区视频会议室,教职工可预约使用,减少两校区之间的路程;报告厅位于北洋园郑东馆南区一层,配备投影设备,最多可容纳340人;多功能厅位于洋园郑东馆南区一层,配备LED电子屏,圆桌常规坐16人,后排弧形桌可坐21人,自由摆放折叠椅最多可坐100人。

2.24.3.2 读者研究厢

图书馆分别在北洋园郑东图书馆二层至四层北二区和卫津路图书馆（北馆）二层东侧设有读者研究厢,面向全校师生开放。当读者有课题研究、学术讨论需求时,可通过微信公众号在线预约,预约时间最短为1小时,最多不超过4小时。研究厢使用按"先到者优先"原则,额满为止,读者可随时登录系统操作,最多可提前7天预约。

2.24.3.3 录播室

图书馆为读者提供录播室录制画面丰富、音质清晰的视频,录播室设备齐

全、环境优雅，需预约使用，每次最短预约时长 1 小时，最多预约时长 4 小时，每人每天可以预约最多 1 次。

2.24.3.4 照相室（特色研究厢）

图书馆设有照相室，配备多种颜色的背景幕布、补光灯等设备，方便读者拍摄证件照等照片，读者需自备照相机。

2.24.3.5 影视欣赏室

图书馆分别在北洋园校区和卫津路校区设有影视欣赏室，每周定期举办视听欣赏活动，具体活动信息通过图书馆微信公众号发布。非图书馆活动时间内，读者可自行预约影视欣赏室，可用于影视欣赏、培训研讨、班级社团活动等。影视欣赏室可容纳 35 人，配有 7.2/5.1 声道家庭影院、DVD 播放器、台式电脑。

2.24.3.6 视像学习室

视像学习室位于北洋园郑东图书馆，可容纳 16 人，配有台式电脑、70 英寸高清液晶电视、DVD 播放器。读者可预约使用，用于影视欣赏、培训研讨、班级社团活动等。

2.24.3.7 音乐欣赏室

北洋园郑东图书馆和卫津路图书馆（北馆）均设置有音乐欣赏室，配有音频播放器、功率放大器、高保真扬声器等设备。图书馆每周定期在音乐欣赏室举办视听欣赏活动，具体活动内容由图书馆微信公众号推文发布。读者可在非活动时间预约使用。

2.25 同济大学图书馆

2.25.1 基本情况

同济大学图书馆由四平路校区图书馆、嘉定校区图书馆、沪西校区图书馆、沪北校区图书馆、德文图书馆、同济大学博物馆组成，总面积 75323 平方米。截至2021年12月，馆藏纸本图书近460万册，电子图书及学位论文约2006万册，纸质中外文现刊600多种，中文电子期刊约82万册，外文电子期刊约115万册。此外，图书馆还订购有各种知名的大型综合性数据库、各类权威的专业学会出版物全文数据库。同济大学图书馆坚持"读者第一，服务至上"办馆宗旨，为读者开展文献流通阅览、电子阅览、国内外馆际互借、参考咨询、信息素养教研、科技查新、学科服务、情报分析与研究、知识产权信息等服务。

2.25.2 智慧服务和智慧设施

2.25.2.1 自助服务

图书馆购置有各类自助设备，为读者提供自助借还书、自助复印打印扫描、预约图书、预约座位等服务。其中，自助借还书机提供自助借还书服务；自助打印复印扫描一体机提供自助打印、复印、扫描服务，除使用图书馆设备外，读者可下载联创打印驱动程序，使用个人电脑进行打印；对已借出未归还的图书，读者可以申请预约，且可跨校区异地预约，选择在任一校区图书馆取书，预约书到馆后将被放在预约取书柜中，读者根据取书消息自助取书；读者可通过图书馆的选位机或微信公众号进行座位预约，预约成功后刷卡入馆使用座位。

2.25.2.2 微信公众号

同济大学图书馆微信公众号菜单栏分为"服务""资源""发现"。"服务"包括小微帮帮、预约阅览座位、预约研习室、检索证明服务等功能。"小微帮帮"以列表形式展现读者常见问题，读者可点击查看常见问题的答案，如图书馆开放区域和时间安排、图书委托与图书预约、图书超期处理与遗失赔偿、研习室预约、校外访问等。"资源"包括我的图书馆、馆藏书刊查询、荐购数据库、荐购中文图书、荐购外文图书等功能。"发现"包括讲座预约、图书捐赠、图书馆简讯、新生指南等功能。

2.25.2.3 微博

同济大学图书馆微博开通于2011年9月。微博发布内容主要包括数据库信息、荐购到馆、信息素养和闻学堂四个方面。

2.25.2.4 智能环境控制系统

沪西和沪北校区图书馆融入了智能环境控制系统，该系统能不间断地监控阅览室中的温度、湿度、二氧化碳、PM2.5等指标，一旦发现有指标异常，就会自动打开空调、新风等设备，使读者阅读体验更舒适。

2.25.2.5 论文收引证明自助服务

图书馆为读者提供论文收引证明自助服务，读者可免费自助开具论文查收查引证明。该系统仅支持开具作者单位为同济大学的论文查收查引证明，具体可开具以下期刊论文或被以下数据库收录的论文：Nature/Science/Cell/PNAS及其子刊论文、ESI高被引论文、中国科学院文献情报中心期刊分区1区论文、SCI论文、SSCI论文、A&HCI论文、CPCI-S论文、CPCI-SSH论文。该系统具有以下特点：一是开具过程全自助，读者无需等待，即时获取检索证明报告；二是服务时间全覆盖，系统提供7×24小时服务，用户可根据个人需求随时登录系统；三是动态信息实时更新，在报告生成环节，系统会实时对被引频次及使用次数等动态信息进行更新；四是报告更新更加便捷，用户开具的所有证明均保留在个人账户中，用户可对原证明中的论文进行增删及更新，根据个人需求生成新证明报告。

2.25.2.6 歌德电子书借阅机

歌德电子书借阅机内置3000种最近三年的正版授权畅销书籍，每月自动更新150种最新图书。借阅机对图书进行详细分类，读者可以根据图书分类找出自己想要的图书，扫描图书二维码进行下载阅读，并可在该平台管理下载的电子书。

2.25.3 智慧空间

2.25.3.1 讨论空间

图书馆在四平路校区图书馆、嘉定校区图书馆和德文图书馆设有多功能研习室、群组讨论室等研讨空间，供读者研讨交流与学习，不可用于与学习无关的事项。该空间仅向同济大学读者开放，读者通过图书馆主页"读者服务"模块或图书馆微信公众号预约后免费使用。

2.25.3.2　网上展厅

图书馆设有网上展厅，不定期举办与同济大学、图书馆相关的展览，2022年的展览有"英国文学在中国——英国文学文献资料图片展""悦享德图：'以镜头光影，展现中德人文交流'摄影大赛作品展"等。

2.25.3.3　学术空间

学术空间旨在形成浓郁学术氛围，拓展多学科交流，开展沙龙、讲座、课程、第二课堂等多种形式的学术活动，激发国际文化研究创新。

2.25.3.4　多媒体阅览室

多媒体阅览室引入新媒体技术和设备，打造知觉体验、思维体验、视觉体验为一体的体验空间，满足师生的个性化空间需求。

2.26　武汉大学图书馆

2.26.1　基本情况

武汉大学图书馆设有资源建设中心、文献借阅中心、学术交流与服务中心、古籍保护中心、特藏中心、技术支持中心和工学分馆、信息科学分馆、医学分馆等六个中心和三个分馆，馆舍面积为77389平方米。截至2021年底，馆藏文献资源总量达2036万册，其中图书585万册，报刊合订本92万册，地图、声像、缩微资料18万件，学位论文20万册。图书馆服务功能完备，拥有多种现代化的服务手段，可为读者提供外借、阅览、信息素养教育、参考咨询、科技查新、文献收录引用鉴证、馆际互借与文献传递、科研影响力分析、知识产权信息服务等多类型、多层次的服务。

2.26.2 智慧服务与智慧设施

2.26.2.1 智能咨询

图书馆为读者提供智能咨询服务，咨询方式有微信咨询、E-mail咨询、电话咨询、学科咨询、微博咨询、馆长信箱等。点击"咨询小布"图标后，会自动弹出常见问题，便于读者及时了解相关事宜，如资源查找、入馆须知、网络服务、借阅服务、设施服务、新生须知等。

2.26.2.2 座位预约

读者进入图书馆自习须使用座位预约系统进行预约。少部分休闲沙发、板凳以及工学分馆203室、医学分馆二楼中文科技图书借阅A区无须使用座位预约系统。读者可通过图书馆主页、武汉大学图书馆微信公众号、智慧珞珈APP等途径进行网上预约，也可直接到图书馆选座机上刷校园卡进行预约。

2.26.2.3 自助服务

图书馆为读者提供了多样化的自助终端设备，便于读者自助使用图书馆各项服务，提升图书馆服务效率和智慧服务水平。

自助借还书机：图书馆总馆、各分馆大厅及阅览区均设置有自助借还书机，读者根据自助借还书机的提示办理借、还书手续。

预约书取书柜：图书馆总馆咨询台附近和各分馆总服务台附近均设置有预约书自助取书柜，读者预约的图书均存放于此，读者可凭校园卡在此刷卡取预约书，从预约书取书柜取出的图书无需再重复办理借书手续。

自助打印复印扫描一体机和高拍仪：自助打印复印扫描一体机提供自助打印、复印、扫描服务。图书馆在各馆共计放置了十台紫光高拍仪，可对文献资料进行快速拍摄、连续拍摄、保存以及OCR识别。

自助存包柜和图书杀菌机：在部分不允许带包进入的阅览室门口，图书馆放置了自助存包柜，读者进入阅览室前须将书包等随身物品存入存包柜。读者借书后，可使用图书杀菌机对图书进行杀菌。

2.26.2.4 微信公众号

武汉大学图书馆微信公众号设有"我""信息服务""云阅读"三个菜单

栏。"我"包括账号绑定、账号解除、借阅/续借、查找书刊、座位预约等功能。"信息服务"包括新生开卡游戏、新生必修课、我的朗读、本周培训活动、通知公告等功能。"云阅读"包括23天共读打卡、好书推荐、新东方外语学习课程、知识视界、一期一书等功能。读者进入"新生开卡游戏",通过游戏的方式熟悉图书馆基础功能,激活一卡通图书馆权限,趣味中熟悉图书馆;"我的朗读"可查看朗读亭的朗读录音或者进行手机朗读;"好书推荐"有借阅之星、趣味书单、经典榜单、美文赏析、达人书单等推荐,便于读者按类别搜索好书;"知识视界"含有各学科包罗万象的知识。

2.26.2.5 微博

武汉大学图书馆微博开通于2011年11月。微博发布内容主要集中在图书馆公告通知、讲座培训信息、阅读推广活动信息、与武汉大学相关的消息、与图书馆界相关的消息、与高等教育相关的消息等方面。

2.26.2.6 电子阅读设备

歌德电子书借阅机:图书馆购置有两台歌德电子书借阅机,内置3000本独家授权的电子图书,图书与出版社纸书同步发行,每月更新150本电子图书。读者在移动设备上安装超星移动图书馆客户端,扫描借阅机上图书的二维码,即可下载电子书到手机里阅读。

博看数字阅读机:图书馆购置了29台博看数字阅读机,具体分布为总馆9台,信息科学分馆20台。其中,总馆的9台位于公共区域,无需预约即可使用;信息科学分馆的20台读者需通过座位预约系统预约后方可使用。

电子阅报机:电子阅报机内含千份报纸和杂志,放置在图书馆公共区域,读者可直接阅读。

Kindle电子阅读器:图书馆购置有Kindle电子书阅读器供读者借阅,每位读者限借1台,借期30天,可续借1次。当阅读器被其他读者预约后,系统自动设置10天归还期,读者需按期归还。

2.26.2.7 3D打印机

图书馆配备了11台3D打印机,为读者的科研课题、创新创造活动提供支持,可免费使用3D打印。有3D打印需求的读者,须携带院系盖章的有关科研课题、创新创造活动的材料和STL格式的3D模型文件到图书馆填写3D打印模型申请表,详细说明需求,方可进行打印。

2.26.3 智慧空间

2.26.3.1 研修室

图书馆设有个人研修室和团体研修室，用于读者开展专题性学习研究和学术研讨。个人研修室共有 33 个，位于总馆和医学分馆，可容纳 1~2 人；团体研修室共有 25 个，可容纳 3~4 人、3~6 人、3~10 人、6~15 人不等。团体研修室配有投影、会议桌、触屏电脑、无线鼠标、键盘等设备，支持无线上网。

2.26.3.2 工学分馆创客空间

工学分馆创客空间设立于 2016 年 3 月，是武汉大学图书馆首个创客空间，是图书馆依托学校优势资源及良好环境，响应中央关于支持"大众创业，万众创新"的号召以及武汉大学"三创"教育理念，与校团委大学生创新实践中心共建的一个新的学习空间。

创客空间 106 室：106 室可容纳 10~30 人，提供投影和音响等设备，支持无线上网。106 室主题集中在"音乐+咖啡+创意+梦想"，可供小型或团体研讨及聚会活动。

支点空间 103 室：103 室可容纳 10~20 人，是由学生团队自主设计，与图书馆共同合作打造而成的创新空间和个性化学习空间，有 8 台需预约的双屏云桌面终端和新颖靓丽的组合桌椅，配备交互式大平板电脑，支持无线上网。

图形工作站：图形工作站位于多功能体验区，共有 3 个，每个每次限单人使用，提供图形、图像、视频等专业设计及加工的专用电脑。

VR 体验：VR 体验位于多功能体验区，VR 体验设备为 HTC-vive。图书馆购买了各类 VR 资源，包含游戏类（射击、飞行等）、视频类（各种格式 3D 视频、360 度视频等）、体育类和智力类等。

2.26.3.3 信息分馆创客空间

信息分馆创客空间以 IT 创造创新为中心，设有"3C 创客空间""创意活动室""创新学习讨论区""创客俱乐部"等，集创意交流、微视频学习、新技术体验、电子绘图、视频编辑和 3D 打印于一体，为计算机及其相关技术领域的创客活动提供场所与设施。读者可利用信息分馆创客空间设施设备完成以下事项：一是利用20台双屏电脑访问大量的IT微视频在线课程，一边学习一边编程；二是利用12台苹果MAC电脑，熟悉苹果操作系统，体验苹果先进的软件技术；三是利用VR设备，置身于虚拟的场景中，将视觉、听觉和动作及其感应完美地结合在一起；四是利用绘图板，制作动漫、广告设计和PPT设计；五是利用非线性视频编辑设备与系统编辑专业级视频；六是利用3D打印机将三维模型变为实物，用于展示或检验设计功能。

2.26.3.4　学习共享空间

学习共享空间可容纳10~40人，配备有交互式大平板电脑，支持无线上网，读者可利用该空间举办讲座、学习和研讨。

2.26.3.5　网上展厅

图书馆在主页设有网上展厅，展出"'阅途——书与远方'作品展""《永乐大典》巡展""馆藏古籍精品书影展""汉派作家作品展"等展览。其中，"'阅途——书与远方'作品展"主要展出第二届"图书馆杯"主题图像创意设计征集活动的优秀作品，该活动以"图书馆，让生活更美好！"和"战'疫'，读书人的力量！"为创作主题。

2.27　西安交通大学图书馆

2.27.1　基本情况

西安交通大学图书馆由兴庆校区钱学森图书馆、雁塔校区图书馆、创新港图书资料中心三部分组成。钱学森图书馆由北楼和南楼组成。北楼建于1961年7月，建筑面积为11200平方米；南楼于1991年3月投入使用，建筑面积为18000平方米。2000年4月，西安交通大学与西安医科大学、陕西财经学院合并，三校图书馆随之合并重组。2019年，创新港图书资料中心正式开放。截至2021年底，图书馆累计藏书超过583万册（件），国内外电子资源库330个，国内外电子图书超过176.8万册，中外文全文电子期刊7.2万余种，形成了以理、工、管、文、医学、财经为重点的多学科文献信息资源保障体系。

2.27.2 智慧服务

2.27.2.1 门户网站个性化服务

图书馆设计了通用版、本科生版和研究生/教工版三种类别的门户网站，读者登录后可根据自身身份定制个性化的资源与服务，其中通用版全面展现图书馆的功能与各项服务，本科生版侧重于通识教育相关内容，研究生/教工版侧重于学术能力提升相关内容。

2.27.2.2 自助服务

一是自助借还。图书馆引进自助借还书系统，读者根据设备界面图标和语音提示按步骤操作，系统可自行完成对读者卡识别、图书的条形码扫描、图书的充消磁作业、数据上传等功能，让借还书更加智慧化。二是自助文印。图书馆引进联创自助文印和云打印服务系统，可以为读者提供集打印、复印和扫描于一体的自助文印服务。

2.27.2.3 图书预约与续借

读者登录图书馆系统后，可对已借出的图书、闭架图书、跨校区在架图书进行预约，当图书到达读者指定的取书地点后，预约系统将向读者发送提醒消息。若读者想延长在借图书的借期，可在图书馆系统中在线点击续借完成延期。全程均由读者自助完成，无需携带图书到图书馆。

2.27.2.4 线上展览

图书馆举办有钱学森科学精神与教育思想展、西迁学人学术成就展、书海观潮、Nature 封面展等线上展览，读者可在线观赏。各项展览均紧密围绕西安交通大学展开。如书海观潮具体展出西安交通大学图书馆改革开放四十年发展成就；Nature 封面展透过精美图片阐释成果精髓、讲述科研故事，展出西安交通大学历年在 Nature 及其姊妹刊发表论文的情况。

2.27.2.5 微信公众号

西安交通大学图书馆微信公众号设有"我""思源搜索""圕快讯"三个版块。"我"包括借阅信息、流通通知、图书馆状态、绑定/解绑一卡通等栏目，可以查询个人借阅信息、修改个人信息、查看个人流通通知单等。"思源搜索"栏目包括馆藏书目、学术发现、中文资源、图书荐购、云打印、空间预约等栏目。学术发现能够高效查找馆藏中外文资源，包括书刊、会议等各类资源文章级检索、全文获取和馆藏书目检索；中文资源提供中文各类文献一站式文章级的检索和全文获取服务。"圕快讯"包括圕情书忆（毕业纪念册）、预约座位、借书、借阅规则、建议意见等栏目。同时，图书馆微信公众号不定期推送专题讲座、美文欣赏、好书推荐、新闻资讯、活动预告等图文内容。

2.27.2.6 微博

西安交通大学图书馆微博开通于2011年10月。微博发布的内容主要集中于图书馆讲座信息和通知，同时转发少量与西安交通大学、高等教育相关的微博。

2.27.3 智慧设施

2.27.3.1 自助借还书机与打印复印扫描一体机

图书馆共有10台自助借还书机、8台自助打印复印扫描一体机，为读者使用自助服务提供了便利。

2.27.3.2 电子书借阅机

电子书借阅机包括超星瀑布流电子书借阅机、歌德电子书借阅机和云屏数字借阅机。超星瀑布流电子书借阅机通过触屏方式为读者提供服务，读者可以点击任意资源封面，了解资源详情，通过手机扫码观看阅读；也可下载超星客户端，将图书下载到手机，随时随地进行阅读。歌德电子书借阅机需要安装学习通应用，通过应用内的扫码功能，扫描图书封面二维码阅读图书。云屏数字借阅机通过手机微书房客户端扫描二维码，可直接下载整本图书到手机阅读。该借阅机内置5000多册图书、500集听书，且不断更新资源，云资源每年更新超1万册图书。

2.27.3.3 电子阅读设备

电子阅读设备包括平板电脑、笔记本电脑和电子阅读本。图书馆提供平板电脑、笔记本电脑，在校全日制本科生、研究生可外借7天；而电子阅读本仅提供给全日制研究生。

2.27.4 智慧空间

2.27.4.1 iLibrary Space

iLibrary Space 是集新技术体验、数字阅读、社交休闲于一体的综合活动场所。空间提供 WiFi、会议平板、交互式电子白板、投影、无线麦克风、音响等设备，可用于人数在 60 人以下的各类学术交流及会议、成果与经验分享、作品赏析等活动。同时，东西两侧空间设有 6 个研读小间，可满足 5~30 人团队需求。

2.27.4.2 PBL Space

PBL Space 是图书馆为配合学校教学改革而建设的学习、交流空间，有供 3~10 人小组学习讨论的研修间，有供 2 人使用的小研讨间，有预约举办大型社团活动、讲座、主题班会的大厅等，是读者的自主学习空间、合作交流场所、知识探究平台。

2.27.4.3 i 创空间

i 创空间是图书馆为创新港师生提供的集学习讨论、经验分享、微课堂、远程面试等功能为一体的多功能空间。

2.27.4.4 星空报告厅

星空报告厅位于钱学森图书馆，得名于凡·高的著名画作《星空》，既是纪念人民科学家钱学森学长"仰望星空"的伟大情怀与崇高精神，同时也展现了交大人对于康德所言"头上星空"的深切思考和敬畏。

2.27.4.5 阳光沙龙空间

读者可以在阳光沙龙空间举办摄影、旅游、民间文化、国际交流等方面的微沙龙活动。有共同兴趣的读者可以在此聚会、社交、展开讨论，可以参加图书馆举办的主题阅读活动等。阳光沙龙致力为读者提供一个寻找知识共同体的有声空间，成为创新思维的孵化器。

2.27.4.6 经济学人空间

经济学人空间是图书馆为经济与金融学院师生量身定制的校园书斋。该空间面积150平方米，座位50余个。该空间有古色古香的家具陈设、内涵丰富的文化装饰、精心甄选的知名经济学家著作。

2.27.4.7 圕香啡语

圕香啡语空间由雕刻时光咖啡馆精心运作，环境优雅温馨，饮品茶点种类齐全，并设有"西安交通大学—百本经典图书专架"，是图书馆为读者倾情打造的致力于校园文化交流，丰富读者文化生活的又一个集阅读、学习、交流、休闲等为一体的综合性活动空间，旨在为身处匆忙生活节奏中的读者提供一处"慢下来"的空间。

2.27.4.8 24 小时开放空间

图书馆在分别在兴庆校区和雁塔校区设有24小时开放空间，面积共计1000平方米，约有座位400席，为学有余力的同学提供了勤奋学习的空间。

2.28 西北工业大学图书馆

2.28.1 基本情况

西北工业大学图书馆由友谊校区的东图书馆、西图书馆和长安校区图书馆组成，现有馆舍总面积约46000平方米。截至2021年底，图书馆馆藏纸质文献总量为385万余册，中外文电子图书192万余种，中外文电子期刊约5.7万种，国内外学位论文1137万余篇。有电子资源数据库164种（481个子库），其中包括中文数据库66种（252个子库），中外文视频数据库10种（57个子库），外文数据库88种（172个子库）。另外，图书馆特藏有姜长英航空史料约5000册，历届学位论文约5万册。图书馆根据学校教育教学、人才培养、学科建设对文献信息的需求，广泛收藏印刷型资源，不断丰富数字资源，形成了以三航（航空、航天、航海）为特色，以3M（材料、力学、机械）、3C（计算机、电子通信、自动控制）为支撑，兼顾基础学科（数、理、化、生等）

及管、文、经、法、医等相结合的较为完善的文献信息资源保障体系。

2.28.2 智慧服务和智慧设施

2.28.2.1 自助服务

图书馆在各分馆大厅设有多台自助设备，为读者提供自助借还书及自助复印、打印、扫描一体机等自助服务。其中，自助复印及打印需收取一定费用，自助扫描免费。图书馆座位采用预约制入座，每次预约时长为1~7小时，全天可续约，每次续约最长不超过7小时。读者可通过网页、微信公众号等自助预约。

2.28.2.2 微信公众号

西北工业大学图书馆微信公众号设有"服务门户""资源服务"两个菜单栏。"服务门户"包括通知公告、书目检索、已借续借、借阅历史、违章欠款、委托信息、预约信息、借阅规则、机构设置、馆藏布局、新生必读、开馆时间、空间预约、原文传递、科技查新、查收查引、在线咨询、自助文印、VR展示友谊馆、VR展示长安馆等功能，"资源服务"包括校外访问电子资源、校内访问电子资源、服务指南、外借图书超期等功能，"服务指南"包括常规咨询服务、数字资源访问服务、文献传递服务、查收查引和科技查新服务、资源荐购服务、知识管理系统服务等功能。图书馆微信公众号集成了图书馆智慧服务的主要功能，读者利用公众号可便捷查询馆藏，查看个人借阅情况及预约图书、预约空间、预约座位等。

2.28.2.3 微博

西北工业大学图书馆微博开通于2011年10月。微博发布内容主要集中在图书馆公告通知、学科服务相关信息等方面。

2.28.2.4 超星瀑布流电子书借阅机

图书馆设有超星瀑布流电子书借阅机，瀑布流电子书借阅机与楼层同高，各类数字资源由上滚滚而下，借助视觉冲击带来审美新体验。瀑布流电子书借阅机左侧为推荐最新热门图书，中间集中展示学校专家著作，右侧是优秀经典视频播放。读者点击最新热门图书书名，即可定格放大显示图书封面，轻轻在屏幕上划动，可翻动书页阅读，还可扫描图书二维码，将图书下载至手机随时随地阅读。

2.28.2.5 优谷朗读亭

朗读亭有丰富的朗读资源可供读者朗读，包括诗歌散文、唐诗宋词、亲子儿童经典文学选段、外语名篇等，总数超过20000个，还提供了包括德语、法语、西班牙语、韩语、日语、泰语等小语种资源，给读者提供一个练习小语种的专业场所。读者可以自由朗读，也可以跟着屏幕上的文字进行朗读配音，还可以跟着视频内容进行朗读。

2.28.3 智慧空间

2.28.3.1 智慧音乐空间

智慧音乐空间采用多功能设计方案，配备了先进的音响和灯光设备，适合多种类型的音乐演奏与欣赏，是学校开展大学生德育教育、艺术教育，培养大学生文化素养的重要场所。教师可预约该空间用于相关授课、讲座等，通过浸润音乐文化的熏陶，充分发挥好智慧音乐空间德育育人、美育育人的作用。

2.28.3.2 研讨空间

图书馆设有安静、独立的研讨空间，可容纳1~4人、2~8人、4~8人不等，室内配有桌椅、电源、无线网络，部分房间配备触摸屏电脑一体机、液晶电视、投影仪。研讨空间面向全校师生开放，使用须进行网上预约，仅对学术研讨、课程研究、交流培训、社团活动及其他相关研修活动提供支持，娱乐及商业活动不在使用范畴。

2.29 浙江大学图书馆

2.29.1 基本情况

浙江大学图书馆由基础馆、农医馆、古籍馆、方闻馆和玉泉分馆、西溪分馆、华家池分馆组成。截至2021年底，图书馆实体馆藏总量已达671.3万册，包括线装古籍18万余册，各类电子数据库（含子库）749个，中外文电子图书240.0万册，中外文电子期刊419.9万册，中外文学位论文1081.6万册。种类丰富、品质优良的各类型文献资源为全面提高学校教学科研和学科建设水平提供了有力保证。在馆藏总量与结构不断丰富的同时，浙江大学图书馆已形成了比较系统、完整的综合性藏书体系以及较为科学、合理的协调性馆藏布局。各馆舍的藏书及服务对象各有侧重，并根据学校校区设置的变化而进行适时调整。

2.29.2 智慧服务及智慧设施

2.29.2.1 图灵灵咨询服务

图书馆打造了总咨询服务平台，开通图灵灵一站式服务，为读者解答关于图书馆的各类问题，包括但不限于资源推介、借阅服务、查收查引、专利服务、信息素养教育、数据库访问、情报服务、战略咨询等，切实提升了图书馆智慧服务能力，更好更快地解决了师生诉求，提升了咨询效率。读者可以通过热线电话、FAQ与留言板和微信公众号三种方式使用图灵灵咨询服务。

2.29.2.2 微信公众号

浙江大学图书馆微信公众号设有三个版块，分别为"我的图书馆""服务导航""悦读求知"。其中，"我的图书馆"包括借阅信息、绑定/解绑、我的朗读、欠款查询、借书权限激活等功能，读者可以在该版块掌握与自身相关的各项信息。"服务导航"包括馆藏查询、移动图书馆、读者荐购、座位预约、微课堂、FAQ、求是学术搜索、芸悦读、资源动态等功能。"悦读求知"包括悦读求知月活动、阅读嘉年华、浙大师生必备、讲座信息等。读者在该版块可了解图书馆的各项阅读推广活动，如浙大师生必备包括图书馆基础服务使用指南、图书馆馆舍空间介绍、图书馆各类数据库使用指南等。

2.29.2.3 微博

浙江大学图书馆微博开通于2012年3月。微博发布内容主要为图书馆公告通知、数据库试用、讲座培训信息、阅读推广活动信息、高等教育相关信息等。

2.29.2.4 自助服务

图书馆提供自助借书、自助还书、自助缴纳费用、自助复印、自助打印、自助扫描等自助服务。图书馆在各分馆设置有自助服务机，读者根据自身需要自行完成，真正实现了智慧无人化管理。其中，读者使用自助打印服务时，可在校园内任意一台装有打印客户端的机器上打印，并在任意一台装有刷卡端的机器上，方便地用校园卡进行自助刷卡缴费，并取走打印的资料。

2.29.2.5 微课堂

微课堂包括"秒懂图书馆""专利微讲堂""情报素养"三个系列，读者根据自身情况按需学习。"秒懂图书馆"系列让读者快速了解图书馆自助借还书、图书预约、空间预约等服务；"专利微讲堂"系列共有12讲，每讲5~10分钟，图书馆用浅显易懂的介绍阐述专利的方方面面，如什么是用途专利、该不该申请、申请了有什么用等；"情报素养"系列共分为三个专题，梳理总结了常用的情报分析方法和技巧，包括洞察领域研究热点、分析研究进展、追踪团队研究动态、可视化研究成果等内容。

2.29.2.6 移动图书馆

作为移动阅读平台的移动图书馆，拥有超过百万册电子图书、海量报纸文章以及中外文献元数据供用户自由选择，为用户提供方便快捷的移动阅读服务。用户可在智能手机、平板电脑等移动设备上随时随地浏览电子图书、期刊、报纸、名师讲坛等图书馆数字资源，可以随时获取图书馆的信息公告，在线查询馆藏，远程预约借书、续借，还可以建立自己的学习交流圈，通过小组、笔记等功能，随时随地记录和分享自己的阅读感悟及兴趣爱好。

2.29.3 智慧空间

智慧空间包括多媒体空间、知识空间、学习空间、研究空间、文化空间、系统体验空间、创新空间、社交空间等，主要位于紫金港校区图书馆基础馆，是图书馆基于一种创新的学习模式、一个共享的交流社区等理念打造的智慧空间，致力为读者提供一个灵活多样的学习、工作环境。用户使用智慧空间需进行预约。

文化空间：该空间可容纳60~100人，供师生举办文化沙龙或讲座。文化空间预约需提交专项预约申请表。

研究空间：该空间支持开展团队项目、进行小型研讨和针对小范围受众的项目演示和发布，包括3个可容纳6~10人的小型独立全封闭研讨室，配备有投影仪、白板、会议桌、网络接口等。预约研究空间需提交小组或团队讨论主题。

学习/知识空间：该空间供读者单人使用，可通过网站或现场预约。知识空间有苹果电脑和普通电脑，学习空间分有显示器座位和无显示器座位。

多媒体空间：该空间提供音频、视频编辑软硬件，支持多媒体制作的学习和实践。预约该空间需提交申请说明。

创新空间：该空间支持创新团队协同工作、学习、讨论，设有相对独立的高靠座位和圆桌讨论区，预约成功后可以连续一学期以上使用。预约该空间需提交详细的计划书、已获批的课题或项目申请表，并描述合理的预期目标。

研究小间：研究小间设在紫金港校区农医馆，每个研究小间仅限1人使用。用户需通过图书馆网站进行预约。

2.30 中国海洋大学图书馆

2.30.1 基本情况

中国海洋大学图书馆使用面积约4.2万平方米，阅览座位4000余个，其中电子阅览室座位210余个。截至2020年，馆藏纸质文献280余万册，其中外文纸质文献约27万册，中外文现刊近2000种，中外文文献数据库约350个，电子书刊约420万册，电子学位论文570余万篇，电子期刊约3万种。2004年以来，图书馆以原有海洋、水产学科馆藏文献资源为基础，集中整理并积极筹建了海洋文库和海洋教育、科技文献信息数据库。

2.30.2 智慧服务

2.30.2.1 自助借阅

中国海洋大学图书馆分别在崂山校区和鱼山校区设有自助借还书机，读者可以查询个人基本信息、借阅情况、还书或续借。同时，两校区在图书馆大门外各设有一台24小时自助还书机，读者可以不受图书馆开闭馆限制，根据个人时间安排自助还书。

2.30.2.2 书刊逾期自助缴费

书刊逾期自助缴费须登录"我的图书馆"，若读者有超期未还等产生欠费的情况，系统将自动计算逾期金额，读者自助缴费后可正常还书。

2.30.2.3 图书预约

读者登录"我的图书馆"后，在馆藏资源中找到所需书籍，如果检索到的图书状态全部显示为"借出"，即可点击"馆藏信息"右侧的"预约申请"选项卡进行预约，预约服务由读者在网上自助完成。

2.30.2.4 座位预约

座位预约采用线上预约，线下入馆的形式。读者进入"校园门户"或"我的图书馆"进行预约，预约成功后刷卡入馆，在指定座位就座，刷卡出馆后释放座位，再次入馆需重新预约。

2.30.2.5 移动图书馆

在原有移动馆藏查询的基础上，中国海洋大学图书馆引进了移动图书馆。移动图书馆整合了馆藏查询、学术资源、报纸、图书、公开课等资源，并提供一站式检索功能，可实现全文的在线阅读、下载及文献传递。

2.30.2.6 虚拟参考咨询服务

提供虚拟参考咨询服务，目的是让读者更有效地利用图书馆资源。该系统以实时问答、电子邮件、知识库等形式，向读者提供不受时间、空间限制的参考咨询服务。咨询的内容主要包括馆藏资源及其利用、文献资源查询、图书馆规章制度、图书馆服务内容等。

2.30.2.7 微信公众号

中国海洋大学微信公众号共有三个版块，均与读者日常使用图书馆密切相关。一是"我的图书馆"，包括座位预约、我要找书、我的借阅、绑定/解绑读者证等功能，是读者使用图书馆的最基础的功能。二是"云悦读"，包括好书推荐、公开课、热门图书、Cadal 图书检索、杂志精选等栏目，为读者搜集整理了高质量的学习材料，如在杂志精选栏目中，图书馆收集整理了《Vista 看天下》《科普集锦》《南方人物周刊》《南方都市报》《意林》等具有良好社会影响的杂志，便于读者提升综合素养。三是"常用服务"，包括行之远搜索、新生专栏、最新动态、在线咨询等栏目，其中行之远搜索是中国海洋大学图书馆的文献资源搜索系统，便于读者随时查阅文献资料。

2.30.3 智慧设施

2.30.3.1 综合信息终端

综合信息终端包括馆藏资源查询、电子书、电子报、新书推荐、热门书推荐、校园新闻、通知通告、馆舍导航、视频点播等功能，旨在促进读者与图书馆更为良好的互动，为读者提供更加轻松便捷、更多优质新颖的信息化服务，从而提升图书馆智慧服务水平。

2.30.3.2 图书馆运行数据墙

数据墙的主体是超大尺寸触控屏幕，实时显示图书馆各类基础服务数据，如座位使用情况、入馆人次、资源访问量、馆舍导航及室内空气质量等，读者可根据数据，结合自身分析，选择合意的区域进行学习。

2.30.3.3 时间轴

时间轴采用超长触控屏的显示形式，以时间为坐标，呈现学校发展脉络，标识出重要事件的图文信息且支持点击查看详细内容，创新了学校发展历程的展现方式。同时，时间轴结合专门为校史制作的背景模板，为读者提供一个了解学校的新视角。

2.30.3.4 数字墙

数字墙采用艺术化布局，由多个触控大屏组成，用以展现中国海洋大学历史名人的生平和贡献。读者根据自身需要浏览学习，感悟海大气质、领略名家风采。

2.30.3.5 虚拟翻书机

虚拟翻书机利用红外线感应互动投影技术，营造动感仿真的人机交互体验。读者做翻书动作，虚拟翻书机根据感应自动翻书，该互动形式具有较强的趣味性和娱乐性，较为吸引读者。

2.30.3.6 歌德电子书借阅机

歌德电子书借阅机预装了 2000 种独家授权的正版图书，内容涵盖精品推荐、经典名著、经管理财、成功励志、小说传记、政史军事、文学艺术、科学技术、社会法律、哲学宗教等领域。读者登录后通过触控形式选择电子书，通过扫描二维码的方式将电子书下载至手机，免费体验正版电子书阅读。

2.30.4 智慧空间

中国海洋大学图书馆智慧空间主要集中体现为其打造的信息共享空间，该空间基于"开放、整合、共享、合作"的设计理念，依托图书馆的资源，为读者提供一站式的服务与协同学习环境，激发读者的学习兴趣和创新意识，助力学校教学科研。

2.30.4.1 研讨空间

读者须采用图书馆专门研发的研讨空间预约系统进行预约后方可使用。研讨空间配备了桌面电源、白板墙和投影设备，适合小组讨论学习。值得注意的是，娱乐活动等非学习行为不在研讨空间使用范围内。

2.30.4.2 影音空间

影音空间可容纳 60 人，配有专业工程投影设备、大屏幕平板电视、音响设备，支持 2D 及 3D 影片的放映、在线电视节目播放，读者可观看固定时段的节目或专题影片。为了给读者提供良好的视听效果，影音空间采用了特殊的隔音与遮光设计。

2.30.4.3 体验空间

体验空间配备了多种主流品牌的平板电脑及图形工作站，读者可以尝试在多种操作系统下，熟悉数码环境、增加知识储备、提高实践能力。对程序开发感兴趣的读者可以尝试进行网站、软件及 APP 的设计制作,并在各种终端设备上进行环境测试。

2.30.4.4 学习空间

学习空间充分考虑读者的各项需求,共有 20 张电脑桌、66 个座位,每个座位均配置了电源插座。部分电脑桌配有大屏幕显示器,便于读者扩展显示界面,对于论文撰写、程序测试、图片处理等用户体验提升较大。

2.30.4.5 电子阅览空间

电子阅览空间改造升级了原有的电子阅览室,在保留原有阅览室相关功能的基础上,新购置了 77 台一体机,一体机的用户体验远远高于原有的电脑设备。

2.31 中国科学技术大学图书馆

2.31.1 基本情况

中国科学技术大学图书馆由东区、西区、南区、高新区 4 座馆舍组成,建筑总面积约 8 万平方米,阅览自习及交流研讨座位 8000 多个。截至 2021 年底,有馆藏中外文书刊 228 万册,其中包括 4 万多册的特藏、再造善本等;有 190 个中文、外文数据库(平台),包括主流的国内外权威学术数据库和检索工具,用户通过校园网可以方便查阅中外文电子图书 300 万种、中外文电子期刊 10 万余种、国内国际硕士博士学位论文 1319 万份、音视频资料 41 万小时,以及大量的会议论文、专利文献、科技报告等资料。近年来,中国科学技术大学不断加强智慧图书馆建设,在西区图书馆开辟有 4000 平方米的未来学习中心,共划分为 20 多个不同用途的学习和交流空间,包括研讨室、语言学习与国际交流中心、网络课程录播室、编辑室等。

2.31.2 智慧服务及设施

2.31.2.1 咨询机器人

图书馆通过网站主页为读者提供智能咨询服务,读者可通过关键词咨询问题,也可以直接查看咨询系统列出的常见问题,如借阅查询、校外访问电子资源、出具论文检索证明、日常开放时间等;此外,对于智能咨询系统无法回答的问题,读者可以选择转接人工咨询,由图书馆工作人员进行回答。

2.31.2.2 自助服务

图书馆在各分馆设有自助借还书机、自助打印复印扫描一体机,为读者提供自助服务。读者除到现场打印、复印、扫描外,还可以在微信小程序中搜索"窝趣云打印",使用云打印服务。读者将拟打印的文档上传至窝趣文印服务器,选择打印即可。

2.31.2.3 微信公众号

图书馆微信公众号为读者提供多种智慧服务,菜单栏为"微主页"链接,读者点击后跳转至微主页。微主页设有"掌上阅读""服务指南""我的"三个版块。"掌上阅读"包括博看微刊、QQ阅读、e博在线、历史文章、畅想之星、知识视界、喜马拉雅等资源;"服务指南"包括校车时刻表、开放时间、馆藏布局、新书展等;"我的"包括个人图书馆、存包柜、研讨室、留言板等。

此外,读者可通过微信公众号对话框查询个人借阅信息、校车时刻表、快递信息、天气信息。读者在绑定个人信息后,可查看个人图书借阅、归还情况,根据借阅情况续借图书、查询图书是否超期;读者直接在对话框中输入物流公司名称和运单号,即可查看快递状态;读者输入"天气"相关关键词,如"天气""今天多少度""今天有雨吗",可随时查看天气情况。

2.31.2.4 移动图书馆

移动图书馆服务由超星集团提供,读者一方面可以浏览图书馆最新咨询,阅读超过百万册电子图书、海量报纸文章以及中外文献元数据;另一方面可以享受超星移动图书馆与图书馆系统无缝对接带来的个性化体验,包括馆藏查询、续借、预约取书通知、挂失、到期提醒、热门书排行榜、咨询等。

2.31.3 智慧空间

2.31.3.1 未来学习中心

图书馆近年来对西区图书馆进行了改造，1至4楼重新进行了物理环境和空间设计，定义为未来学习中心，划分了20多个不同用途的学习空间，共计4000平方米，为师生提供新型的学习交流共享空间服务。读者使用各空间前需要通过图书馆主页、微信公众号、现场预约机进行预约或者申请。

开放共享空间：开放共享空间包括宣传展示区、开放研讨区，提供白板、多媒体讨论桌等设施，目的在于展示和分享。

研讨交流空间：研讨交流空间共有20余个，配备有桌椅、投影设备等，支持开展团队项目、进行有主题的小型研讨和针对小范围受众的项目演示和发布，如教学分享、学术沙龙、活动策划、竞赛训练等。

语言学习与国际交流中心：语言学习与国际交流中心为读者提供线上和线下的语言学习服务，线上有外语视频课程、外教写作批改、口语人工诊断、互动直播课堂服务，线下有助教辅导答疑、经验交流、备考指导服务等。学校还会在该空间定期开展英语沙龙和出国留学咨询服务。

创新支持空间：创新支持空间包括 iGEM（国际遗传工程机器大赛）培训基地、ACM-ICPC（国际大学生程序设计竞赛）编程训练营和福昕创新联合实验室，为学科竞赛和创新创业提供长期稳定的空间支持和服务。图书馆通过使用方式和服务模式的变化，让物理空间发挥多样的作用，充分挖掘空间的利用价值。

录播室：录播室配备了影视级的摄像机和配套灯光及收音设备，并由与图书馆合作的专业公司负责运行，为课程教师提供专业的视频拍摄与制作服务。

学术报告厅：学术报告厅可容纳150人左右，图书馆在该空间定期开展慕课教师工作坊、慕课校园大使交流会、教师教学发展论坛等活动。

2.31.3.2 交流体验中心

图书馆在高新园区图书馆设立有交流体验中心，共有教师工作室18间、单人研讨室4间（可容纳1~4人）、小型研讨室20间（可容纳4人）、中型研讨室16间（可容纳6~8人）、大型研讨室4间（可容纳16人）。研讨室配有各类型桌椅、玻璃白板、多媒体设备等，支持师生开展科研讨论、教学分享、社团活动、学术沙龙等各类活动，可通过图书馆主页、微信公众号、现场预约机等三种方式预约使用。

2.32 中国农业大学图书馆

2.32.1 基本情况

中国农业大学图书馆由东、西两馆组成，其中东馆全楼面积 48575 平方米，西馆 12115 平方米，阅览席位 4100 个。西馆于 1990 年建成，采用全开架管理模式；东馆于 2019 年启用，部署阅览、研修、讨论等 20 余种应用场景，适应师生在馆学习思考与交流的多种需求。图书馆设有综合管理与支撑中心、资源建设与保障中心、情报服务与研究支持中心、创新服务与学习支持中心。馆藏图书近 220 万册；订购纸本中文期刊 1400 多种，外文期刊 280 余种；订购中外文数据库 90 余个；在线资源全天候保障，形成了以农业科学、生物科学和农业工程文献为主体的文献保障体系。

2.32.2 智慧服务

2.32.2.1 移动图书馆

移动图书馆由超星集团专门为中国农业大学图书馆制作，为图书馆用户提供方便快捷的移动阅读服务。读者可以利用移动图书馆查询馆藏书目，在线阅读 100 万册电子图书和 7800 万篇报纸文章，在线检索阅读超 3 亿篇中外文期刊文献，同时可以使用文献传递功能获取图书馆未购买的文献。

2.32.2.2 微信公众号

中国农业大学图书馆微信公众号设有"服务门户""读者中心""其他"三个版块。服务门户版块有绑定证件、检索、热门借阅、续借、违章欠款、挂失、重置密码等功能，是图书馆最基础的功能；读者中心版块有空间预约、入馆预约、公开课、新生培训等功能，其中公开课包含各个学科的经典课程，读者可以在线学习海量知识；其他版块有扫码续借、扫码荐购、在馆时长统计、专业视频等功能，其中专业视频涵盖医学、农学、社科、文学、艺术等 12 个学科的专业课程视频。

2.32.3 智慧设施

2.32.3.1 益学小屋

图书馆设有 4 个益学小屋，为馆内指定进食、饮用有色饮料区域。考虑到对图书馆的馆藏、设备和家具有潜在安全风险，阅览、学习、研讨、影音、楼梯等其他公共空间不允许进食与饮用有色饮料。

2.32.3.2 朗读亭

图书馆设有朗读亭，朗读亭内内容包含时下热点及经典的小说、散文、《朗读者》及《见字如面》节目中经典的文学作品等千余种，读者可按自己喜好挑选后朗读。

2.32.3.3 京东电子墨水屏阅读器

京东读书自助借还柜可借还京东电子墨水屏阅读器，阅读器大小为 6 英寸，内置 20 级阅读灯，适应各种阅读环境，不伤眼，内含 20 多万种正版电子书，覆盖文学、历史、经济、计算机等十多个学科。

2.32.3.4 自助设施

自助设施包括自助借还书机、自助还书机、预约取书机、自助打印复印扫描一体机等。其中自助借还书机和自助还书机便于读者根据自身时间安排借还图书；待预约图书流通至读者指定取书地点后，读者可在预约取书机上刷卡开柜取书；自助打印复印扫描一体机包括自助打印、复印、扫描等，且支持云打印，为师生提供智能、高效、安全的服务。

2.32.3.5 歌德电子书借阅机

借阅机内置 3000 种最近三年的正版授权畅销书，每月远程自动更新 150 种最新图书，以及 100 余种大众文艺文化类综合期刊。读者在移动设备上安装歌德电子书或移动图书馆后，即可将电子书下载至移动设备。

2.32.4 智慧空间

2.32.4.1 研讨空间

图书馆共设有 25 间研讨室,其中东馆 19 间,西馆 6 间。研讨室配有研讨桌、会议桌、投屏电视、触摸屏电脑、HDMI 数据线、玻璃白板、白板笔等设备,供读者小组讨论或学术交流。

2.32.4.2 交流空间

图书馆在东馆设置了交流空间,供读者讨论、研习、交流等互动式学习使用,可容纳 2~4 人。交流空间内仅可轻声交流,大声喧哗将影响周围环境。

2.32.4.3 小组学习空间

小组学习空间与交流空间类似,可容纳 2~4 人,读者需要预约方可使用。

2.32.4.4 视听学习空间

视听学习空间配备了自助影音点播设备,可点播已购影音资源。空间提供电源和无线校园网,可供 1~2 人同时使用。

2.32.4.5 个人学习空间

个人学习空间为读者提供了安静的学习环境、独立的学习空间,仅限单人使用,需要预约。

2.32.4.6 数字阅读空间

数字阅读空间提供了博看数字阅读终端,内有期刊、图书、有声书,读者可利用阅读设备查找相应的数字资源进行阅读。

2.32.4.7 个人研修间

图书馆为教师、博士后与博士研究生设置了 52 间独立的个人研修间,研修间内配有阅览桌椅,提供电源、电脑、墨水屏和无线校园网。

2.32.4.8 影音空间

影音空间内设有音乐赏析室、音视频学习室和影像赏析室。音乐赏析室和音视频学习室提供视频、音频等多媒体演示设备；影像赏析室有座位42个，室内配置标准2K激光3D影厅的专业银幕和音响。

2.32.4.9 会展空间

会展空间是中国农业大学重要的学术文化交流场所，主要位于东校区图书馆，包含学术报告厅、（贵宾）接待室、茶歇间、培训室、会议室和展厅，教职员工及校内各单位可预约使用。学术报告厅可容纳160人，设施设备齐全，适合开展高端学术讲座、研讨会、高峰论坛及其他学术交流活动与党政会议。有培训室5间，每间可容纳人数48人；有会议室2间。培训室和会议室适合开展中小型学术讲座、研讨、培训等学术交流活动与党政会议。

2.33 中国人民大学图书馆

2.33.1 基本情况

中国人民大学图书馆现有新馆和藏书馆两所馆舍，总建筑面积5.6万平方米，座位2568个。图书馆藏书量410余万册，中外文期刊近2000种，中外文数据库800多个，馆藏以人文社会科学学术性文献为主，文理兼顾、纸电并重。其中，收藏线装古籍40余万册、民国出版物20余万册，另收藏有学校名师手稿、校友学术著作，设置了知名学者藏书专区、专柜、专架等。

2.33.2 智慧服务

2.33.2.1 云书房

云书房由江苏汇文软件有限公司为中国人民大学图书馆定制开发，汇集了图书馆的纸质和电子资源，并且实时同步图书馆纸质书刊的书目、借还情况等数据。云书房总体定位为用户的线上虚拟书房和专题库，为用户提供一站式检索服务、智慧推荐和课程学习辅助，成为用户学习和科研的助手，在这个"书房"中集成了随时可供用户阅读和使用的书籍、期刊、网络资源以及其他相应的服务工具。同时，用户可以向他人分享自己的书房，相互沟通与交流。

2.33.2.2 智能客服

图书馆通过两种途径提供智能客服：一是关注中国人民大学图书馆微信公众号后直接在对话框进行对话咨询，或者在公众号的菜单栏"我的"版块下选择智能客服进行咨询；二是在图书馆主页"快捷通道"栏目中的"咨询台"内选择智能客服。用户利用智能客服，通过自助的方式完成常见问题咨询，客服系统会根据用户的问题进行相似度匹配，优先回复匹配度高的答案。智能客服可为师生提供实时、智能、便捷、高效的咨询服务。

2.33.2.3 微信公众号

中国人民大学图书馆微信公众号设有"资源/发现""服务/活动""我的"三个版块。"资源/发现"包括我要找书、新书闪借、阅读资源三个栏目，用户可通过我要找书、新书闪借两个栏目查询馆藏和新到馆资源，通过阅读资源栏目访问知识宝台湾电子书阅读平台、QQ阅读、畅享阅读等平台进行电子书阅读。"服务/活动"包括图书馆公告、人图讲座、查收查引、联系我们等功能。"我的"包括借阅/续借、借阅历史、座位预约、研修室预约、智能客服等功能。

2.33.2.4 座位管理系统

图书馆引入座位管理系统，用户可在图书馆主页、微信公众号进行座位预约，或者在阅览区触摸屏一体机上刷卡选座。用户暂时离开时，可选择暂离，座位保留半小时。另外，教师专座为教师专用，学生用户无权限预约使用。

2.33.2.5 移动图书馆

移动图书馆为用户提供了中文和外文图书、期刊、报纸、学位论文、视频等各类学习资源，包括3万多本电子书和7800多万篇报纸全文，方便读者利用碎片化时间学习；同时，用户可通过移动图书馆查询馆藏以及个人续借、预约等信息。

2.33.3 智慧设施

2.33.3.1 自助服务机

图书馆在新馆及藏书馆共计设置了自助借还书机、自助打印复印扫描一体机，为用户提供自助服务。

2.33.3.2 电子阅读设备

图书馆设有多种电子阅读设备，包括超星瀑布流电子书借阅机、数字阅读屏、歌德电子书借阅机等，为用户带来智慧化体验。

2.33.4 智慧空间

2.33.4.1 朗读室

朗读室是为用户提供朗读的学习空间，不提供自习。用户可在朗读室朗读外语等与学习相关的内容。朗读室仅对校内用户开放，不接待校外用户。

2.33.4.2 学习室和研讨室

图书馆有1人使用的学习室16间，3~12人使用的小组研讨室2间，均配备有无线网络、电源、桌椅等设施。

2.33.4.3 数字资源阅览空间

数字资源阅览空间共有88个机位，其中包括44个有线上网机位和44个无线上网座位，用户可在该空间内上网冲浪、访问电子资源、使用音视频资源等。每位用户每天最长可使用6小时，单次最长可使用3小时。

2.33.4.4 精品视听室

精品视听室有18个电视电脑一体机机位，分双人或四人两种座位，用户可在该空间内观看有线电视、欣赏本地影视等。每位用户每天最长可使用6小时，单次最长可使用3小时。

2.33.4.5 视听室

视听室用户数量限制为 4~12 人，用户可在该空间内进行专题研讨、影视欣赏及有线电视播放。用户每次预约最短 2 小时，最长 4 小时。

2.33.4.6 多功能厅

多功能厅有 90 个座位，是用户免费观看中外影视、有线电视，教师进行多媒体专题教学，以及机构团体、学生社团、学生团体举办各种学术会议、研讨/沙龙和报告会的场所。

2.33.4.7 多媒体制作室

多媒体制作室配有苹果图形工作站、缩微胶片阅读机、音视频编辑软件、55 英寸高清电视电脑一体机（可触摸）、蓝光 DVD 等软硬件，用户可利用空间内的设备进行缩微胶片阅读、音视频资料编辑制作与测试等。

2.34 中南大学图书馆

2.34.1 基本情况

中南大学图书馆按照校区的布局，设立了 4 个分馆，具体包括新校区图书馆、本部校区图书馆、铁道校区图书馆和湘雅校区图书馆。截至 2022 年，图书馆在用馆舍面积共计约 7.5 万平方米，阅览座位 5000 余席，拥有 24 个大型书库、31 个阅览室。截至 2020 年底，馆藏纸质文献总量 479 万余册（包括图书、过刊和资料）、电子图书 653.32 万余册、中外文全文和文摘数据库近 240 个。中南大学图书馆建立了连续性的、反映学校专业特色的馆藏体系，为"双一流"教学科研与拔尖创新人才培养提供强有力的文献资源保障。

2.34.2 智慧服务

2.34.2.1 自助借还书、续借、缴费

图书馆在大厅放置了自助服务机器，读者可自助进行图书借还，续借将到期的图书，对有欠款的图书进行缴费等。

2.34.2.2 座位预约

读者可通过图书馆内的预约机选座，也可以通过图书馆主页进行预约选座，或者关注图书馆微信公众号进行预约。预约成功的读者拥有对应座位的优先使用权，未选座或所选座位失效的读者应让位于拥有座位使用权的读者。

2.34.2.3 自助打印复印扫描一体

图书馆在新校区图书馆正门入口处设有自助打印复印扫描一体机，读者可使用机器自助打印、复印和扫描。

2.34.2.4 校园百事通

校园百事通为中南大学校园生活应用，图书馆部分功能嵌入其中，读者可在校园百事通中访问图书馆版块查询相关服务，具体包括如何快速学会使用电子资源、电子资源的种类有哪些、如何从校外访问电子资源、图书馆使用的是什么分类法、如何找到我想要的纸本图书等。

2.34.2.5 微信公众号

中南大学图书馆微信公众号设有"资源搜索""读者服务"和"个人空间"三个版块。一是"资源搜索"版块，包括馆藏查询、中文搜索、外文搜索、数据库导航等功能；二是"读者服务"版块，包括新生入馆教育、研修小间、中南百事通、座位预约等功能；三是"个人空间"版块，读者登录后可查询个人相关的信息。

2.34.3 智慧设施

2.34.3.1 博看朗读亭

博看朗读亭是为读者提供的专业音视频录制服务的小型隔音空间设备，亭内配备高清双屏选读系统、专业麦克风、监听级耳机，并提供精品朗读诗词库等，总资源量数万篇，可设置不同类型的朗读背景音乐，让读者能够尽情朗读。

2.34.3.2 自助服务设施

图书馆设置有自助借还书机、座位预约机、自助打印复印扫描一体机等自助服务设施，极大地方便了读者日常使用图书馆，提升了图书馆利用效率。

2.34.4 智慧空间

2.34.4.1 研修间

图书馆在新校图书馆设有 7 间研修间，研修间设备齐全、采光充足，为研讨交流活动提供安静、舒适的环境，可供 3~5 人、6~14 人、15~24 人等不同人数小组研讨。研修间内配备茶几、椅子、沙发、教学一体机、电脑桌书柜、大阅览等。

2.34.4.2 网上展厅

图书馆办有线上美术展、百名摄影师聚焦新时代图片电子展等两个网上展厅，为读者提供了 24 小时的虚拟观摩空间。线上美术展包括"年画话新年""君子八雅——琴棋书画诗酒花茶"等 9 个展览；百名摄影师聚焦新时代图片电子展由中国图书馆学会、中国日报社与首都图书馆合作推出，电子展依托中国日报社"聚焦"项目，收录 200 多名全国一流摄影师的近 300 幅作品，全面展现党的十八大以来，以习近平同志为核心的党中央带领全国各族人民在各领域取得的辉煌成就。

2.35 中山大学图书馆

2.35.1 基本情况

中山大学图书馆由广州校区南校园图书馆、北校园图书馆、东校园图书馆、经济与管理学科馆、珠海校区图书馆和深圳校区图书馆组成，馆舍总建筑面积18万余平方米，阅览座位9978个。截至2020年12月31日，中山大学图书馆纸质馆藏总量达953万余册（件），其中古籍35万余册，碑帖3.8万余件，徽州民间历史文献39万余件，民国时期文献约14万册，电子资源数据库1084个，电子图书254.7万册，中外文电子期刊14.7万种，音视频资源15.4万小时。经过几十载不断发展，中山大学图书馆已逐步建立起文、理、医学科门类齐全、内容丰富、结构合理、层次分明的文献信息资源保障体系。近年来，图书馆使用自动化管理系统，建立了无缝联结，形成了便利的分布式数字化信息服务网络，实现了数据资源的共建、共知与共享。

2.35.2 智慧服务及智慧设施

2.35.2.1 微信公众号

中山大学图书馆微信公众号有三个菜单栏，分别是"我的图书馆""云阅读""微服务"。"我的图书馆"包括书目查询、续借图书、借阅记录、预约记录、解绑读者证等功能，用户使用以上功能可以获得图书馆借还书、预约书等常规服务；"云阅读"包括好书推荐、杂志精选、期刊悦读、视频公开课、学习通等功能，读者可以利用移动设备随时随地利用碎片化时间学习专业知识、浏览图书馆已购杂志，提升自身知识储备；"微服务"包括超期教育、新生激活、研修间预约、常见问题、图书导读等功能，集成了图书馆提供的智慧服务，为读者利用图书馆提供了便利。

2.35.2.2 微博

中山大学图书馆微博开通于2012年3月，微博发布的内容主要集中在图书馆讲座培训信息、图书馆通知公告、阅读推广活动消息等方面。

2.35.2.3 自助服务设施

图书馆在各校区设有多台自助借还书机，每台设备每次最多可一次性还 6 本图书。同时，每座图书馆外还设有 24 小时自助还书机，不论开馆或闭馆，读者均可自助还书。图书馆在各分馆设有自助打印复印扫描一体机，读者可自助利用该设备完成复印、打印、扫描。

2.35.2.4 智能书架

智能书架放置的图书主要为最新上架图书和推荐图书，读者可在该书架浏览及借阅。智能功能包括书架浏览、在架统计、图书检索、借阅图书、温度和湿度监控等。书架配有触控屏幕，读者点击屏幕空白处输入关键字即可查找想要借阅的图书，也可以浏览统计在架的图书信息。同时，该书架还具有自助借阅功能，读者找到拟借阅图书后，点击页面上的借阅图书按键，将图书书脊紧贴书籍感应区即可完成借书。

2.35.2.5 图书预约柜

图书预约柜用于存放读者预约的图书，预约图书到馆后将在预约柜保留 7 天。读者带上校园/借书卡找到相应预约书柜，识别校园卡，输入密码，借阅箱门自动打开。预约图书逾期未取将被视为违约，30 天内累计 3 次违约将暂停预约权限 60 天。过期未取的图书将从预约柜撤下，进入正常流通。

2.35.2.6 图书自动分拣系统

图书自动分拣系统可以将读者还书根据所设定的规则在流动线上自动分配到不同种类的推车里面去，再由工作人员整理上架。图书自动分拣机器平均 1 分钟可分拣 10 本书，可对 11 个种类的图书根据图书种类、预约情况、馆藏地等进行自动分拣。

2.35.2.7 馆员工作站

馆员工作站与图书馆管理系统无缝链接，针对不同种类的图书进行加磁或者消磁等工作，极大地提升了馆员工作效率。

2.35.2.8 智能图书盘点车

智能图书盘点车是进行图书盘点的智能设备，可以完成图书馆新书入藏、图书剔除和文献清点等工作，具备图形化、精确化、实时化和高效率等特点。

2.35.2.9 智能门禁

图书馆门禁采用双模安全设置，有蓝灯和红灯两种信号灯。当读者出馆时，蓝灯亮表示图书未借阅成功，需要重新借阅；红灯亮表示图书不允许外借或图书磁条出问题；蓝灯与红灯均未亮时，表示图书已完成借阅手续，可携带出馆。

2.35.2.10 移动图书馆

图书馆采用超星移动图书馆服务，读者在智能设备下载客户端后，可随时随地查询馆藏中外文图书和期刊信息，检索图书、期刊、报纸、视频、学位论文等学术资源，通过在线阅读或文献传递获取全文，也可以查询个人收藏、扫描历史、个人借阅信息、图书续借等个人信息。

2.35.3 智慧空间

2.35.3.1 研讨室、会议室

图书馆有小研讨室、大研讨室、小组研讨室和会议室供读者使用。其中，有小研讨室31间，可供1~3人使用；大研讨室10间，可供2~5人使用。教职工可预约7天内使用研讨室，每次可使用时长为1~6小时；学生可预约2天内使用研讨室，每次可使用时长为1~4小时。图书馆有小组研讨室3间，可供5~12人使用；会议室1间，可供13~20人使用。小组研讨室和会议室提供触控书写一体机等电子设备，每次可使用时长为2~4小时。

2.35.3.2 电子阅览室

电子阅览室为读者提供馆藏电子资源及网上信息资源的查询、阅览和下载服务。阅览室设有电子资源检索专用机，用于各种电子资源（包括300多个光盘及网络数据库，近4.7万份电子期刊，147.4万多篇学位论文，122万余种电子图书）的检索、浏览、下载；设有多媒体资源阅览专用机，用于阅览多媒

体光盘。每位读者每天可免费使用图书馆计算机 200 分钟，剩余 20 分钟时将自动弹出提示。图书馆谢绝读者利用电子阅览室设备从事玩游戏、看电影、听音乐和网上聊天等与学习无关的纯娱乐行为。

2.36 中央民族大学图书馆

2.36.1 基本情况

中央民族大学图书馆建筑面积为 24500 平方米，有 1905 个阅览座位。截至 2021 年底，图书馆有馆藏纸质图书 216 万余册，其中包括蒙、藏、维吾尔、哈萨克、朝鲜、傣、彝等 20 多个文种的民族文字图书，有线装古籍 22 万余册，其中有 16 部古籍被列入《国家珍贵古籍名录》。电子资源方面，图书馆共拥有电子图书 282 万余册，拥有中文、外文数据库 153 个。近年来，图书馆不断加强智慧图书馆建设，一是实现了全馆无线网覆盖，设有自助借还书系统、自助文印系统、自助选座系统、恒温恒湿系统等现代化设施；二是先后开通了"移动图书馆""知识发现""微信公众号""电子资源远程访问系统"，为读者随时随地利用图书馆资源提供了便捷。

2.36.2 智慧服务及智慧设施

2.36.2.1 知行搜索

知行搜索是智慧学术资源搜索系统，以近十亿海量元数据为基础，通过分面聚类、引文分析、知识关联分析等实现高价值学术文献发现、纵横结合的深度知识挖掘、可视化的全方位知识关联，其最大的功能是提供了深达知识内在关系的强大知识挖掘和情报分析功能。知行搜索是学者准确而专业地进行学术探索和激发创新灵感的研究工具。主要功能如下：

多维分面聚类：将搜索结果按各类文献的时间维度、文献类型维度、主题维度、学科维度、作者维度、机构维度、权威工具收录维度等进行任意维度的聚类。

智能辅助检索：借助内置规范知识库与用户的历史检索发现行为习惯，自动判别并切换到与用户近期行为最贴切的领域，帮助用户实时把握所检索主题的内涵。

立体引文分析：实现图书与图书之间、期刊与期刊之间、图书与期刊之间以及其他各类文献之间的相互参考、相互引证关系分析。

考镜学术源流：通过单向或双向线性知识关联构成的链状、网状结构，形成主题、学科、作者、机构、地区等关联图，从而反映出学术思想之间的相互影响和源流。

展示知识关联：集知识挖掘、知识关联分析与可视化技术于一体，能够将发现数据及分析结果以表格、图形等方式直观展示出来。

揭示学术趋势：揭示任一主题学术研究的时序变化趋势图，在大时间尺度和全面数据分析的高度洞察该领域研究的起点、成长、起伏与兴衰，从整体把握事物发展的完整过程和走向。

2.36.2.2 自助服务

图书馆为读者提供了自助图书借还、自助打印、自助复印、自助扫描、自助缴纳图书超期罚款等自助服务。海淀校区和丰台校区均有自助借还书机和自助打印复印扫描一体机；同时，图书馆外设有 24 小时自助还书机，可供读者全天归还图书。

2.36.2.3 座位预约

图书馆对所有楼层座位开通了预约选座功能，读者通过现场、主页、微信公众号三种方式进行选座。一是通过图书馆内的 10 台自助选座设备进行现场选座、签到、签离和临时离开；二是登录图书馆主页，点击"预约选座"链接，登录系统进行座位预约；三是通过微信公众号预约座位。

2.36.2.4 图书预约柜

读者预约或委托的图书到读者指定的图书馆后，将放置于图书预约柜，读者按照自己的时间安排进行取书。

2.36.2.5 电子阅读服务

电子阅读器自助借还柜：图书馆有 120 部电子阅读器，读者可使用学习通或一卡通进行借阅，借期为 14 天。

读报机：图书馆有读报机用于阅读报纸和电子图书。读者可在读报机上直接阅读电子书,也可通过扫描图书二维码,将电子书下载至手机中进行阅读,下载后有效期为 30 天。

移动图书馆:图书馆通过"超星移动图书馆"为读者提供移动阅读服务,读者在移动设备上安装该应用后,选择"中央民族大学",使用图书馆用户名和密码成功登录后可进行借阅查询、馆藏查阅、电子图书下载等。

歌德电子书借阅机:歌德电子书借阅机内置 3300 种最近三年的正版授权畅销图书,每月远程自动更新 150 种最新图书,读者选择中意的图书后,通过手机扫码即可下载至手机阅读。

方正 Apabi 电子阅读机:方正 Apabi 电子阅读机提供 50 种报纸的电子阅读和 10000 种电子图书的在线阅读,读者可通过 Apabi Reader APP 和微信的扫一扫功能进行借阅。其中通过 Apabi Reader APP 借阅的有效期为 30 天,过期之后需重新下载;微信扫码阅读不会保留阅读记录,阅读界面关闭后,需要再次扫描。

2.36.2.6 图图在线

图图在线是图书馆的 24 小时智能咨询系统,读者可通过该智能系统咨询使用图书馆资源与服务中遇到的各种问题,系统根据关键词进行回复,如果未能解决问题,读者可联系人工回复。同时,系统列出了读者的常见问题,如远程访问数据库、借还书、座位预约、开馆时间等,读者可直接点击查看。

2.36.2.7 微信公众号

中央民族大学图书馆微信公众号是图书馆智慧服务的重要平台,包括"服务门户""服务指南""空间预约"等版块。"服务门户"包括高级检索、热门借阅、图书推荐、绑定证件、读者荐购、已借续借、借阅历史、预约信息、委托信息、违章欠款、我的书架、证件挂失、荐购历史、密码重置、电子资源远程访问、海淀校区座位预约、丰台校区微信借书、丰台校区空间预约、云打印、毕业留言墙等功能,集成了图书馆智慧服务的重要功能;"服务指南"包括入馆须知、开馆时间、联系方式、入馆教育、扫码荐购等功能,读者可查看图书馆的常用信息;"空间预约"包括海淀校区座位预约、丰台校区座位预约、丰台校区研修间预约等功能。

2.36.3 智慧空间

中央民族大学图书馆在丰台校区设置了 8 间研修间，在海淀校区设置了 6 间研修间，配备有桌椅、触摸液晶显示屏等设施，提供电源和无线网络服务。研修间须预约方可使用，预约需要填写使用人数、学工号、研修主题、主要内容等信息，管理员审核通过后可正常使用。

第 3 章 高校智慧图书馆发展水平评价

传统图书馆的职能主要是藏与用，随着社会的不断进步，图书馆的职能不断丰富，教育职能和信息服务职能已成为现代图书馆的主要职能。信息时代，传统图书馆的弊端不断显现，如纸质文献占用空间大、对建筑物承重要求高、信息传递效率低下、无法适应快节奏的现代社会、资源利用受图书馆开馆时间限制等。因此，智慧图书馆建设已成为我国各类图书馆发展的必由之路。政府部门高度重视新时代图书馆建设，《教育部关于印发〈普通高等学校图书馆规程〉的通知》（教高〔2015〕14 号）明确指出："高等学校图书馆是学校的文献信息资源中心，是学校信息化建设的重要组成部分……图书馆应不断提高文献服务水平，采用现代化技术改进服务方式，优化服务空间，注重用户体验，提高馆藏利用率和服务效率。"[1] 各地方公共图书馆、各高校图书馆近年来也如火如荼开展智慧图书馆建设，如第 1 章所述，智慧图书馆是利用物联网、大数据、云计算等现代化信息技术，从资源开发与利用、读者服务、空间建设、数字化建设、图书馆管理等方面全面智慧化的图书馆，而如何构建智慧图书馆，对其综合发展水平进行评价尤为重要。因此，本章采用多指标综合评价法，选取具有代表性的我国 24 家高校图书馆作为研究对象，对其智慧发展水平进行评价。

3.1 指标体系构建及评价方法

3.1.1 指标体系构建的原则

高校智慧图书馆发展水平评价是一项综合评价，是围绕图书馆人、财、物

---

[1] 中华人民共和国教育部. 教育部关于印发《普通高等学校图书馆规程》的通知[EB/OL]. (2016−01−04)[2022−07−16]. http://www.moe.gov.cn/srcsite/A08/moe_736/s3886/201601/t20160120_228487.html.

等各项资源扩散开来的涵盖诸多层面的复合系统，构建其评价指标体系，应综合考虑各项因素，选取的指标一要能够客观反映智慧图书馆当时的发展水平，二要能够反映其发展过程及趋势，三要可获取，四要指标数据可量化。因此，指标选取应符合相关原则。

3.1.1.1 科学性原则

首先，要对智慧图书馆发展的内涵和外延进行深入分析，找准能够切实衡量其发展水平的指标，构建科学的评价指标体系。其次，在选择评价方法、计算指标权重时，应根据指标数据情况，选择相适应的、科学的计算方法。

3.1.1.2 整体性原则

构建智慧图书馆发展水平评价指标体系，应考虑到与之相关的方方面面的指标，尽可能将相关的指标都纳入指标体系，从而全面评价智慧图书馆发展水平，避免评价结果失衡。

3.1.1.3 可获取性原则

指标可分为质性指标和定量指标，质性指标难以量化，因此应选择定量指标。而各高校图书馆鲜有公布其人、财、物相关的发展指标，仅有教育部高等学校图书情报工作指导委员会网站公布有较少的指标。因此在选择指标时，必须考虑到指标的可获取性。

3.1.1.4 动态性原则

高校智慧图书馆综合发展是一个不断动态变化的过程，因此，选取指标时，要考虑到指标在时间序列上的连续性。若相关部门只公布了某一指标在少数年份的数据，则不应将该指标纳入评价体系。

3.1.2 指标体系构建及指标释义

按照高校智慧图书馆发展水平评价指标体系构建的原则，本研究初步构建了评价指标体系。经征询图书馆学相关专家意见，对部分在时间序列上不连续的指标进行了剔除，并考虑到研究对象的实际情况，本研究对指标体系进行修改和完善，最终确定了高校智慧图书馆发展水平评价指标体系。评价指标体系由 6 个指标组成，分别为年度总经费（X_1）、文献资源购置费（X_2）、电子资源购置费（X_3）、纸质资源购置费（X_4）、在编职工人数（X_5）、馆舍面积（X_6），如表3-1所示。

表3-1　高校智慧图书馆发展水平评价指标体系

目标层（A）	指标层（X）	单位
高校智慧图书馆发展水平（A）	年度总经费（X_1）	元
	文献资源购置费（X_2）	元
	电子资源购置费（X_3）	元
	纸质资源购置费（X_4）	元
	在编职工人数（X_5）	人
	馆舍面积（X_6）	平方米

3.1.2.1　年度总经费

年度总经费指图书馆每年度实际使用的经费总额，包括文献资源购置费（含纸质和电子资源购置费）、文献资源加工费（含文献装订修补费、数字资源加工费）、设备资产购置费、设备设施维护费和办公费。年度总经费的构成因素表明，首先，年度总经费包含图书馆所有资源（包括纸质资源、电子资源）的购买费用以及文献装订修补费、数字资源加工费。文献资源是图书馆存在的基础，而文献资源存在不断新增、剔旧的过程，在这一过程中则需要对文献资源进行修补、加工。其次，年度总经费包含设备资产购置费、设备设施维护费。随着信息时代的到来，高校图书馆不断加强智慧化建设水平，因此需要不断购置智能设备、智慧软件并持续维护、更新。最后，办公费是年度总经费的重要组成部分，该部分经费是做好图书馆日常运行的重要费用，图书馆的日常运行虽然依赖于各种设备，但是核心还是馆员。为维持、推动图书馆发展，还需要大量的办公用品和各类耗材。综上所述，年度总经费越多，图书馆用于智慧化建设的经费越多，智慧服务、智慧设施和智慧空间的建设越完善，一定程度反映出其智慧发展水平越高。

3.1.2.2　文献资源购置费

文献资源购置费包括纸质资源购置费、电子资源购置费、非书资料（含多媒体资料、缩微资料、制图资料、手稿、字画等）购置费、其他费用（含资源共享费、联盟费用）等与文献资源相关的费用。高校图书馆基础职能为教育职能，而教育职能的实现首先依赖于图书馆的文献资源，图书馆一切智慧化建设、一切智慧服务的提供均建立在纸质和电子文献资源的基础上，没有文献资源，图书馆也将不复存在，因此，文献资源购置费是衡量高校智慧图书馆发展水平的重要因素之一。除纸质和电子资源费用外，文献资源购置费还包含非书资料（如多媒体资料、缩微资料、制图资料、手稿、字画等）。虽然这部分经费占文献资源总费用比例较低，但不可或缺，尤其是在建设智慧图书馆的当下，购置多媒体资源尤为重要。各高校图书馆均加入了多个联盟，最为广泛的是3C联盟，具体为CASHL、CALIS、CADAL，其中CASHL是中国高校人文社会科学文献中心（China Academic Social Sciences and Humanities Library），CALIS是中国高等教育文献保障系统（China Academic Library and Information System），CADAL是大学数字图书馆国际合作计划（China Academic Digital Associative Library）。另外还有DRAA联盟，即高校图书馆数字资源采购联盟（Digital Resource Acquisition Alliance of Chinese Academic Libraries）。上述由国家进行保障的联盟旨在推动高等教育的发展，并不收取各成员图书馆的联盟费。另外，各高校图书馆加入相关学会或行业协会，每年需缴纳一定的年费（联盟费），如加入四川省图书馆学会、中国图书馆学会等。

3.1.2.3 电子资源购置费

电子资源购置费包括购买中文电子图书、外文电子图书、中文电子期刊、外文电子期刊、其他电子资源等。随着信息时代的发展，电子文献资源的优势愈发突显，如传播速度快、可供众多读者同时使用、无时空限制、及时追踪国际学术前沿等。同时伴随着新一代用户阅读习惯的改变，各高校图书馆在文献资源采购中不断加大电子资源的采购费用比重，电子资源逐步成为高校文献资源建设的核心组成部分，极大地促进了用户教学和科研的提升。电子资源尤其是外文电子期刊种类繁杂，科研水平越高的教师队伍对电子期刊的种类及质量要求越高，为追踪世界学术前沿，保障高水平科研型教师的持续科研产出，图书馆势必投入更多的经费购买各种高质量的外文电子期刊。为确保电子资源充分发挥其价值，图书馆一方面需要购置相应的数据存储设备；另一方面需要建设能用、会用以及用好电子资源的馆员队伍，并通过这支馆员队伍加强电子资源宣传、培训等，保障电子资源的利用效率。因此，在信息时代，电子资源购置费越多，一定程度反映出高校智慧图书馆发展水平越高。

3.1.2.4 纸质资源购置费

纸质资源购置费包括购买中文纸质图书、外文纸质图书、中文纸质报刊、外文纸质报刊等。图书馆最基础的功能为储藏功能，而储藏的对象则是纸质文献资源。图书馆肩负着储藏、传承人类文化的重任，这一重任的载体几千年来均为纸质文献资源。随着智慧时代的到来，物联网、云计算、大数据等技术兴起，图书馆文献资源的载体呈现多样化的趋势，电子资源的重要性愈发突显。虽然读者对知识的需求程度不断加大，但各高校图书馆的纸质图书借阅量持续降低，馆藏纸质文献利用率逐年下降。虽然高校图书馆不断投入人财物资源发展纸质文献资源，但纸质资源仍逐渐式微，其占图书馆文献资源的主导地位逐步被电子资源替代，甚至出现了"纸质图书消亡论""图书馆消亡论"等观点。而且纸质文献资源越多，对馆舍空间的需求越大，文献装订修补费越多，储存成本越大。

虽然纸质文献资源逐渐式微，但其仍然有着诸多电子资源无法替代的价值，如书法作品和绘画作品载体形态本身就具有非常高的价值，这是电子资源无可比拟的。教育部 2020 年发布的《中国教育监测与评价统计指标体系（2020 年版）》明确指出，图书资源指标可作为学校教育条件保障类和教育质量类指标，且电子资源占学校图书资源总量不应超过 40%[①]，即纸质文献资源占比应超过 60%。因此，纸质文献资源是衡量高校图书馆发展以及智慧图书馆建设水平的重要指标之一。

3.1.2.5 在编职工人数

图书馆员是图书馆储藏职能、教育职能、情报职能等各项职能实现的核心所在。因此，对高校智慧图书馆进行综合评价，图书馆员尤为重要。

3.1.2.6 馆舍面积

馆舍面积是评价高校智慧图书馆发展水平的重要指标。我国高校自 1999 年扩招以来，办学规模不断扩大，《中国教育统计年鉴》显示，1999 年我国高等教育在校专科、本科及研究生人数为 430 万人，2020 年在校专科、本科及

---

① 中华人民共和国教育部. 教育部关于印发《中国教育监测与评价统计指标体系（2020 年版）》的通知[EB/OL]. (2020-12-30)[2022-07-16]. http://www.moe.gov.cn/srcsite/A03/s182/202101/t20210113_509619.html.

研究生人数约为 3600 万人。因此，各高校不断建立分校，以满足不断扩张的办学规模，相应地，各高校新建的校区不断新建图书馆馆舍，从而为师生提供更好的智慧服务和智慧空间。图书馆馆舍面积越大，可供用户智慧服务的物理空间更大，图书馆储存的文献资源越多，开展的活动更加多元化。同时，更大的馆舍面积势必需要更多的运行经费、更多的文献资源购置费等，对高校经费、对国家教育经费投入的依赖程度越高。而且，根据教育部高等学校图书情报工作指导委员会官方网站公布的历年高校图书馆在编职工人数统计数据，高校图书馆在编职工人数近 10 年来持续减少，在这一趋势下，馆舍面积越大，对图书馆智慧服务、智慧设施、智慧空间的要求越高。随着大学生群体的多样化、个性化发展，图书馆需要打造与之相适应的各类智慧空间，促进大学生综合素养提升。综上所述，馆舍面积是评价高校智慧图书馆发展水平的重要因素。

3.1.3 评价方法

根据研究实际，本研究选取多指标综合评价法对我国 24 家高校图书馆发展水平进行评价，主要步骤为指标数据无量纲化、熵值法确定指标权重、综合评价，从而测算年变化率。

3.1.3.1 指标无量纲化

高校智慧图书馆发展水平评价体系中各指标量纲不同，年度总经费单位为"元"，在编职工人数单位为"人"，文献资源购置费单位为"元"，电子资源购置费单位为"元"，纸质资源购置费单位为"元"，馆舍面积单位为"平方米"，无法直接对各指标进行比较评价。因此，须对各指标进行无量纲化，消除各指标的量纲差异后，使得各指标具有可比性，确保计算结果科学合理。

指标无量纲化可分为直线型、折线型和曲线型三种无量纲化方式，国内外学者主要采用极差变换法、标准化法、均值化法、功效系数法、综合指数法、正态化变换法等方法对指标进行无量纲化。

根据本研究实际情况，选取极差变换法作为无量纲化方法，指标均为正向指标，具体方法如下：

$$y_{ij} = \frac{x_{ij} - \min\limits_{1 \leqslant i \leqslant n}\{x_{ij}\}}{\max\limits_{1 \leqslant i \leqslant n}\{x_{ij}\} - \min\limits_{1 \leqslant i \leqslant n}\{x_{ij}\}} \tag{3-1}$$

式中，y_{ij} 为第 i 个高校图书馆第 j 年的某一指标无量纲化值，x_{ij} 为第 i 个

高校图书馆第 j 年某一指标的实际数据，$\min\limits_{1\leqslant i\leqslant n}\{x_{ij}\}$ 为 24 家高校图书馆某一指标全部年份的最小值，$\max\limits_{1\leqslant i\leqslant n}\{x_{ij}\}$ 为 24 家高校图书馆某一指标全部年份的最大值。

3.1.3.2 熵值法赋权

在多指标综合评价中，国内外学者主要采用德尔菲法、BP 神经网络法、层次分析法、熵值法等方法对指标进行赋权。根据本研究的具体情况，采用熵值法对各指标进行赋权，具体步骤如下：

建立数据矩阵：

设有 m 个评价样本（如评价某高校 m 年的智慧图书馆发展水平），评价指标体系包括 n 个评价指标，则原始数据矩阵为：

$$\boldsymbol{X}=\{x_{ij\,m\times n}\} \tag{3-2}$$

式中，x_{ij} 表示第 i 个高校图书馆第 j 年某一指标的实际数据。

指标无量纲化：

根据式（3-1）对矩阵 $\boldsymbol{X}$ 进行无量纲化。

计算第 i 个高校图书馆第 j 年某一指标占该指标的比重：

$$P_{ij}=\frac{x_{ij}}{\sum\limits_{i=1}^{n}x_{ij}}(i=1,2,\cdots,n;j=1,2,\cdots,m) \tag{3-3}$$

计算信息熵：

$$e_j=-k\sum_{i=1}^{n}P_{ij}\ln(P_{ij}) \tag{3-4}$$

式中，$k=\dfrac{1}{\ln(n)}$，$n>0$，满足 $e_j\geqslant 0$。

计算效用值：

$$d_j=1-e_j \tag{3-5}$$

计算各指标权重：

$$w_j=\frac{d_j}{\sum\limits_{j=1}^{m}d_j} \tag{3-6}$$

3.1.3.3 智慧图书馆发展水平评价

评价模型为：

$$A=\sum_{i=1}^{n}x_i w_i(i=1,2,\cdots,n) \tag{3-7}$$

式中，A 为智慧图书馆发展水平评价值，x_i 为第 i 个指标的无量纲化值，w_i 为第 i 个指标的权重。

3.2 高校智慧图书馆发展水平评价

根据高校智慧图书馆发展水平评价指标体系，考虑到数据的可获取性和连续性等因素，本研究选取我国 24 家高校图书馆作为研究对象，通过收集教育部高等学校图书情报工作指导委员会官方网站 2010—2020 年公开发布的 6 项数据，对 24 家高校图书馆总体发展水平以及各项指标进行评价。本研究对 24 家高校图书馆的各项排名可能存在一定的不足：一是鉴于数据的可获取性和可测量性，仅收集了 6 个指标，未完全反映智慧图书馆发展的全貌；二是时间跨度仅 10 年左右，长期趋势变化分析略有不足。

3.2.1 数据来源

本研究数据来源为教育部高等学校图书情报工作指导委员会官方网站"统计评估"栏目中公开发布的 2010—2020 各年度年普通高校图书馆主要统计数据，包括 2010—2020 年高校图书馆年度总经费统计表、2010—2020 年高校图书馆文献资源购置费统计表、2010—2020 年高校图书馆电子资源购置费统计表、2010—2020 年高校图书馆纸质资源购置费统计表、2010—2020 年高校图书馆在编职工人数统计表、2010—2020 年高校图书馆馆舍面积统计表等，极少数缺失数据通过插值法拟合或类比类推法计算获得。

3.2.2 数据无量纲化

通过对研究对象 2010—2020 年各项指标原始数据的收集、整理，并采用插值法拟合或类比类推法预测获得少数几个缺失数据后，根据式（3-1）获得本研究指标标准化数据，如表 3-2 至表 3-7 所示。

第3章 高校智慧图书馆发展水平评价

表3-2 年度总经费数据标准化

图书馆	2010	2011	2012	2013	2014	2015	2016	2017	2018	2019	2020
北京大学图书馆	0.2497	0.2612	0.2085	0.2439	0.2493	0.3260	0.5700	0.6353	0.6779	0.6502	0.5851
大连理工大学图书馆	0.0684	0.0921	0.1155	0.1212	0.1146	0.0154	0.1413	0.1973	0.1954	0.1774	0.1924
电子科技大学图书馆	0.1028	0.0913	0.1116	0.1430	0.1097	0.1637	0.0951	0.1726	0.1962	0.1417	0.1133
东北大学图书馆	0.0571	0.0456	0.0648	0.1447	0.1210	0.1177	0.1294	0.1581	0.1699	0.1753	0.0768
东南大学图书馆	0.1235	0.1260	0.1323	0.1314	0.1529	0.1625	0.1705	0.1750	0.2048	0.2045	0.1888
复旦大学图书馆	0.2371	0.2514	0.3139	0.3560	0.2686	0.2775	0.2823	0.5218	0.6442	0.3782	0.3846
华东师范大学图书馆	0.1215	0.1391	0.1489	0.1804	0.1877	0.2056	0.1986	0.2070	0.2144	0.2268	0.2521
华南理工大学图书馆	0.0283	0.0000	0.0501	0.1001	0.1429	0.1093	0.1813	0.1473	0.1737	0.1813	0.1653
华中科技大学图书馆	0.1330	0.1726	0.1163	0.1439	0.1792	0.2609	0.3487	0.2535	0.3425	0.3191	0.3124
南京大学图书馆	0.1434	0.1910	0.1398	0.1580	0.1762	0.1585	0.2172	0.2707	0.2779	0.2851	0.2348
清华大学图书馆	0.1921	0.1961	0.1951	0.2092	0.1694	0.3319	0.3107	0.3779	0.4117	0.4684	0.4395
厦门大学图书馆	0.1272	0.1751	0.1415	0.1786	0.2045	0.1751	0.2357	0.2097	0.2245	0.2079	0.1892
上海交通大学图书馆	0.1868	0.2229	0.2026	0.2096	0.3149	0.2293	0.2366	0.2520	0.3041	0.4318	0.4769
四川大学图书馆	0.0909	0.0998	0.0965	0.1181	0.2755	0.2946	0.1191	0.3007	0.2693	0.3312	0.2735
天津大学图书馆	0.0373	0.0445	0.0453	0.0659	0.0653	0.1205	0.1680	0.1385	0.1695	0.1846	0.1120
同济大学图书馆	0.1402	0.1890	0.2229	0.3306	0.1440	0.2630	0.1888	0.2155	0.2770	0.2720	0.3365
武汉大学图书馆	0.1814	0.3307	0.2356	0.1851	0.1969	0.2926	0.5146	0.3454	0.3361	0.4121	0.3628

155

续表3-2

图书馆	2010	2011	2012	2013	2014	2015	2016	2017	2018	2019	2020
西安交通大学图书馆	0.1014	0.1341	0.1477	0.1169	0.1636	0.1702	0.1781	0.1964	0.2038	0.2087	0.1563
西北工业大学图书馆	0.0774	0.0623	0.0678	0.1135	0.1751	0.1290	0.1246	0.1733	0.1533	0.1727	0.1576
西北农林科技大学图书馆	0.0351	0.0413	0.0463	0.0891	0.0894	0.0759	0.0900	0.1150	0.0710	0.0753	0.0806
浙江大学图书馆	0.1847	0.2863	0.2632	0.2569	0.2658	0.2528	0.3660	0.4312	0.4419	0.4314	0.3570
中国科学技术大学图书馆	0.0735	0.0788	0.0841	0.0803	0.0860	0.0729	0.1383	0.1657	0.1790	0.2204	0.2604
中山大学图书馆	0.1462	0.1551	0.2192	0.1841	0.2623	0.2917	0.5145	0.9316	0.7712	1.0000	0.8227
重庆大学图书馆	0.0814	0.0852	0.1182	0.1977	0.1572	0.1097	0.1836	0.1957	0.2151	0.2214	0.1664

表3-3 文献资源购置费数据标准化

图书馆	2010	2011	2012	2013	2014	2015	2016	2017	2018	2019	2020
北京大学图书馆	0.2350	0.2310	0.1968	0.2335	0.2307	0.2678	0.4748	0.5067	0.4791	0.5556	0.4365
大连理工大学图书馆	0.0966	0.1101	0.1185	0.1405	0.1292	0.0360	0.1585	0.2108	0.1955	0.1909	0.2145
电子科技大学图书馆	0.0752	0.0855	0.0843	0.1258	0.1104	0.1733	0.0981	0.1721	0.1770	0.1680	0.1313
东北大学图书馆	0.0759	0.0677	0.0880	0.0943	0.1095	0.1447	0.1612	0.1772	0.1801	0.1650	0.0958
东南大学图书馆	0.1422	0.1480	0.1465	0.1493	0.1520	0.1604	0.1717	0.2011	0.2291	0.2178	0.2160
复旦大学图书馆	0.2361	0.2385	0.3082	0.3675	0.2671	0.2792	0.2779	0.2706	0.3480	0.3692	0.3698
华东师范大学图书馆	0.1408	0.1570	0.1669	0.1809	0.1795	0.2071	0.2196	0.2313	0.2374	0.2444	0.2707
华南理工大学图书馆	0.0542	0.0000	0.0624	0.1248	0.1681	0.1295	0.1281	0.1158	0.1854	0.2015	0.1891

续表3-3

图书馆	2010	2011	2012	2013	2014	2015	2016	2017	2018	2019	2020
华中科技大学图书馆	0.1649	0.1796	0.1264	0.1678	0.2019	0.2920	0.3674	0.2613	0.3585	0.3499	0.3403
南京大学图书馆	0.1760	0.2109	0.1536	0.1757	0.1979	0.1784	0.2181	0.2958	0.2460	0.3154	0.2635
清华大学图书馆	0.2851	0.2315	0.2303	0.2448	0.2030	0.3743	0.3528	0.4225	0.4557	0.5184	0.4892
厦门大学图书馆	0.1418	0.1692	0.1528	0.1918	0.1213	0.1927	0.2299	0.2151	0.2189	0.2153	0.2068
上海交通大学图书馆	0.1908	0.2081	0.2024	0.2159	0.2717	0.2382	0.2449	0.2882	0.3108	0.4453	0.4757
四川大学图书馆	0.0991	0.1195	0.1039	0.1340	0.2462	0.2941	0.1235	0.3143	0.2770	0.2965	0.2650
天津大学图书馆	0.0567	0.0641	0.0605	0.0809	0.0803	0.1411	0.1594	0.1708	0.1902	0.2149	0.1365
同济大学图书馆	0.0948	0.1427	0.1554	0.1365	0.1569	0.1875	0.2128	0.2215	0.2486	0.2568	0.3260
武汉大学图书馆	0.1932	0.1748	0.1841	0.1809	0.1969	0.3338	0.4821	0.2629	0.2947	0.4054	0.3469
西安交通大学图书馆	0.1181	0.1390	0.1501	0.1253	0.1776	0.1865	0.1987	0.2040	0.2179	0.2227	0.1731
西北工业大学图书馆	0.0570	0.0791	0.0863	0.1138	0.1254	0.1415	0.1448	0.1640	0.1753	0.1981	0.1850
西北农林科技大学图书馆	0.0575	0.0489	0.0439	0.0881	0.0902	0.0960	0.1077	0.1348	0.0925	0.0898	0.1014
浙江大学图书馆	0.2086	0.2444	0.2967	0.2912	0.3003	0.2838	0.4040	0.4688	0.4767	0.4655	0.3901
中国科学技术大学图书馆	0.0860	0.0938	0.1016	0.0899	0.1102	0.0985	0.1657	0.1891	0.2101	0.2264	0.2790
中山大学图书馆	0.1507	0.1767	0.2039	0.2005	0.2711	0.3123	0.5288	0.9317	0.7958	1.0000	0.7906
重庆大学图书馆	0.0954	0.0953	0.1282	0.2037	0.1572	0.1403	0.1989	0.2313	0.2518	0.2327	0.2003

表 3-4 电子资源购置费数据标准化

图书馆	2010	2011	2012	2013	2014	2015	2016	2017	2018	2019	2020
北京大学图书馆	0.1663	0.1500	0.0591	0.2170	0.2013	0.2709	0.7922	0.9398	0.8059	0.9954	0.6708
大连理工大学图书馆	0.1697	0.2089	0.1957	0.2411	0.2251	0.0170	0.2837	0.4440	0.4006	0.3859	0.4567
电子科技大学图书馆	0.0607	0.0860	0.0908	0.1282	0.1394	0.3239	0.1764	0.3480	0.3347	0.3448	0.2495
东北大学图书馆	0.0725	0.0333	0.0727	0.0951	0.1240	0.1844	0.2658	0.2237	0.2320	0.3078	0.0964
东南大学图书馆	0.1242	0.1175	0.1167	0.1404	0.1304	0.1500	0.1849	0.2410	0.3440	0.2923	0.4584
复旦大学图书馆	0.1753	0.1826	0.2700	0.3867	0.2110	0.2206	0.2963	0.3481	0.4552	0.5250	0.5289
华东师范大学图书馆	0.1325	0.1527	0.1506	0.1787	0.1715	0.2108	0.2680	0.3281	0.3474	0.3614	0.4981
华南理工大学图书馆	0.0000	0.0017	0.0816	0.1614	0.2758	0.2083	0.2261	0.1621	0.3200	0.3751	0.3455
华中科技大学图书馆	0.1770	0.2066	0.0415	0.3433	0.3250	0.5355	0.6342	0.4352	0.6047	0.5968	0.6175
南京大学图书馆	0.1277	0.1538	0.1394	0.1709	0.2024	0.1729	0.1362	0.4620	0.3538	0.4325	0.3563
清华大学图书馆	0.2183	0.2698	0.3706	0.3768	0.3216	0.6692	0.6270	0.8211	0.8179	1.0000	0.9361
厦门大学图书馆	0.1022	0.1441	0.2101	0.2612	0.1757	0.3798	0.4327	0.4250	0.3858	0.3991	0.4121
上海交通大学图书馆	0.2698	0.3092	0.3104	0.3610	0.4817	0.4373	0.4117	0.5447	0.6052	0.9263	0.9969
四川大学图书馆	0.1252	0.1749	0.0993	0.1750	0.4429	0.5072	0.0505	0.5051	0.5458	0.5269	0.5066
天津大学图书馆	0.0523	0.0714	0.0491	0.0938	0.0861	0.2932	0.2658	0.3146	0.3396	0.4145	0.2393
同济大学图书馆	0.1138	0.2219	0.2414	0.2291	0.2587	0.3116	0.4369	0.4432	0.5486	0.5231	0.6660
武汉大学图书馆	0.1491	0.1409	0.1705	0.1703	0.2007	0.3859	0.6083	0.3437	0.3767	0.4956	0.5136

续表3-4

图书馆	2010	2011	2012	2013	2014	2015	2016	2017	2018	2019	2020
西安交通大学图书馆	0.0977	0.1680	0.1607	0.0999	0.2493	0.2533	0.3466	0.3490	0.4132	0.4479	0.3782
西北工业大学图书馆	0.0270	0.0857	0.0816	0.1540	0.1839	0.2071	0.1996	0.2388	0.2583	0.3188	0.3882
西北农林科技大学图书馆	0.0634	0.0602	0.0700	0.1320	0.1350	0.1409	0.1741	0.1879	0.1714	0.1481	0.1808
浙江大学图书馆	0.1828	0.2325	0.2659	0.3125	0.3516	0.3678	0.4718	0.6010	0.5287	0.6310	0.6015
中国科学技术大学图书馆	0.1164	0.0955	0.1272	0.1028	0.1750	0.1662	0.3343	0.4194	0.4947	0.5268	0.6764
中山大学图书馆	0.1796	0.1370	0.1962	0.1957	0.2311	0.2588	0.4094	0.8416	0.5605	0.9698	0.7679
重庆大学图书馆	0.0994	0.1356	0.1657	0.2980	0.1923	0.2158	0.3442	0.4295	0.5237	0.4534	0.3966

表3-5 纸质资源购置费数据标准化

图书馆	2010	2011	2012	2013	2014	2015	2016	2017	2018	2019	2020
北京大学图书馆	0.2730	0.2569	0.2748	0.2356	0.2397	0.2410	0.2629	0.2163	0.2527	0.2676	0.2829
大连理工大学图书馆	0.0512	0.0487	0.0700	0.0773	0.0692	0.0479	0.0801	0.0653	0.0674	0.0691	0.0634
电子科技大学图书馆	0.0818	0.0838	0.0789	0.0868	0.0910	0.0784	0.0490	0.0620	0.0780	0.0575	0.0572
东北大学图书馆	0.0760	0.0883	0.0966	0.0929	0.0994	0.1187	0.1217	0.1462	0.1460	0.0756	0.0945
东南大学图书馆	0.1510	0.1645	0.1625	0.1523	0.1627	0.1642	0.1611	0.1738	0.1555	0.1692	0.0646
复旦大学图书馆	0.2670	0.2978	0.3451	0.3466	0.2941	0.3083	0.2608	0.2170	0.2729	0.2647	0.2641
华东师范大学图书馆	0.1436	0.1572	0.1737	0.1791	0.1804	0.2004	0.1819	0.1686	0.1666	0.1586	0.1252
华南理工大学图书馆	0.0873	0.0000	0.0506	0.1011	0.1000	0.0799	0.0667	0.0863	0.1006	0.0926	0.0908

续表3-5

图书馆	2010	2011	2012	2013	2014	2015	2016	2017	2018	2019	2020
华中科技大学图书馆	0.1537	0.1593	0.1764	0.0580	0.1235	0.1384	0.1978	0.1506	0.2015	0.1925	0.1654
南京大学图书馆	0.2031	0.2428	0.1604	0.1763	0.1923	0.1792	0.2649	0.1895	0.1764	0.2388	0.2027
清华大学图书馆	0.3214	0.1302	0.1162	0.1293	0.1183	0.1254	0.1732	0.1557	0.2074	0.1757	0.1595
厦门大学图书馆	0.1546	0.1760	0.1060	0.1366	0.0816	0.0738	0.1004	0.0802	0.1104	0.0985	0.0780
上海交通大学图书馆	0.1382	0.1387	0.1284	0.1241	0.1377	0.1118	0.1376	0.1259	0.1244	0.1420	0.1475
四川大学图书馆	0.0822	0.0842	0.1006	0.1067	0.1161	0.1581	0.1626	0.1830	0.1074	0.1506	0.1128
天津大学图书馆	0.0552	0.0590	0.0672	0.0714	0.0761	0.0465	0.0900	0.0806	0.0951	0.0892	0.0718
同济大学图书馆	0.0810	0.0917	0.0999	0.0774	0.0920	0.1077	0.0718	0.0822	0.0613	0.0893	0.1127
武汉大学图书馆	0.2148	0.1911	0.1883	0.1841	0.1912	0.2745	0.3955	0.2075	0.2371	0.3421	0.2383
西安交通大学图书馆	0.1290	0.1195	0.1416	0.1394	0.1314	0.1431	0.1055	0.1125	0.0954	0.0819	0.0455
西北工业大学图书馆	0.0753	0.0746	0.0886	0.0880	0.0883	0.0997	0.1096	0.1161	0.1222	0.1216	0.0581
西北农林科技大学图书馆	0.0538	0.0421	0.0282	0.0607	0.0621	0.0678	0.0662	0.1009	0.0435	0.0534	0.0520
浙江大学图书馆	0.2203	0.2480	0.3096	0.2723	0.2578	0.2222	0.3510	0.3682	0.4256	0.3470	0.2493
中国科学技术大学图书馆	0.0665	0.0758	0.0851	0.0813	0.0695	0.0562	0.0606	0.0457	0.0332	0.0397	0.0319
中山大学图书馆	0.1303	0.1985	0.2057	0.2006	0.2914	0.3400	0.5924	0.9696	0.9250	1.0000	0.7293
重庆大学图书馆	0.0906	0.0685	0.1033	0.1433	0.1338	0.0926	0.1074	0.1067	0.0819	0.0945	0.0775

表3-6 在编职工人数数据标准化

图书馆	2010	2011	2012	2013	2014	2015	2016	2017	2018	2019	2020
北京大学图书馆	0.4035	0.3895	0.3754	0.3719	0.3579	0.3333	0.3053	0.2982	0.2877	0.3053	0.3053
大连理工大学图书馆	0.2035	0.1965	0.1825	0.1930	0.1789	0.1404	0.1509	0.1228	0.1088	0.1053	0.1018
电子科技大学图书馆	0.0702	0.0737	0.0702	0.0807	0.0737	0.0561	0.1053	0.1018	0.0842	0.0772	0.0667
东北大学图书馆	0.1193	0.0982	0.0982	0.0667	0.0596	0.0667	0.0561	0.0772	0.0702	0.0526	0.0421
东南大学图书馆	0.1860	0.2737	0.2561	0.2421	0.2281	0.2246	0.2105	0.2140	0.2035	0.1860	0.1789
复旦大学图书馆	0.4772	0.4526	0.4140	0.4281	0.4070	0.3579	0.3719	0.3825	0.3965	0.4070	0.3930
华东师范大学图书馆	0.2772	0.2667	0.2596	0.2772	0.2561	0.2316	0.2211	0.2070	0.2070	0.2140	0.2140
华南理工大学图书馆	0.2526	0.2526	0.2491	0.2491	0.2351	0.2246	0.2140	0.2140	0.1965	0.1754	0.1649
华中科技大学图书馆	0.5544	0.5368	0.5193	0.4667	0.4246	0.4316	0.4105	0.3930	0.3860	0.3579	0.3228
南京大学图书馆	0.2456	0.2281	0.2421	0.2491	0.2526	0.2491	0.2211	0.2281	0.1228	0.1088	0.2000
清华大学图书馆	0.3088	0.3088	0.2877	0.2667	0.2351	0.2175	0.2035	0.2105	0.2035	0.1684	0.1544
厦门大学图书馆	0.3860	0.3860	0.3789	0.3719	0.3579	0.3579	0.3509	0.3579	0.3404	0.3228	0.3158
上海交通大学图书馆	0.6140	0.6175	0.5895	0.5544	0.5088	0.5263	0.5228	0.5193	0.5439	0.5228	0.4982
四川大学图书馆	0.5719	0.5509	0.5368	0.4982	0.4807	0.4561	0.4386	0.4351	0.3930	0.3754	0.3509
天津大学图书馆	0.0807	0.0912	0.1018	0.1053	0.1088	0.1088	0.1158	0.1930	0.2000	0.2175	0.1965
同济大学图书馆	0.3754	0.3684	0.3579	0.3368	0.3158	0.3860	0.3053	0.2667	0.2632	0.2491	0.2316
武汉大学图书馆	0.9474	0.9333	0.8807	0.8281	0.7860	0.7474	0.7123	0.6807	1.0000	0.6211	0.5825

续表3-6

图书馆	2010	2011	2012	2013	2014	2015	2016	2017	2018	2019	2020
西安交通大学图书馆	0.3193	0.3088	0.2982	0.2667	0.2596	0.2737	0.2596	0.2316	0.2211	0.1825	0.1649
西北工业大学图书馆	0.0316	0.0351	0.0281	0.0211	0.0175	0.0246	0.0351	0.0246	0.0281	0.0105	0.0035
西北农林科技大学图书馆	0.2667	0.2596	0.2491	0.2491	0.2526	0.2596	0.2596	0.2526	0.2456	0.2140	0.2105
浙江大学图书馆	0.5474	0.5333	0.3965	0.4070	0.4000	0.4000	0.4000	0.3825	0.3965	0.4246	0.4281
中国科学技术大学图书馆	0.0281	0.0421	0.1228	0.0035	0.0561	0.0561	0.0456	0.0456	0.0246	0.0105	0.0000
中山大学图书馆	0.7860	0.6667	0.6667	0.6702	0.6912	0.7193	0.6842	0.6351	0.5860	0.5789	0.5474
重庆大学图书馆	0.3298	0.2982	0.2632	0.2386	0.2175	0.2140	0.2105	0.1930	0.1895	0.1860	0.1684

表3-7 馆舍面积数据标准化

图书馆	2010	2011	2012	2013	2014	2015	2016	2017	2018	2019	2020
北京大学图书馆	0.3788	0.3788	0.3788	0.3788	0.3859	0.3788	0.3859	0.3859	0.3859	0.4641	0.4641
大连理工大学图书馆	0.4719	0.4719	0.4719	0.6343	0.6343	0.6343	0.6343	0.6343	0.4617	0.2993	0.2993
电子科技大学图书馆	0.4716	0.4716	0.4716	0.4716	0.4716	0.4716	0.4716	0.4716	0.4716	0.4716	0.4716
东北大学图书馆	0.0000	0.0000	0.0000	0.0000	0.0000	0.0000	0.4436	0.4436	0.4334	0.4436	0.4436
东南大学图书馆	0.3786	0.4709	0.4709	0.4709	0.4709	0.4709	0.4709	0.4709	0.4709	0.4709	0.4709
复旦大学图书馆	0.3804	0.3804	0.3804	0.3804	0.2838	0.2838	0.4688	0.4631	0.4631	0.4631	0.4631
华东师范大学图书馆	0.3550	0.3307	0.3307	0.3307	0.3307	0.3307	0.3307	0.3307	0.3307	0.3307	0.3643
华南理工大学图书馆	0.2299	0.2299	0.2299	0.2299	0.2299	0.2299	0.2299	0.2299	0.4633	0.4689	0.4602

续表3-7

图书馆	2010	2011	2012	2013	2014	2015	2016	2017	2018	2019	2020
华中科技大学图书馆	0.2460	0.2460	0.2460	0.1976	0.4473	0.4473	0.4473	0.4473	0.4473	0.4473	0.4473
南京大学图书馆	0.5338	0.5338	0.5338	0.5338	0.5338	0.5338	0.5338	0.5338	0.5338	0.5338	0.5338
清华大学图书馆	0.0742	0.3604	0.3727	0.3727	0.3566	0.3566	0.5089	0.5089	0.5089	0.5901	0.5901
厦门大学图书馆	0.4741	0.4705	0.4705	0.5377	0.8328	0.8328	0.8359	0.8359	0.8359	0.8332	0.8332
上海交通大学图书馆	0.6302	0.6302	0.3763	0.2922	0.4132	0.4434	0.4180	0.4180	0.4180	0.4180	0.4599
四川大学图书馆	0.4323	0.4323	0.4323	0.4323	0.4323	0.4323	0.4323	0.4357	0.4328	0.4356	0.4356
天津大学图书馆	0.0527	0.0527	0.0527	0.0527	0.0557	0.4922	0.4922	0.4922	0.4891	0.5602	0.5602
同济大学图书馆	0.4894	0.4894	0.4690	0.4690	0.4690	0.4690	0.4621	0.4621	0.5086	0.5086	0.5816
武汉大学图书馆	0.2464	0.4311	0.4311	0.4311	0.3611	0.4252	0.5773	0.5773	0.5773	0.5773	0.5773
西安交通大学图书馆	0.1612	0.1612	0.1612	0.1612	0.1612	0.1612	0.1612	0.1612	0.1612	0.2363	0.2363
西北工业大学图书馆	0.0801	0.0801	0.0151	0.2604	0.2604	0.2604	0.2604	0.2604	0.2604	0.2604	0.2604
西北农林科技大学图书馆	0.1177	0.1177	0.1177	0.1177	0.1177	0.1177	0.1177	0.1177	0.1177	0.1177	0.1177
浙江大学图书馆	0.6686	0.6686	0.6686	0.6686	0.6686	0.6686	0.6686	0.6686	0.6686	0.6686	0.7193
中国科学技术大学图书馆	0.0737	0.1143	0.2159	0.2159	0.2159	0.2159	0.2159	0.2159	0.2159	0.2159	0.2159
中山大学图书馆	0.9759	0.8779	0.8779	0.9759	0.9759	0.9759	0.9759	0.9759	0.9759	0.9252	1.0000
重庆大学图书馆	0.4470	0.4936	0.4516	0.4406	0.4406	0.4437	0.4456	0.4464	0.4503	0.4503	0.3944

3.2.3 指标权重确定

根据熵值法原理及计算步骤,对高校智慧图书馆发展水平评价指标体系指标 2010—2020 期间的数据进行计算。部分指标在某年度的数据为"0",如华南理工大学图书馆 2011 年纸质文献资源购置费为 0 元。为避免计算时分母为 0,根据詹敏、廖志高和徐玖平(2016)的研究[①],线性无量纲化具有平移无关性,因此对该类数据无量纲化值做平移处理后进行计算。结果见表 3-8。

表 3-8 基于熵值法的评价指标权重值及排序

目标层(A)	指标层(X)	信息熵	效用值	权重	排序
高校图书馆综合发展水平(A)	年度总经费(X_1)	0.9988	0.0012	0.1291	4
	文献资源购置费(X_2)	0.9990	0.0010	0.1099	5
	电子资源购置费(X_3)	0.9979	0.0021	0.2316	1
	纸质资源购置费(X_4)	0.9990	0.0010	0.1051	6
	在编职工人数(X_5)	0.9981	0.0019	0.2137	2
	馆舍面积(X_6)	0.9981	0.0019	0.2107	3

表 3-8 表明,采用熵值法对指标数据进行客观分析,指标层(X)的权重为 $X_3 > X_5 > X_6 > X_1 > X_2 > X_4$,其权重分别为 0.2316、0.2137、0.2107、0.1291、0.1099 和 0.1051。在信息时代的大背景下,高校图书馆在发展的过程中,读者在利用图书馆各项资源时,纸质馆藏文献的重要性逐步降低,权重在 6 项指标中排名最后,而电子资源的重要性愈发凸显,权重超过了五分之一。排在第二位的是在编职工人数,表明智慧图书馆的资源利用与读者服务,均是在图书馆馆员的主导作用下完成的。馆舍面积与在编职工人数权重差异较小,馆舍面积越大,图书馆可利用空间越大,能够储存的文献资源越多,能够容纳的读者也越多。

---

① 詹敏,廖志高,徐玖平. 线性无量纲化方法比较研究[J]. 统计与信息论坛,2016(12):17-22.

3.2.4　高校智慧图书馆发展水平评价

3.2.4.1　总体评价

根据高校智慧图书馆发展水平评价指标标准化矩阵及各指标权重，采用式（3-7）计算我国 24 家高校图书馆 2010—2020 年发展水平以及各指标变化过程，结果见表 3-9。

表3-9　24家高校图书馆发展水平指数及排序

图书馆	2010	2011	2012	2013	2014	2015	2016	2017	2018	2019	2020	排序(2010)	排序(2020)
中山大学图书馆	0.4643	0.4194	0.4452	0.4610	0.5011	0.5269	0.6334	0.8607	0.7448	0.8873	0.7752	1	1
上海交通大学图书馆	0.3861	0.4026	0.3390	0.3275	0.3923	0.3747	0.3670	0.4026	0.4309	0.5339	0.5635	2	2
浙江大学图书馆	0.3701	0.3985	0.3863	0.3940	0.4022	0.3987	0.4641	0.5076	0.5022	0.5210	0.4975	3	4
武汉大学图书馆	0.3561	0.4049	0.3890	0.3703	0.3576	0.4419	0.5757	0.4419	0.5233	0.5028	0.4750	4	5
复旦大学图书馆	0.3073	0.3113	0.3418	0.3839	0.2906	0.2863	0.3412	0.3798	0.4378	0.4233	0.4221	5	7
北京大学图书馆	0.2913	0.2839	0.2511	0.2914	0.2871	0.3106	0.4834	0.5231	0.4961	0.5666	0.4716	6	6
四川大学图书馆	0.2736	0.2841	0.2632	0.2793	0.3712	0.3930	0.2425	0.3943	0.3780	0.3852	0.3604	7	11
华中科技大学图书馆	0.2627	0.2731	0.2198	0.2640	0.3185	0.3908	0.4350	0.3563	0.4215	0.4088	0.4013	8	9
厦门大学图书馆	0.2543	0.2747	0.2750	0.3117	0.3409	0.3914	0.4175	0.4101	0.4028	0.3978	0.3938	9	10
南京大学图书馆	0.2537	0.2702	0.2483	0.2635	0.2780	0.2646	0.2711	0.3555	0.3021	0.3324	0.3183	10	12
同济大学图书馆	0.2467	0.2829	0.2875	0.2896	0.2717	0.3193	0.3191	0.3178	0.3599	0.3542	0.4173	11	8
清华大学图书馆	0.2221	0.2688	0.2885	0.2903	0.2564	0.3737	0.3930	0.4539	0.4651	0.5278	0.5013	12	3
重庆大学图书馆	0.2182	0.2278	0.2300	0.2758	0.2355	0.2285	0.2754	0.2966	0.3207	0.3037	0.2625	13	17
华东师范大学图书馆	0.2110	0.2137	0.2158	0.2323	0.2270	0.2383	0.2478	0.2597	0.2656	0.2719	0.3133	14	13
大连理工大学图书馆	0.2070	0.2189	0.2190	0.2699	0.2602	0.1785	0.2756	0.3182	0.2671	0.2260	0.2456	15	19

第3章 高校智慧图书馆发展水平评价

续表3-9

图书馆	2010	2011	2012	2013	2014	2015	2016	2017	2018	2019	2020	排序(2010)	排序(2020)
东南大学图书馆	0.1957	0.2347	0.2312	0.2328	0.2317	0.2378	0.2448	0.2637	0.2903	0.2747	0.2985	16	14
西安交通大学图书馆	0.1644	0.1840	0.1854	0.1576	0.2016	0.2086	0.2256	0.2239	0.2372	0.2525	0.2166	17	20
电子科技大学图书馆	0.1585	0.1650	0.1673	0.1877	0.1832	0.2348	0.1909	0.2494	0.2478	0.2385	0.2064	18	21
华南理工大学图书馆	0.1212	0.1028	0.1392	0.1763	0.2100	0.1814	0.1910	0.1725	0.2670	0.2784	0.2639	19	16
西北农林科技大学图书馆	0.1130	0.1094	0.1080	0.1362	0.1380	0.1404	0.1510	0.1626	0.1409	0.1300	0.1387	20	24
中国科学技术大学图书馆	0.0744	0.0836	0.1322	0.0988	0.1285	0.1221	0.1751	0.1993	0.2150	0.2272	0.2698	21	15
东北大学图书馆	0.0660	0.0513	0.0660	0.0751	0.0796	0.1005	0.2142	0.2170	0.2171	0.2247	0.1551	22	23
天津大学图书馆	0.0573	0.0661	0.0638	0.0802	0.0802	0.2308	0.2386	0.2629	0.2772	0.3173	0.2524	23	18
西北工业大学图书馆	0.0540	0.0688	0.0556	0.1314	0.1468	0.1507	0.1521	0.1680	0.1726	0.1878	0.1923	24	22
24家高校图书馆均值	0.2220	0.2334	0.2312	0.2492	0.2579	0.2802	0.3135	0.3416	0.3493	0.3656	0.3505		

表 3-9 表明，24 家高校图书馆发展水平指数虽然在 2012 年有小幅波动，但总体呈上升趋势，均值由 2010 年的 0.222 上升至 2020 年的 0.3505，上升比例为 57.86%，表明高校图书馆在过去 11 年间整体发展良好，有力推动了我国高等教育事业的发展，也做到了与高等教育事业的发展同频共振。综合发展水平指数年均增长率为 4.77%，其中 2016 年增长率排名第 1 位，较 2015 年增长了 11.91%。2020 年增长率为 -4.12%，主要原因为新冠肺炎疫情对我国经济发展影响较大。从综合发展水平指数平均值排名情况来看，2019 年排名第 1 位，2010 年排名最后，各年份排名为 2019＞2020＞2018＞2017＞2016＞2015＞2014＞2013＞2011＞2012＞2010。

24 家高校图书馆发展水平存在明显差异。2010 年，综合发展水平指数最高的中山大学图书馆与最低的西北工业大学图书馆差距为 0.4102，中山大学图书馆领先西北工业大学图书馆 759%；到 2020 年，综合发展水平指数最高的中山大学图书馆与最低的西北农林科技大学图书馆差距为 0.6365，虽然差距值较 2010 年有所增长，但各高校图书馆发展水平指数基数同样有所增长，所以领先率缩小为 459%。由此可见，各高校图书馆存在较大差距，但这一差距正逐步缩小，表明我国高等教育事业在发展的过程中考虑到了教育资源均衡配置这一因素。24 家高校智慧图书馆发展水平指数变化趋势如图 3-1 所示。

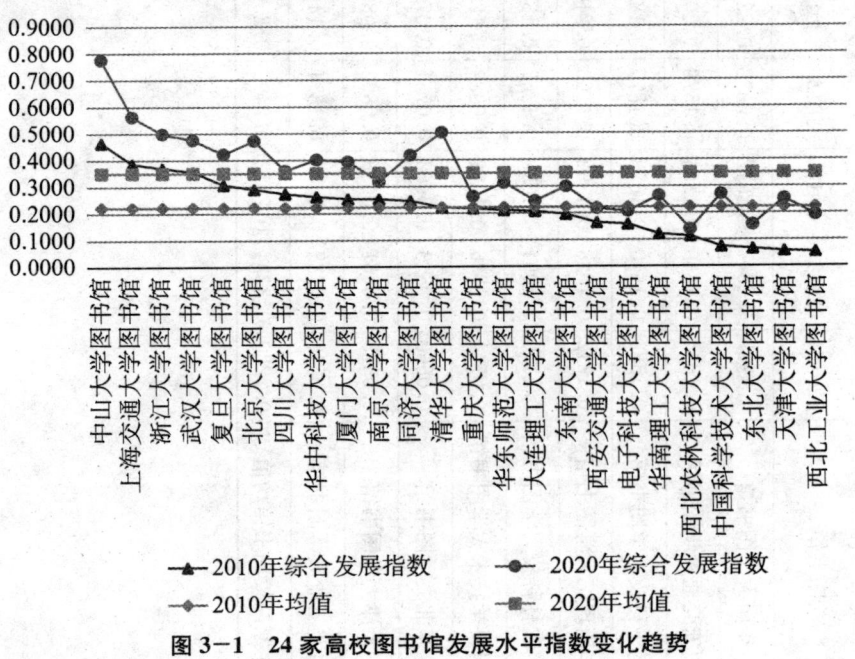

图 3-1　24 家高校图书馆发展水平指数变化趋势

2010 年，有 12 家高校图书馆发展指数高于平均值，分别为清华大学图书馆、同济大学图书馆、南京大学图书馆、厦门大学图书馆、华中科技大学图书馆、四川大学图书馆、北京大学图书馆、复旦大学图书馆、武汉大学图书馆、浙江大学图书馆、上海交通大学图书馆、中山大学图书馆；到2020年，综合发展指数高于平均值的高校图书馆由12家变为11家，少了南京大学图书馆。由此可见，虽然排名靠前和排名靠后的高校图书馆差距在逐步缩小，但是仍然存在不均衡的现象：其一是排名靠前的图书馆不断发展，其综合发展指数始终高于均值；其二是排名靠后的图书馆不断奋力追赶，但其综合发展指数仍然低于均值。

从增长速度来看，24家高校图书馆可划分为0~0.1、0.1~0.15、0.15以上三个区间：0~0.1区间包括西北农林科技大学图书馆、大连理工大学图书馆、重庆大学图书馆、电子科技大学图书馆、西安交通大学图书馆、南京大学图书馆、四川大学图书馆、东北大学图书馆，0.1~0.15区间包括华东师范大学图书馆、东南大学图书馆、复旦大学图书馆、武汉大学图书馆、浙江大学图书馆、西北工业大学图书馆、华中科技大学图书馆、厦门大学图书馆、华南理工大学图书馆，0.15以上区间包括同济大学图书馆、上海交通大学图书馆、北京大学图书馆、天津大学图书馆、中国科学技术大学图书馆、清华大学图书馆、中山大学图书馆。从增长量值来看，与综合发展水平指数排名较为一致，即中山大学图书馆增长量值排名仍为第1位，西北农林科技大学图书馆排名仍为最后，两者相差0.2852，差异比例超过1000%，表明虽然两个高校图书馆在原有基础上均实现了发展，但是发展的差异程度巨大。图书馆综合发展水平指数增长量如图3-2所示。

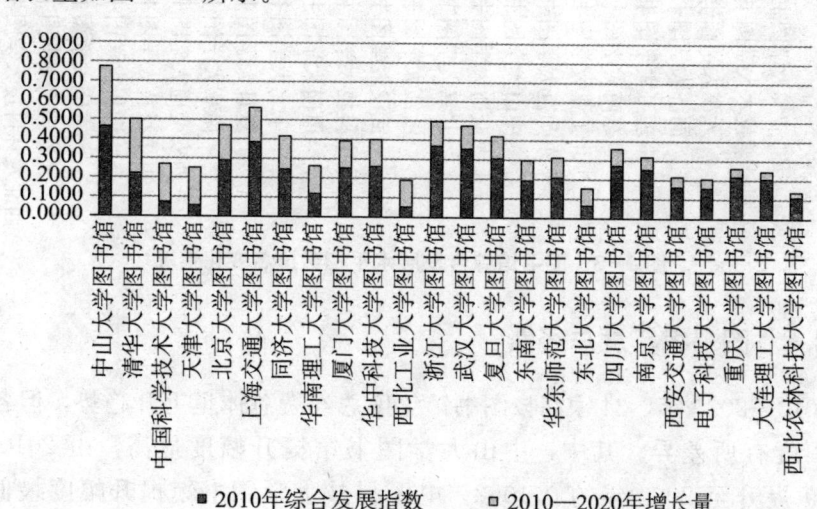

图3-2 图书馆综合发展水平指数增长量

将 2020 年图书馆综合发展水平指数与 2010 年相比较,清华大学图书馆、中国科学技术大学图书馆、天津大学图书馆、同济大学图书馆、华南理工大学图书馆、东南大学图书馆、西北工业大学图书馆、华东师范大学图书馆等 8 家高校图书馆排名上升。其中清华大学图书馆排名上升幅度最大,由第 12 位上升至第 3 位。中国科学技术大学图书馆和天津大学图书馆虽然上升幅度较大,但两家高校图书馆原有排名分别为第 21 和第 23 位,排名仍然较低。中山大学图书馆、上海交通大学图书馆和北京大学图书馆排名无变化,分别仍然保持排名第 1、2、6 位。其余 13 家高校图书馆排名均呈现下降趋势,四川大学图书馆、重庆大学图书馆、大连理工大学图书馆和西北农林科技大学图书馆排名下降幅度最大,均下降了 4 位,西北农林科技大学图书馆由 2010 年排名第 20 位下降至 2020 年排名第 24 位。图书馆综合发展水平指数排名变化情况如图 3-3 所示。

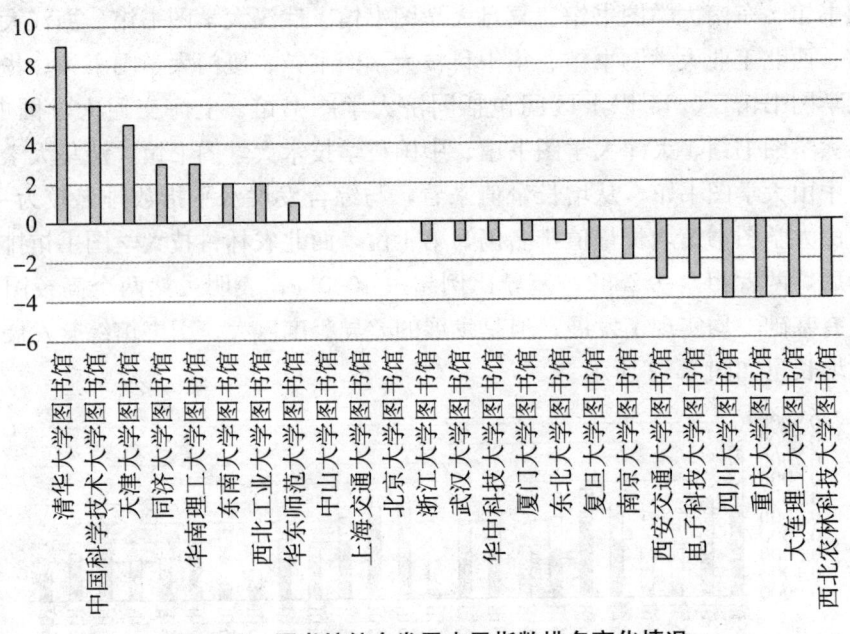

图 3-3　图书馆综合发展水平指数排名变化情况

3.2.4.2　图书馆年度总经费

2010—2020 年,24 家高校图书馆年度总经费总体呈上升趋势,但各高校上升幅度有所差异。其中,中山大学图书馆提升幅度最高,由 2010 年的 0.0189 提升至 2020 年的 0.1062。电子科技大学图书馆提升幅度最低,由 2010 年的 0.0133 提升至 2020 年的 0.0146,远低于 24 家高校提升幅度的平均值 143.39%。同时，最高与最低高校图书馆的差异 11 年间逐步扩大：2010 年，年度总经费指数最高的北京大学图书馆与最低的华南理工大学图书馆差距为 0.0286；到 2020 年，年度总经费指数最高的中山大学图书馆与最低的东北大学图书馆差距扩大到 0.0963。在此期间中山大学图书馆超过北京大学图书馆，成为 24 家高校图书馆中年度总经费指数最高的图书馆。此外，北京大学图书馆、复旦大学图书馆、清华大学图书馆和上海交通大学图书馆在 2010—2020 年期间始终排名靠前，东北大学图书馆、天津大学图书馆和西北农林科技大学图书馆则始终排名靠后。图书馆年度总经费指数变化趋势如图 3-4 所示。

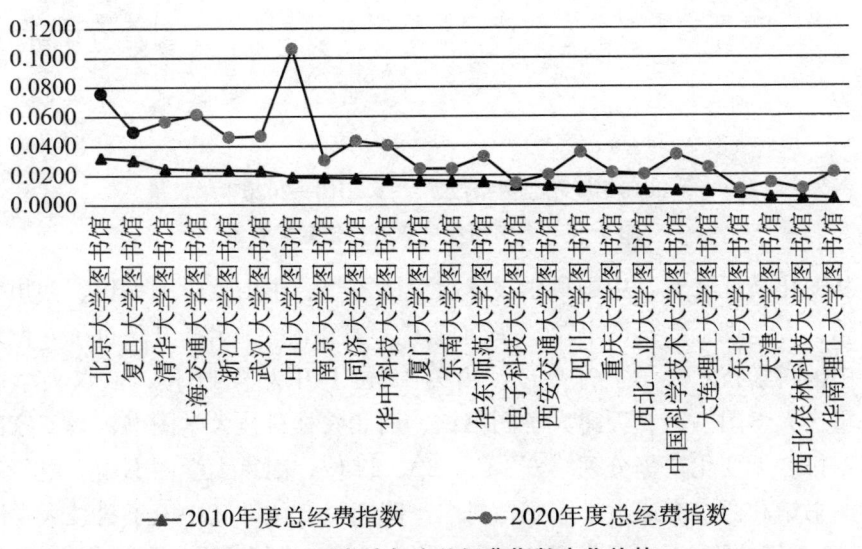

图 3-4　图书馆年度总经费指数变化趋势

从增长速度来看，中山大学图书馆遥遥领先，增长量为 0.0873，电子科技大学图书馆以 0.0013 的增长量排名垫底，两者增长量差异巨大。中山大学图书馆、中国科学技术大学图书馆、四川大学图书馆、同济大学图书馆、华中科技大学图书馆、清华大学图书馆、上海交通大学图书馆、浙江大学图书馆、武汉大学图书馆、中山大学图书馆、北京大学图书馆等 11 家高校图书馆的增长量超过了 24 家高校图书馆的平均值，其余 13 家高校图书馆增长量低于平均值。图书馆年度总经费指数增长量如图 3-5 所示。

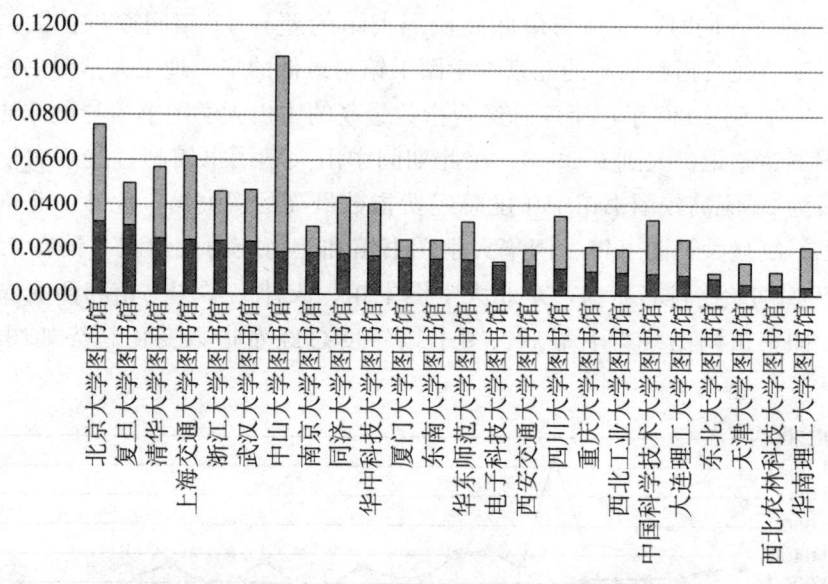

■ 2010年度总经费指数　　□ 2010—2020年增长量

图3-5　图书馆年度总经费指数增长量

从变化情况来看，中国科学技术大学图书馆、中山大学图书馆、四川大学图书馆、大连理工大学图书馆、华南理工大学图书馆排名提升超过了6位。其中，中国科学技术大学上升8位，由第19位上升为第11位；武汉大学图书馆、重庆大学图书馆、天津大学图书馆、西北农林科技大学图书馆等4家高校图书馆排名无变化，仍分列第6、17、22、23位；南京大学图书馆、电子科技大学图书馆和西安交通大学图书馆排名下降超过5位，其中电子科技大学图书馆由2010年的第14位下降到2020年的第21位。图书馆年度总经费指数排名变化情况如图3-6所示。

第3章 高校智慧图书馆发展水平评价

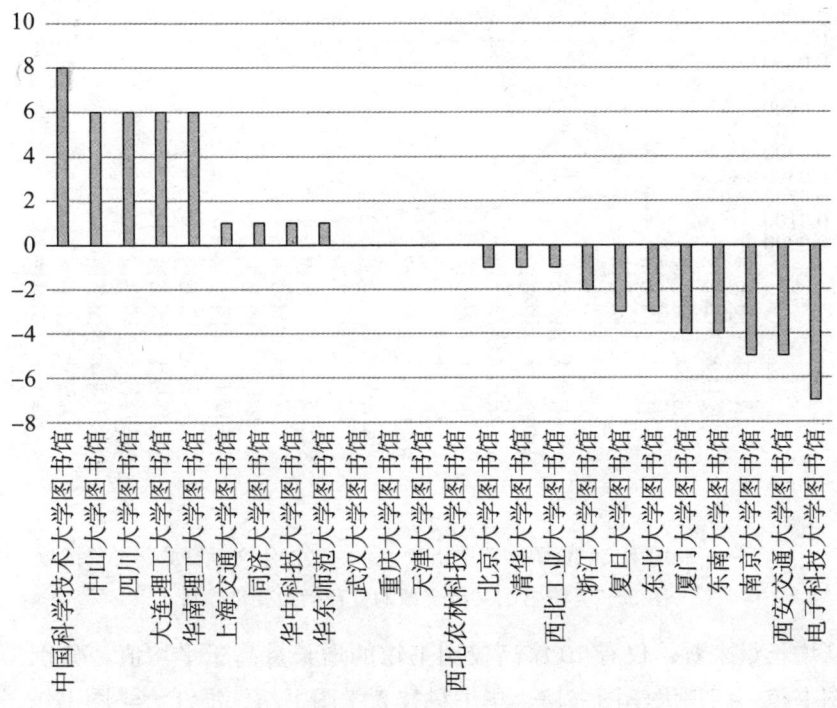

图 3-6 图书馆年度总经费指数排名变化情况

3.2.4.3 文献资源购置费

24家高校图书馆文献资源购置费指数总体呈上升趋势。2010年文献资源购置费指数高于0.02的高校图书馆仅有5家，分别为清华大学图书馆、复旦大学图书馆、北京大学图书馆、浙江大学图书馆、武汉大学图书馆和上海交通大学图书馆。而到了2020年，这一数字上升至19家，仅有5家高校图书馆文献资源购置费指数低于0.02，分别为东北大学图书馆、西北农林科技大学图书馆、电子科技大学图书馆、天津大学图书馆和西安交通大学图书馆。24家高校图书馆中，中山大学图书馆提升幅度最大，由2010年的0.0166提升至2020年的0.0868；东北大学图书馆提升幅度最低，由2010年的0.0083提升至2020年的0.0105，远低于24家高校图书馆提升幅度的平均值125.25%。图书馆文献资源购置费指数变化趋势如图3-7所示。

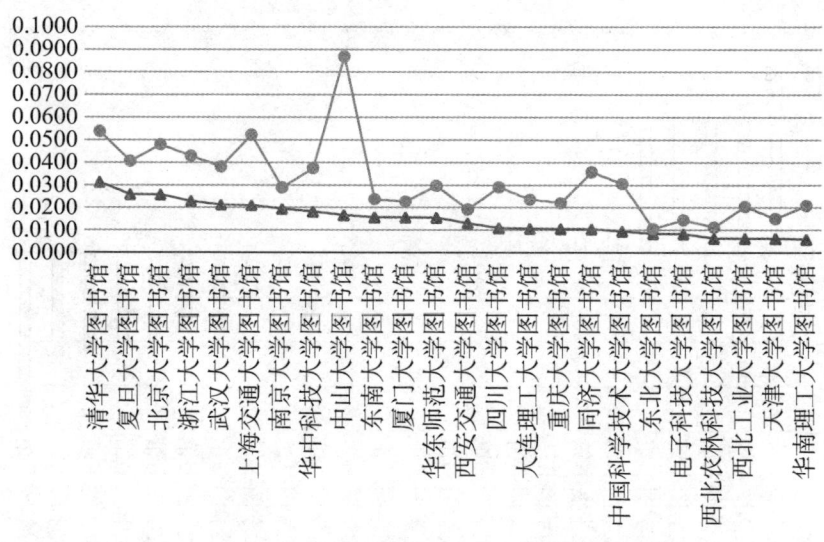

图3-7 图书馆文献资源购置费指数变化趋势

从增长量来看,仅有10家高校图书馆的增长量高于平均值,分别为武汉大学图书馆、四川大学图书馆、华中科技大学图书馆、浙江大学图书馆、中国科学技术大学图书馆、北京大学图书馆、清华大学图书馆、同济大学图书馆、上海交通大学图书馆、中山大学图书馆,而其余14家高校图书馆的文献资源购置费指数增长量均低于平均值。中山大学图书馆文献资源购置费指数增长量远高于其他高校图书馆,也拉高了24家高校图书馆的平均值。24家高校图书馆文献资源购置费指数中位数为0.0145,从图3-8可以看出,除去增长量排名第一的中山大学图书馆和排名后三位的东北大学图书馆、西北农林科技大学图书馆、西安交通大学图书馆,其余高校均集中分布在中位数附近,表明除去最优与较差的高校图书馆外,其余高校图书馆文献资源发展差异性较小。如前所述,文献资源是图书馆提供各项服务的基础所在,该项经费越少,图书馆能提供的服务也越少,从而会导致图书馆发展越差。图书馆文献资源购置费指数增长量如图3-8所示。

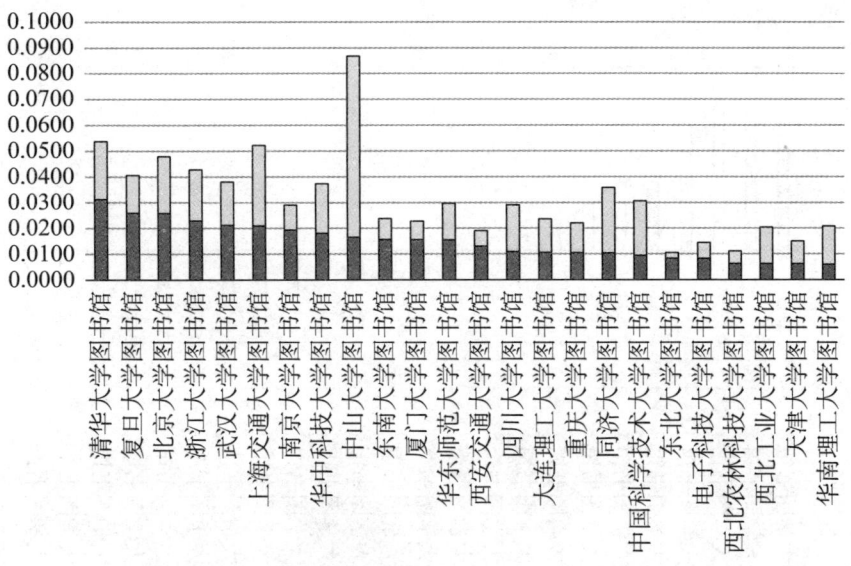

■2010年文献资源购置费指数　□2010—2020增长量

图3-8　图书馆文献资源购置费指数增长量

从排名变化情况来看，2010—2020年间，有9家高校图书馆文献资源购置费指数排名上升，表明该9家高校不断加大文献资源购置力度，其中中国科学技术大学图书馆、同济大学图书馆、中山大学图书馆排名均提升了8位，中山大学图书馆更是由2010年的第9位上升至2020年的第1位。华中科技大学图书馆、大连理工大学图书馆排名无变化，仍然保持第8位和第15位。有13家高校图书馆文献资源购置费指数排名下降，占24家高校图书馆的54.17%，即超过半数的高校图书馆排名下降，其中西安交通大学图书馆、南京大学图书馆、东北大学图书馆和厦门大学图书馆排名下跌超过5位。排名的变化表明，在文献资源购置方面投入力度方面，高校图书馆的重视程度还不够，虽然文献资源购置费在年度总经费中占比最重，但是作为图书馆提供各项服务的基础，各高校还应更加重视此部分投入。图书馆文献资源购置费指数排名变化情况如图3-9所示。

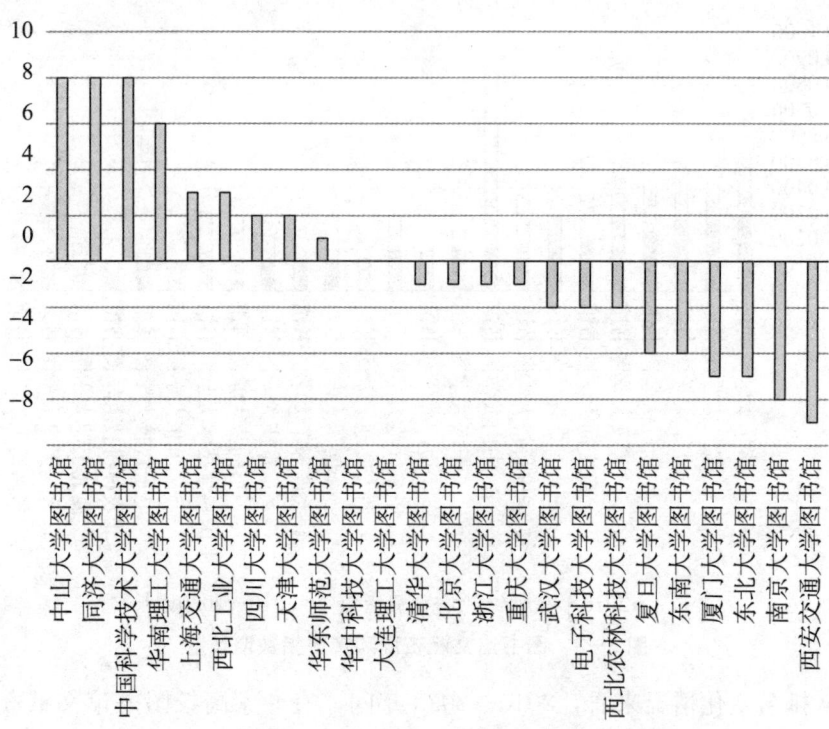

图 3-9 图书馆文献资源购置费指数排名变化情况

3.2.4.4 电子资源购置费

从变化趋势来看，2010—2020年，除东北大学图书馆外，各高校图书馆电子资源购置费指数均有显著提升，提升均值为0.0862。其中，上海交通大学图书馆提升幅度最大，由2010年的0.0625提升至2020年的0.2309，提升值为0.1684；东北大学图书馆提升幅度最低，由2010年的0.0168提升至2020年的0.0223，提升值为0.0055，远低于均值；上海交通大学图书馆提升值是东北大学图书馆的30倍。2010年电子资源购置费指数超过0.1的高校图书馆数量为0，而到了2020年，有14家高校图书馆超过了0.1，其中上海交通大学图书馆和清华大学图书馆超过了0.2，分别为0.2309和0.2168。2020年，电子资源购置费指数处于0.05~0.10区间的高校图书馆有8家；处于0~0.05区间的高校图书馆有2家，分别为东北大学图书馆和西北农林科技大学图书馆。由此可见，一方面，各个高校图书馆均加大了电子资源购置，电子资源购置费占文献资源购置费的比例不断提升，总体呈现显著上升趋势；另一方面，各高校图书馆差异较大，尤其是排名第1位的上海交通大学图书馆和排名最后的东北大学图书馆相差近30倍。图书馆电子资源购置费指数变化趋势如

图 3-10 所示。

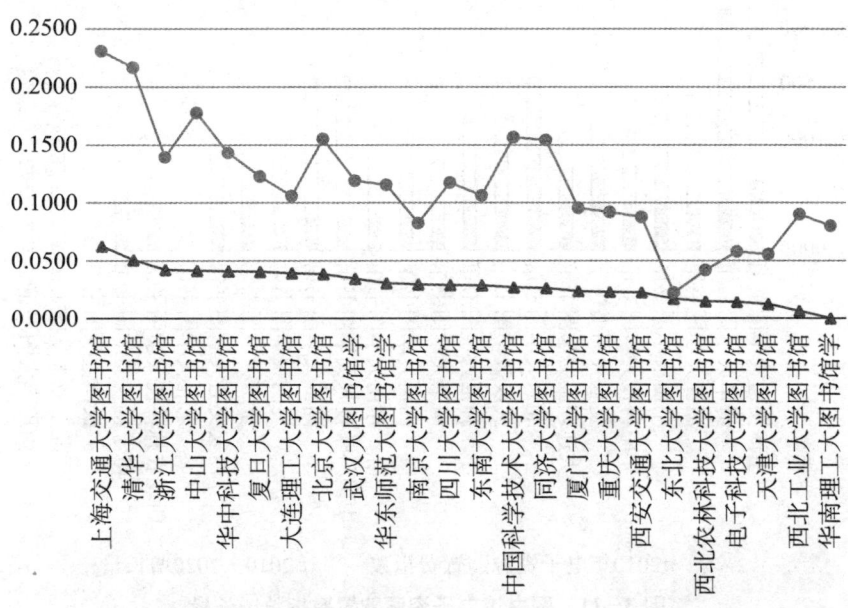

图 3-10　图书馆电子资源购置费指数变化趋势

从增长量来看，各高校图书馆电子资源购置费指数在 2010 年的基础上，均有较大幅度的提升，提升均值为 0.0862。有 9 家高校图书馆的提升值高于均值，分别为四川大学图书馆、浙江大学图书馆、华中科技大学图书馆、北京大学图书馆、同济大学图书馆、中国科学技术大学图书馆、中山大学图书馆、清华大学图书馆、上海交通大学图书馆。其余 15 家高校图书馆虽然未达到均值，但相较于 2010 年也有大幅度提升。24 家高校图书馆电子资源购置费指数增长量可划分为三个区间：一是 0~0.05 区间，共有 4 家高校图书馆；二是 0.05~0.10 区间，共有 13 家高校图书馆；三是 0.10 以上区间，共有 7 家高校图书馆。电子资源购置费指数增长量表明，高校图书馆为适应信息时代的发展，适应资源获取渠道的改变，适应高校师生阅读方式的改变，不断加大电子资源购置力度，文献资源购置费中相当一部分被用于购置电子资源，该行为导致的结果之一为纸质资源购置减少。图书馆电子资源购置费指数增长量如图 3-11 所示。

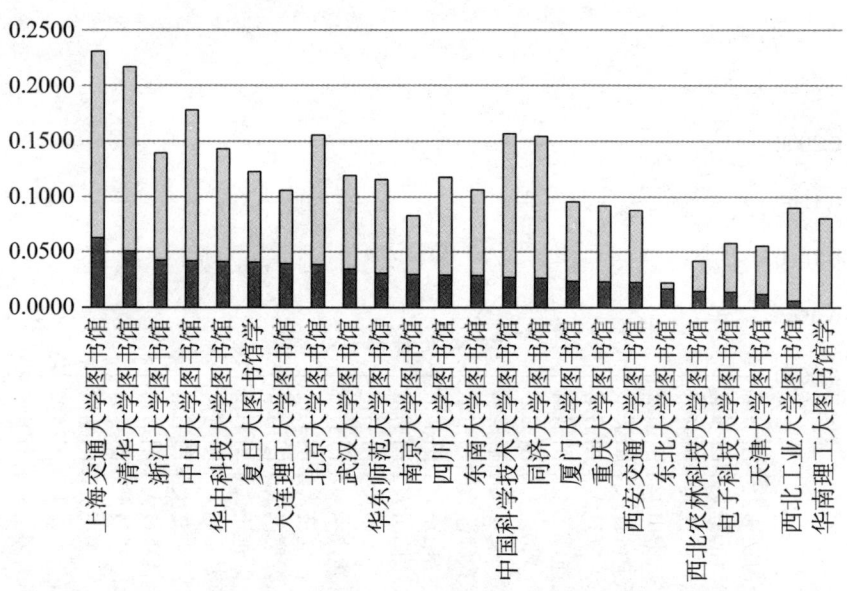

■2010年电子资源购置费指数　□2010—2020增长量

图3-11　图书馆电子资源购置费指数增长量

从排名变化情况来看，中国科学技术大学图书馆、同济大学图书馆、西北工业大学图书馆、华南理工大学图书馆、北京大学图书馆、重庆大学图书馆、厦门大学图书馆、四川大学图书馆、中山大学图书馆等9家高校图书馆排名上升，其中中国科学技术大学图书馆上升位次最高，由2010年的第14位上升至2020年的第4位。天津大学图书馆、电子科技大学图书馆、西安交通大学图书馆、东南大学图书馆、清华大学图书馆、上海交通大学图书馆排名无变化，其中上海交通大学图书馆和清华大学图书馆仍然分列第1、2位。结合年度总经费指数、文献资源购置费指数可知，清华大学图书馆的经费重点用于购置电子资源，因此其电子资源购置费指数均排名第2位。武汉大学图书馆、华东师范大学图书馆、华中科技大学图书馆、西北农林科技大学图书馆、复旦大学图书馆、东北大学图书馆、浙江大学图书馆、大连理工大学图书馆、南京大学图书馆等9家高校图书馆排名下降，其中南京大学图书馆由2010年的第11位下降至2020年的第19位。图书馆电子资源购置费指数排名变化情况如图3-12所示。

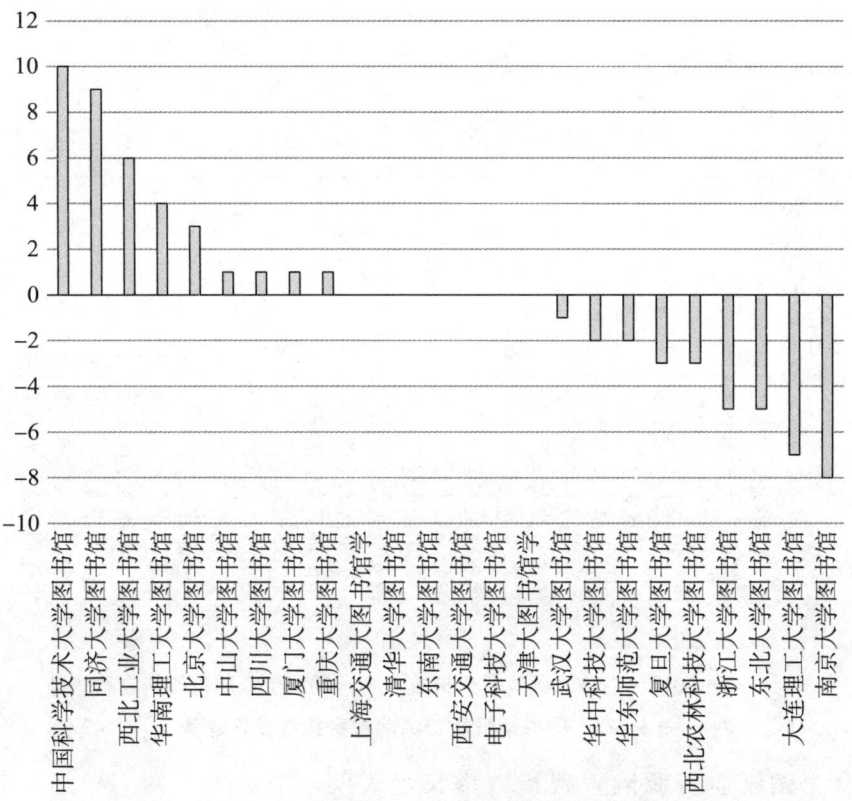

图 3-12 图书馆电子资源购置费指数排名变化情况

3.2.4.5 纸质资源购置费

高校图书馆纸质资源购置费指数呈现出与年度总经费指数、文献资源购置费指数、电子资源购置费指数截然不同的发展趋势。仅有中山大学图书馆纸质资源购置费指数大幅上升，其余 23 家高校图书馆中，12 家小幅上升，南京大学图书馆无变化，11 家呈现下降趋势。其中，清华大学图书馆下降幅度最大，由 2010 年的 0.0338 下降至 2020 年的 0.0168，与此相对应的是，图 3-11 显示清华大学图书馆电子资源购置费指数增长量排名第 2 位。对中山大学图书馆 2010—2020 年纸质资源购置费和电子资源购置费占文献资源购置费比例进行计算，结果表明，电子资源购置费占文献资源购置费比例整体呈减少趋势，由 2010 年的 51.14% 逐步减少至 2020 年的 38.6%，年均减少率为 1.2%；纸质资源购置费占文献资源购置费比例逐年上升，由 2010 年的 48.54% 逐步增加至 2020 年的 56.68%，年均增长率 2.29%。综上所述，除中山大学图书馆外，虽然各高校图书馆年度总经费和文献资源购置费不断增长，但增长的部分主要用于购置电子资源，纸质资源购置费用在原有基础上变化不大甚至有所缩减。图书馆纸质资源购置费指数变化趋势如图3-13所示。

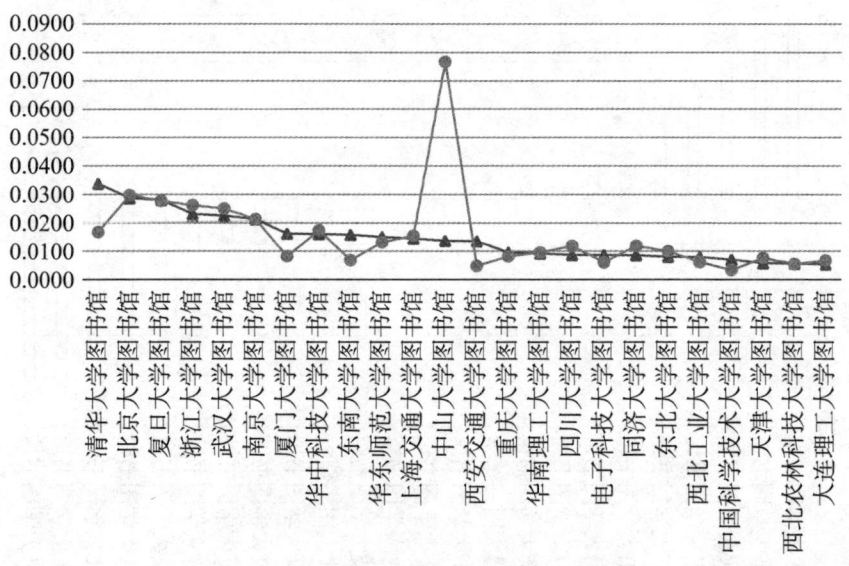

图3-13　图书馆纸质资源购置费指数变化趋势

图书馆纸质资源购置费指数增长量表明，中山大学图书馆增长量为0.0630，遥遥领先于其余23家高校图书馆。清华大学图书馆增长量为-0.017。究其原因，一方面是因为中山大学图书馆文献资源购置费总量较大，2020年为1.04亿元，而排名第2位的上海交通大学仅为6400万元；另一方面是因为中山大学图书馆分馆较多，需要购置大量的纸质文献，因此中山大学图书馆有购置纸质文献的需求，也有购置纸质文献的经费。图书馆纸质资源购置费指数增长量均值为0.0012，仅有8家高校图书馆增长量高于均值，分别为中山大学图书馆、同济大学图书馆、四川大学图书馆、浙江大学图书馆、武汉大学图书馆、东北大学图书馆、天津大学图书馆和大连理工大学图书馆。2010年以来，信息时代逐步向智慧时代转变，纸质资源的衰落成为必然趋势，而且这一趋势在未来一段时间内还将继续保持。图书馆纸质资源购置费指数增长量如图3-14所示。

第3章 高校智慧图书馆发展水平评价

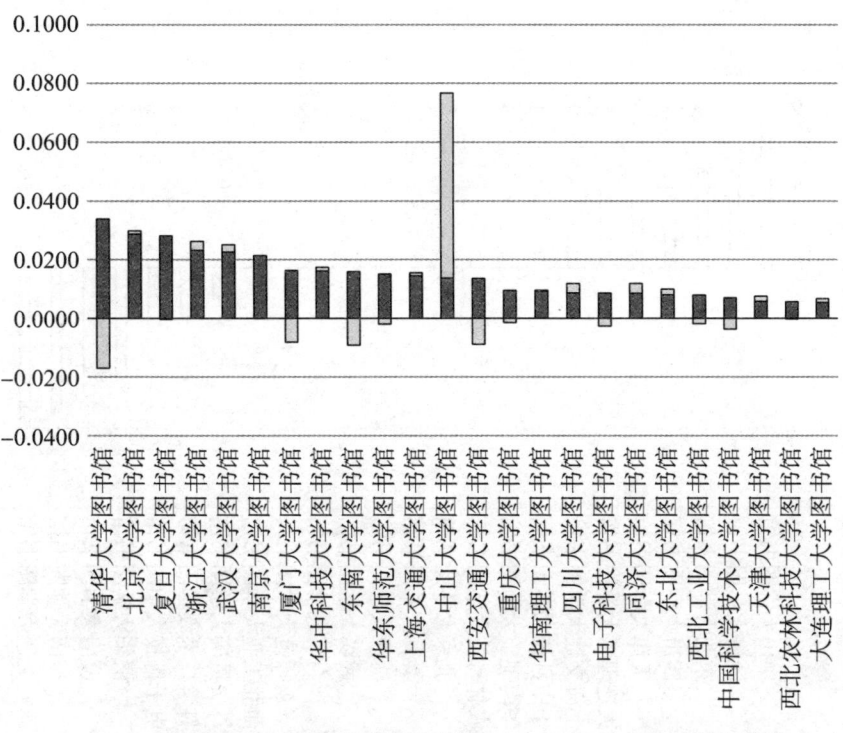

图3-14 图书馆纸质资源购置费指数增长量

从排名变化情况来看，中山大学图书馆纸质资源购置费指数排名上升了11位，由2010年的第12位上升为2020年的第1位，与图3-13、3-14的结果相符合。同济大学图书馆、东北大学图书馆、四川大学图书馆、天津大学图书馆的排名上升了5位及以上。浙江大学图书馆、武汉大学图书馆、北京大学图书馆、南京大学图书馆、复旦大学图书馆、西北工业大学图书馆、华东师范大学图书馆等7家图书馆排名无变化。清华大学图书馆、厦门大学图书馆、东南大学图书馆、西安交通大学图书馆排名下降超过5位，其中西安交通大学图书馆下降10位，由2010年的第13位下降为2020年的第23位。图书馆纸质资源购置费指数排名表明，排名不变和排名下降的图书馆占多数，结合电子资源购置费指数来看，各高校图书馆均加大电子资源的购置力度，以应对智慧时代的变化，在经费有限的情况下，不可避免地会导致纸质资源购置力度的减弱。图书馆纸质资源购置费指数排名变化情况如图3-15所示。

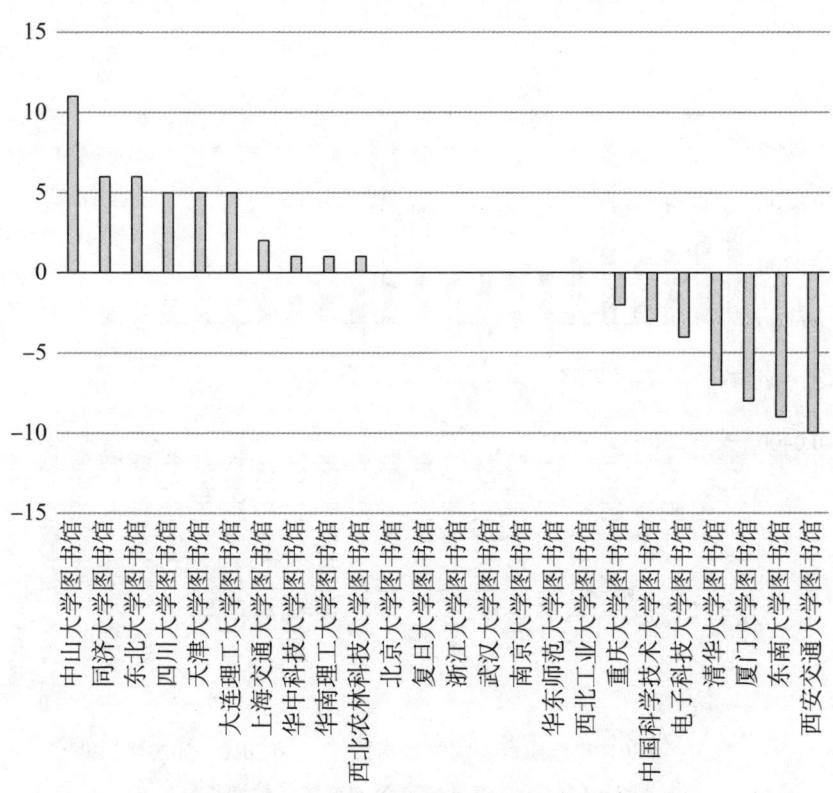

图 3-15　图书馆纸质资源购置费指数排名变化情况

3.2.4.6　在编职工人数

24 家高校图书馆中，天津大学图书馆的在编职工人数指数呈上升趋势，由 2010 年的 0.0172 上升至 2020 年的 0.0420，上升了 0.0247。同时结合历年数据来看，其余 23 家高校图书馆呈总体逐年下降趋势，其中武汉大学图书馆下降趋势最为显著，由 2010 年的 0.2025 下降至 2020 年的 0.1245。虽然武汉大学图书馆下降幅度最大，但其 2010 年和 2020 年在编职工人数指数均排名第一，表明其在编职工人数在 24 家高校图书馆中最多。24 家高校图书馆下降指数平均值为 -0.0226，其中有 14 家高校图书馆高于平均值，10 家高校图书馆低于平均值。由于历史原因，高校图书馆在编职工人数总体偏多，伴随着近年来自助借还、自助预约等智慧服务的兴起，以及藏借阅咨一体化服务的变革，图书馆对从事基础服务的人员需求进一步降低，因此各高校均呈现出退休人员多、新进人员少的局面，从而呈现出在编职工人数逐年减少的趋势。图书馆在编职工人数指数变化趋势如图 3-16 所示。

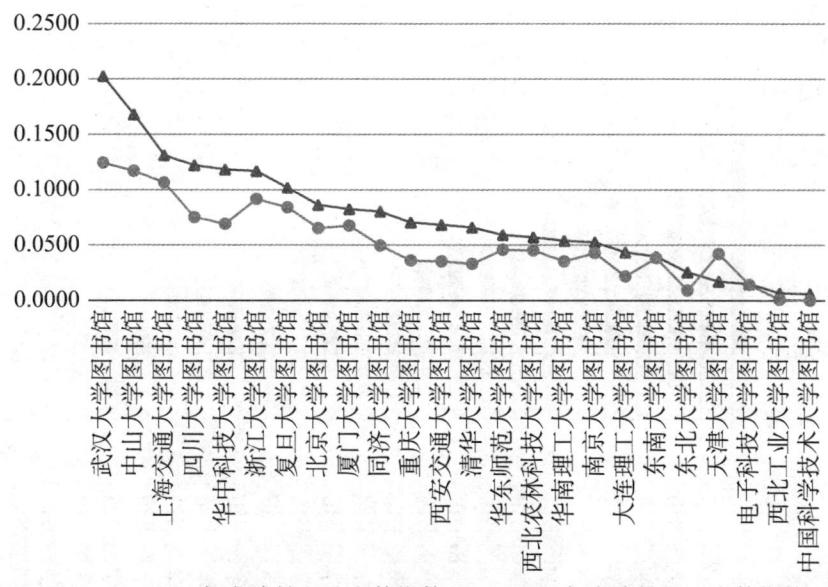

图 3-16 图书馆在编职工人数指数变化趋势

图书馆在编职工人数指数增长量与发展趋势保持一致，即仅有天津大学图书馆为正增长，其余高校图书馆均为负增长。有 10 家高校图书馆下降幅度超过了平均值，具体为上海交通大学图书馆、浙江大学图书馆、同济大学图书馆、西安交通大学图书馆、清华大学图书馆、重庆大学图书馆、四川大学图书馆、华中科技大学图书馆、中山大学图书馆、武汉大学图书馆。其中，中山大学图书馆和武汉大学图书馆在编职工人数指数在 2010 年和 2020 年均分别排名第 2 位和第 1 位，表明中山大学图书馆和武汉大学图书馆在编职工人数基数大，虽然 2010—2020 年间减少量很大，但人数仍然较多。天津大学图书馆作为唯一正增长的图书馆，具体原因不得而知，但工作人员的增加一般与工作量挂钩，故可推测为其因修建分馆、整合部门、打造智慧图书馆等过程中工作量不断增加，从而对馆员的需求量不断增加。图书馆在编职工人数指数增长量如图 3-17 所示。

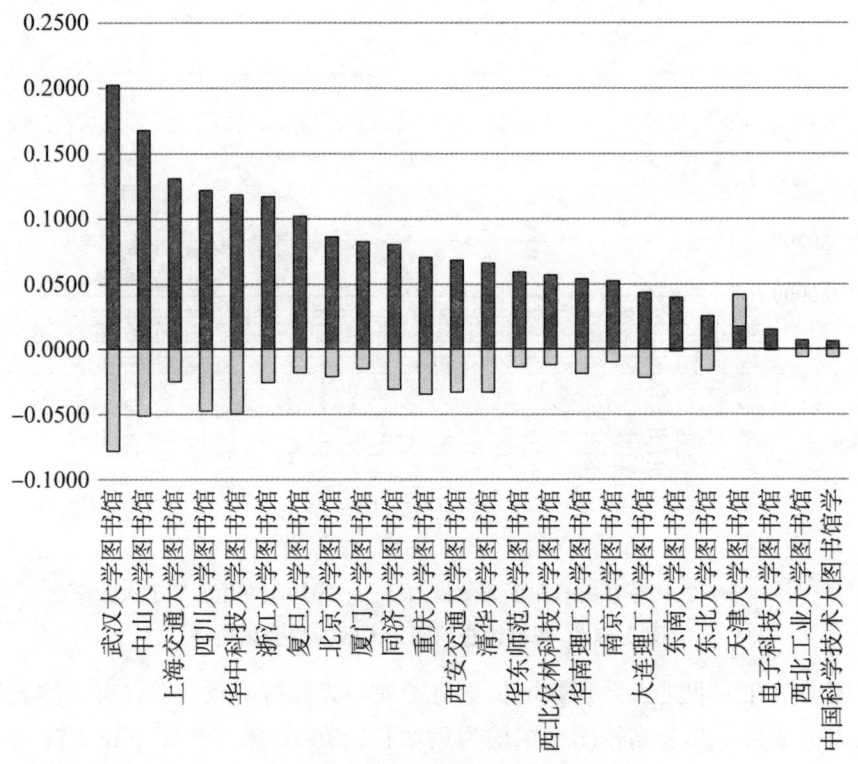

■2010年在编教职工人数指数　□2010—2020增长量

图 3-17　图书馆在编职工人数指数增长量

　　24家高校图书馆根据在编职工人数指数排名变化可划分为三个区间：一是排名上升区间，共有9家，具体为天津大学图书馆、东南大学图书馆、南京大学图书馆、西北农林科技大学图书馆、华东师范大学图书馆、复旦大学图书馆、浙江大学图书馆、电子科技大学图书馆、厦门大学图书馆，除天津大学图书馆人数为正增长外，其余高校图书馆均为负增长，排名上升表明其人数减少速度低于其他图书馆。二是排名无变化区间，共有6家，具体为西北工业大学图书馆、中国科学技术大学图书馆、上海交通大学图书馆、同济大学图书馆、中山大学图书馆、武汉大学图书馆。三是排名下降区间，共有9家，具体为华南理工大学图书馆、北京大学图书馆、东北大学图书馆、大连理工大学图书馆、四川大学图书馆、华中科技大学图书馆、重庆大学图书馆、西安交通大学图书馆、清华大学图书馆。图书馆在编职工人数指数排名变化情况如图3-18所示。

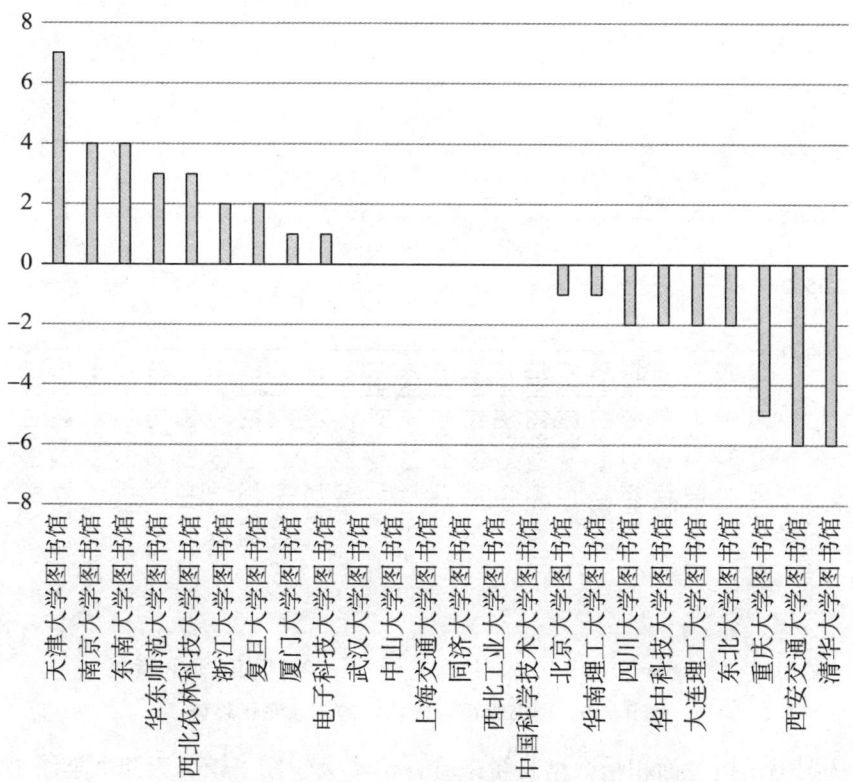

图 3—18　图书馆在编职工人数指数排名变化情况

3.2.4.7　馆舍面积

24家高校图书馆中，有18家馆舍面积指数呈上升趋势，其中清华大学图书馆、天津大学图书馆、东北大学图书馆提升幅度分列前三；西北农林科技大学图书馆、南京大学图书馆、电子科技大学图书馆提升幅度为0，表明该3家高校图书馆2010—2020年馆舍面积无变化；重庆大学图书馆、上海交通大学图书馆、大连理工大学图书馆为负增长。2010年以来，随着办学规模的扩大，大部分高校图书馆不断新建分馆，尤其是经费充足的高校，馆舍面积不断扩大，同时不断打造智慧空间、引入智慧设施，因此图书馆服务空间不断增加，文献资源购置经费持续上升，虽然在编职工人员不断减少，但图书馆事业仍然保持较好的发展水平，为高校"双一流"建设提供了文献保障与服务保障。图书馆馆舍面积指数排名变化趋势如图3—19所示。

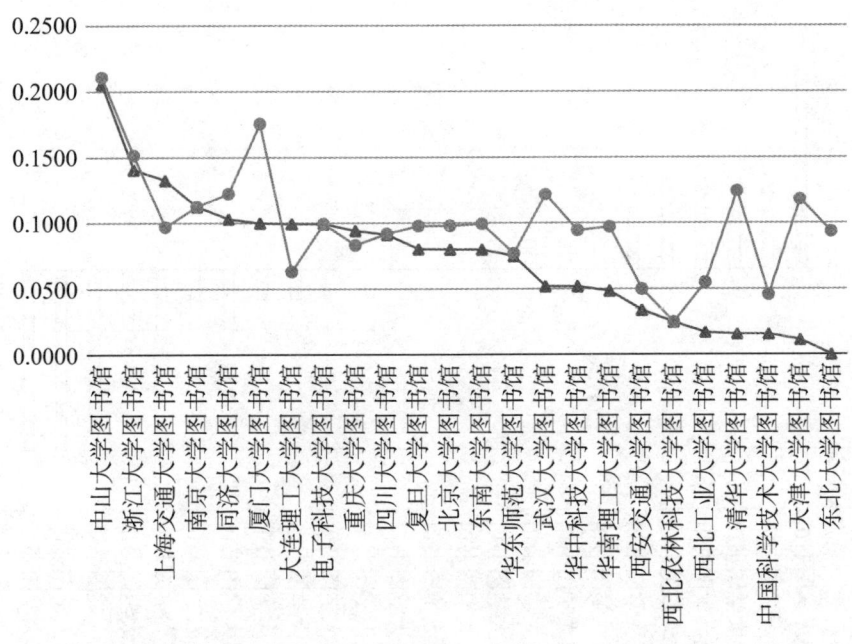

图 3-19　图书馆馆舍面积指数排名变化趋势

从图书馆馆舍面积指数增长量来看，清华大学图书馆、天津大学图书馆和东北大学图书馆馆舍面积增长量排名前三。清华大学图书馆 2011 年新建文科图书馆，2016 年新建北馆，2019 年新建法律图书馆，11 年间新建 3 座图书馆，新增馆舍面积 50825 平方米；天津大学图书馆 2015 年新建北洋园校区图书馆，新增馆舍面积 43000 平方米，该图书馆馆舍环境、设备设施、管理与服务技术均按照现代化构建，有效提升了图书馆服务；东北大学图书馆 2016 年新建浑南校区图书馆，新增馆舍面积 43700 平方米，有效扩大了服务空间。24 家高校图书馆馆舍面积指数增长均值为 0.0226，共有 9 家高于均值，分别为清华大学图书馆、天津大学图书馆、东北大学图书馆、厦门大学图书馆、武汉大学图书馆、华南理工大学图书馆、华中科技大学图书馆、西北工业大学图书馆、中国科学技术大学图书馆。查询各高校图书馆网站可以看出，不少高校图书馆不断修建新馆，或者维修改造现有馆舍，改变原有的空间布局以及服务模式，力争在高校"双一流"建设进程中充分贡献图书馆力量。图书馆馆舍面积指数增长量如图 3-20 所示。

第 3 章 高校智慧图书馆发展水平评价

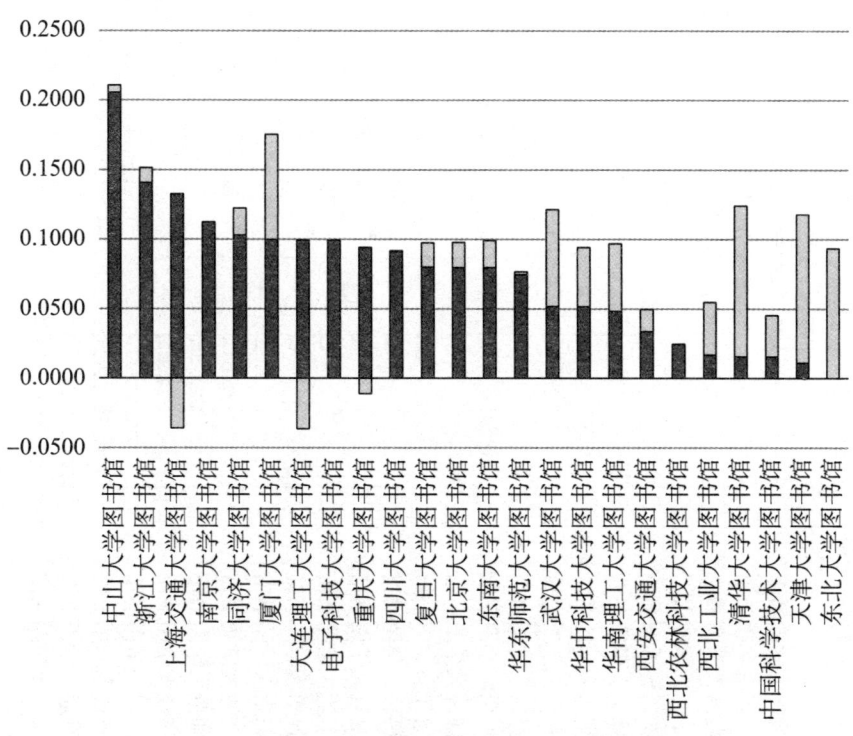

图 3-20 图书馆馆舍面积指数增长量

有 9 家高校图书馆馆舍面积指数排名上升，具体为清华大学图书馆、天津大学图书馆、武汉大学图书馆、东北大学图书馆、厦门大学图书馆、华南理工大学图书馆、东南大学图书馆、华中科技大学图书馆、北京大学图书馆。其中清华大学图书馆上升 17 位，由 2010 年的第 21 位上升至 2020 年的第 4 位；天津大学图书馆上升 6 位，由 2010 年的第 23 位上升至 2020 年的第 7 位。同济大学图书馆和中山大学图书馆排名无变化，分别保持第 5 位和第 1 位，两家高校图书馆 2010 年以来通过增加新馆、扩建馆舍等措施不断增加馆舍面积，因此虽然增加量绝对值不高，但排名仍然靠前，尤其是中山大学图书馆，2020 年馆舍面积为 119030 平方米，远高于其他图书馆。有 13 家高校图书馆排名下降，表明该 13 家高校图书馆 2010 年后新建馆舍面积较少，其中重庆大学图书馆、上海交通大学图书馆、大连理工大学图书馆排名下降幅度最大，分别下降了 9、11、13 位。图书馆馆舍面积指数排名变化情况如图 3-21 所示。

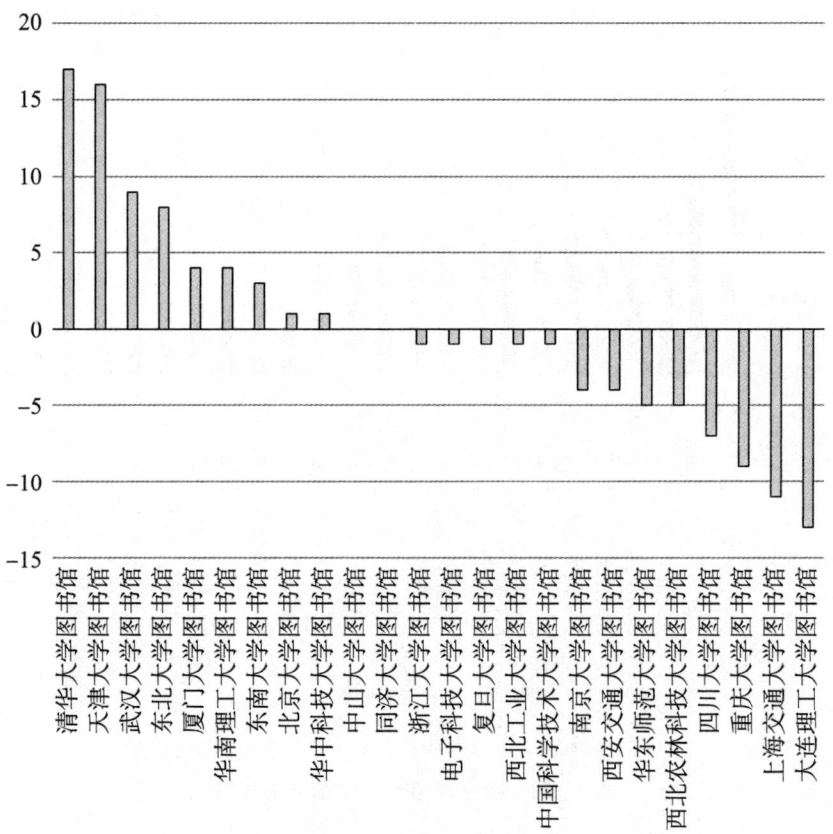

图 3-21 图书馆馆舍面积指数排名变化情况

第 4 章　高校智慧图书馆发展趋势质性研究

4.1　研究工具

　　本小节基于扎根理论，采用质性研究方法，选取 NVivo 作为研究工具。NVivo 由美国 QSR 公司开发，包括 NVivo 教育版（涵盖基本的分析功能）、NVivo 政府版（侧重于政府计划、社区和政策）、NVivo 非营利组织版（侧重于非营利计划和倡议）、NVivo 商业版（侧重于客户和员工相关）、NVivo 健康版（侧重于公民健康）。本研究侧重于高校图书馆事业发展，因此选取 NVivo 12.0 教育版（试用版）作为研究工具。

　　NVivo 是目前应用广泛的质性分析软件，其分析运行的方法论框架基础是扎根理论，具体分析包括三个步骤：首先是导入文本、音频、视频、电子邮件、图像、电子表格、在线调查、网络内容等原始材料；其次是软件自动生成词频表、词云图、聚类图等，进行可视化分析；最后是对原始材料进行自动编码或人工编码，找出文本间潜在的联系。

4.2　数据来源

　　2021 年，教育部高等学校图书情报工作指导委员会开展了"馆长采访大学书记/校长"活动，在北京大学图书馆馆长率先采访北京大学校长后，各高校深受启发，馆长们针对新时期高校图书馆建设新理念、新方向、新措施、新平台，纷纷对大学书记或校长展开了访谈，为推动新征程上高校图书馆的高质量发展，进一步提升高校图书馆的现代化水平，发挥了积极作用。部分采访记录在《大学图书馆学报》开设的专栏《馆长采访大学书记/校长》中发表，部分采访记录被《人民日报》新媒体转载，产生了积极的影响。本书选取教育部高等学校图书情报工作指导委员会官方网站发布的具有代表性的12篇访谈记录作为研究材料，具体情况见表4-1。

表4-1 "馆长采访大学书记/校长"样本汇总表

样本编号	高校	校长/书记	访谈主题
1	上海交通大学	校长	图书馆要充分做好自己的主责主业
2	上海外国语大学	校长	图书馆空间和"多语种+"资源都是大学的珍贵家底
3	上海师范大学	校长	师范大学图书馆是培养"师者"的阶梯
4	北京大学	校长	图书馆是大学的心脏
5	北京联合大学	书记	践行立德树人责任，以文化人，服务育人
6	四川大学	校长	图书馆是大学"四馆"的核心
7	山东师范大学	校长	图书馆是大学立德树人的"磁场"
8	广东海洋大学	书记	图书馆要牢牢把握立德树人之魂、书香文化之本
9	江西财经大学	校长	图书馆的守正与创新
10	沈阳航空航天大学	校长	高校图书馆的转型和发展
11	湖南师范大学	书记	大学图书馆是师生共同的精神家园
12	陕西科技大学	校长	图书馆是文化自信推进器、书香校园的引领者

12所高校地区分布情况如下：东北地区1所，为沈阳航空航天大学；北京2所，为北京大学和北京联合大学；东部地区6所，为广东海洋大学、江西财经大学、山东师范大学、上海交通大学、上海师范大学、上海外国语大学；中部地区1所，为湖南师范大学；西部地区2所，为陕西科技大学和四川大学。

4.3 研究结果

4.3.1 高频词

4.3.1.1 高频词词频分析

词频是指某一特定词汇在访谈文本中出现的频数，本研究将文本导入

NVivo 进行词频分析，获得了词汇长度为 2、3 的词语的词频，我们通过人工标注的方式，依次将与研究相关度不高的高频词，如"2020""WiFi""APP"等列入"停用词"，其余与研究密切相关的词语则进入分析流程。排名前 100 的高频词列表见表 4-2。

表 4-2 排名前 100 的高频词列表

排序	关键词	词频	排序	关键词	词频	排序	关键词	词频
1	文化	275	35	我校	60	69	希望	41
2	服务	271	36	一流	59	70	素养	41
3	大学	259	37	成为	58	71	读者	41
4	发展	253	38	专业	55	72	具有	40
5	建设	242	39	功能	55	73	活动	40
6	学校	235	40	人才	54	74	实现	39
7	资源	232	41	充分	54	75	支撑	39
8	工作	168	42	提升	54	76	非常	39
9	信息	138	43	开展	53	77	国别	38
10	校长	121	44	一个	52	78	支持	38
11	文献	118	45	书记	52	79	改造	38
12	教育	114	46	时代	52	80	未来	38
13	重要	111	47	馆藏	52	81	不断	37
14	高校	111	48	推进	51	82	图书	37
15	馆长	108	49	需要	51	83	中国	36
16	学生	102	50	中心	50	84	丰富	36
17	师生	102	51	国家	50	85	上海	35
18	研究	98	52	需求	50	86	体系	35
19	空间	98	53	校园	49	87	红色	35
20	方面	95	54	环境	48	88	能够	34
21	学习	93	55	进行	48	89	航空	34
22	学科	92	56	数据	47	90	传承	33
23	阅读	89	57	智慧	47	91	古籍	33
24	教学	87	58	传统	46	92	提出	33

续表4-2

排序	关键词	词频	排序	关键词	词频	排序	关键词	词频
25	作用	84	59	区域	46	93	历史	32
26	创新	81	60	学术	46	94	思想	32
27	特色	81	61	水平	46	95	目标	32
28	发挥	80	62	质量	46	96	体现	31
29	科研	76	63	积极	45	97	加强	31
30	培养	74	64	能力	45	98	努力	31
31	知识	74	65	精神	44	99	地方	31
32	提供	73	66	技术	43	100	数字	31
33	社会	65	67	采访	43			
34	经典	63	68	保障	42			

为进一步直观地展现高频词分布情况，本研究利用 NVivo 绘制出高频词词云图，其中词云图的词语字号越大，表明出现的频次越多，该词语越重要，如图4-1所示。

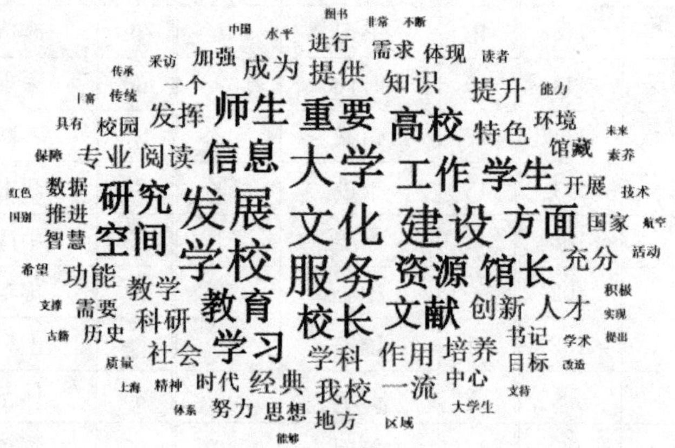

图 4-1 高频词词云图

结合表 4-2、图 4-1，本研究根据词频将高频词划分为 4 个集合，词频分别为 31~50 次、51~100 次、100~200 次和 200 次以上，4 个集合的词语数量分别为 51 个、32 个、10 个和 7 个，占比分别为 51%、32%、10% 和 7%。因此，本研究将词频 31~50 次的 51 个词语定为低高频词，词频 51~100 次的 32 个词语定为中高频词，词频 100~200 次的 10 个词语定为高高频词，词频

200次以上的7个词语定为超高频词。

1. 低高频词

低高频词词频为31~50次，共有51个，51个词语的词频共计2022次，占全部高频词7197次词频的28.1%，词均词频39.65次。去除"具有""进行""提出"等不具备分析意义的词语后，低高频词可主要划分为三个类别。一是文献资源建设与保障类，包括"质量""采访""保障""红色""古籍""图书""支撑""支持"等词语；二是智慧图书馆建设类，包括"数字""数据""智慧""未来""技术"等词语；三是图书馆教育职能的实现类，包括"校园""环境""活动""学术""素养""读者"等词语。

2. 中高频词

中高频词词频为51~100次，共有32个，32个词语的词频共计2215次，占全部高频词7197次词频的30.78%，词均词频68.22次。去除"一个""充分""成为"等不具备分析意义的词语后，可划分为两个类别。一是人才培养类，包括"人才""培养""学习""教学""研究""科研""专业""学科""阅读""知识"等词语；二是图书馆软硬件建设类，包括"空间""特色""创新""提升""馆藏""功能"等词语。

3. 高高频词

高高频词词频为100~200次，共有10个，10个词语的词频共计1193次，占全部高频词7197次词频的16.58%，词均词频119.3次。去除不具备分析意义的"重要"后，剩余9个词语可划分为三个类别。一是图书馆管理者与用户类，包括"学生""师生""馆长""校长"；二是文献资源建设类，包括"信息""文献"；三是图书馆职能与工作类，包括"高校""工作""教育"。

4. 超高频词

超高频词词频为200次以上，共有7个，7个词语的词频共计1767次，占全部高频词7197次词频的24.55%，词均词频252.43次。"大学"和"学校"为同一集合；余下5个词语分别代表某一方面，具体为"文化""服务""发展""建设"和"资源"。

4.3.1.2 高频词聚类分析

对高频词进行聚类分析，可知各大学书记/校长在采访中，一方面关注高校图书馆自身的发展，如图书馆的发展趋势、图书馆服务内容与方式的转变、图书馆文献资源建设与保障、图书馆软硬件环境建设；另一方面关注图书馆在高校教育事业发展中发挥的作用，如图书馆教育职能的发挥、图书馆在高校人才培养中作用的发挥等。

1. 图书馆的发展趋势

智慧时代背景下，各大学书记/校长对图书馆未来的发展趋势进行了探讨，部分访谈内容见表4-3。

表4-3 图书馆的发展趋势

高校	访谈内容
上海师范大学	将"信息化""国际化"上升为图书馆的发展战略，以"互联网+"理念，将服务深入教学科研一线。
江西财经大学	提升现代信息技术支撑作用，引领学校的信息化建设；在新文科背景下，图书馆在信息化建设方面将有大的变革。
陕西科技大学	信息社会要有信息社会的样子，快速、便捷、自助及资源丰富是基本要求。要加快推进智慧图书馆建设。智慧图书馆的智慧要体现在能够及时满足不同师生群体个性需求方面，以及通过挖掘图书馆数据合理建设自身馆藏资源方面。
上海外国语大学	充分利用现代技术手段，营造功能完备、环境温馨，集空间、资源与服务为一体的智慧型学习环境，从而支持学生多元化的学习方式，促进学生的协作式学习及卓越发展。
四川大学	实现从传统图书馆向智慧图书馆的转变，图书馆借助新技术、新载体来提高图书馆的智慧化水平，为师生提供不间断、不受空间限制的知识和信息服务，提供更加多样化的服务体验和个性化的定制服务。

2. 图书馆服务内容与方式的转变

传统图书馆的服务内容与方式已不能适应智慧图书馆发展的需要，因此，各大学书记/校长纷纷出谋划策，提出了转变的途径，部分访谈内容见表4-4。

表 4-4　图书馆服务内容与方式的转变

高校	访谈内容
江西财经大学	图书馆应对资源建设、学科服务、教学辅助、科研支撑、学习空间、科创空间等图书馆职能进行重新改造，对情报服务、个性化服务、数据服务、决策辅助、评估辅助等图书馆全新职能进行精准创建。图书馆要改变传统的信息观、技术观、资源观、思维观，拓展图书馆的内涵和外延，呈现图书馆全新的思维模式。
北京联合大学	读者对图书馆服务的需求日益多元化，对图书馆空间育人服务的数字化、智能化、个性化、人文化需求与日俱增。
陕西科技大学	智慧图书馆的智慧要体现在能够及时满足不同师生群体个性需求方面，以及通过挖掘图书馆数据合理建设自身馆藏资源方面。
上海交通大学	随着网络化、数字化技术的发展，图书馆的功能更为强大，利用图书馆的方式也更加不一样了。图书馆在努力改进服务、提高服务质量的同时，要在图情学科领域进行深入研究，对图书馆发展中碰到的问题进行系统的、深入的思考。
上海外国语大学	高等教育正在发生巨大的变化，为科学研究提供必要的基于新技术、大数据、人工智能等形式的数据服务，已经成为国内外研究型图书馆的重要职能。
四川大学	不论是图书借阅还是文献检索都已经从过去的人工方式转变到现在的信息化和智能化。随着互联网的发展，我们可以预见在线教育或者混合式教育已经成为未来教育发展的重要趋势之一，图书馆的服务方式、功能定位等也会随之受到影响，甚至受到巨大的冲击，因此必须具有新的服务能力。

3. 图书馆文献资源建设与保障

文献资源包括纸质资源和电子资源，是图书馆存在的基石，因此，各大学书记/校长高度重视文献资源建设与保障，部分访谈内容见表 4-5。

表 4-5　图书馆文献资源建设与保障

高校	访谈内容
北京联合大学	图书馆要密切关注学校的学科专业调整和学科交叉融合，强化图书资源需求分析，建立学科专业调整与图书资源更新联动机制，加大数字资源建设，适时调整馆藏发展政策，以重点学科和专业建设中的资源保障为核心，不断完善文献保障体系。

续表4-5

高校	访谈内容
北京大学	文献信息资源是图书馆的核心和基石。图书馆要持续丰富文献资源的种类和结构，提供更加全面的、适配更多学科和跨学科研究的文献资源，方便师生及时把握科研前沿动态，为产生更多高水平成果和引领性思想打好基础。通过建立元数据标准，文献数字化管理、数据仓储与长期保存系统，网络信息平台等方式，最大限度地促进资源整合、服务联动。
江西财经大学	图书馆作为支撑机构要提前做好谋划，与教务部门配合摸清全校课程所需的教材教参，尽快实现更多教学资源的数字化，还可以整合全国高校的优质课程资源，最大可能地满足学校在线教学需要，切实保障教学安排。
沈阳航空航天大学	文献资源的收集、整理和利用是高校图书馆最重要的职能之一。高校图书馆要果断抛弃"以书为本、重藏轻用"的老一套做法，要更新思维，调整方向，创新服务，转型发展，做到"以人为本、读者至上"，变重"藏"为重"用"，不断创新文献存储、文献传递、知识传播方式，提高资源使用效率，全心全意为广大师生提供富有特色的个性化服务，为读者奉上最新最优的信息资源。
四川大学	图书馆是保障教学科研的重要文献资源中心。学校图书馆收藏了大量新中国成立以前的中外文图书和报刊，尤其是抗战时期和四川地区早期的出版物以及大量有关巴蜀文化和红色文化的特色资源。这些特色资源是四川大学悠久历史、深厚底蕴和光荣传统的重要体现。

4. 图书馆智慧环境建设

智慧环境是智慧图书馆的载体，各大学书记/校长对图书馆智慧环境建设的部分访谈内容如表4-6所示。

表4-6 图书馆智慧环境建设

高校	访谈内容
上海外国语大学	全新打造一个集阅读学习、文化展示与数字体验为一体的多功能融合空间，未来图书馆的空间设计思路，是"一体化通透"，在设计时特别要重视结构一体化，提倡轻装修，利用家具和书架的设计感，以及重点图书的配套营造学习氛围。增加学生急需和期待的多种功能空间，优化目前的学习空间布局，使图书馆的学习环境及面貌进一步提升。

续表4-6

高校	访谈内容
上海交通大学	图书馆更重要的还是发挥最基本的功能。图书馆要充分应用自己的专业能力，发挥图书馆馆员的专业优势，在资源保障、图书借阅、空间设施等方面做好服务，发挥图书馆的主职功能，提供师生在图书馆长时间学习的条件。
四川大学	实现从单一阅读场所向多元文化载体的转变。图书馆不应该仅仅是简单的阅览室、自习室，而是集学习空间、交流空间、创意空间、展示空间等多种功能于一体的综合服务体，是一个多元化的文化体验空间，是一个能够让师生一走进去就可以感受到充满一种文化仪式感的知识高地和学术殿堂。
广东海洋大学	从内部想方设法提高空间利用率，利用新的科技进行革新，如建设密集架库房以扩展学习空间，利用新科技，包括电子图书、智慧图书馆建设等，把限制性因素降到最低。
湖南师范大学	在内部空间设计上，我们改变传统"自习室""阅览室"的布局，设置现代化的智慧阅览室、报告厅、数字平台等，最大限度地优化升级图书馆功能，逐步把图书馆打造成为多功能、多空间、多特色的集成建筑体。

5. 图书馆教育职能的发挥

教育职能是高校图书馆的核心职能，各大学书记/校长对图书馆教育职能的部分访谈内容如表4-7所示。

表4-7 图书馆教育职能的发挥

高校	访谈内容
北京联合大学	学校对大学生进行专业教育的同时，图书馆要在培养学生完整的人格、净化学生的心灵、修养学生的品行、锻炼学生对事物进行批判的能力方面发挥以文化人、以文育人的功能。
山东师范大学	图书馆育人工作是学校育人工作的重要组成，育人文化是校园文化的重要内容，应与学校育人格局同频共振、相得益彰。以全面落实"三全"服务育人为主线带动图书馆各项工作，发挥图书馆是大学服务育人重要阵地的作用，使图书馆成为大学立德树人的"磁场"，促进图书馆和学校事业共同发展。
广东海洋大学	要把立足立德树人作为图书馆建设的根本目标，目标导向一定是育人的，即培养德智体美劳全面发展的社会主义建设者和接班人。

续表4-7

高校	访谈内容
沈阳航空航天大学	图书馆的文化建设作为整个校园文化建设体系的一个重要组成部分,不仅收藏了大量的古今中外的精品图书,还通过文化知识的传播,推动着社会文化的进步。它既能够引导大学生树立正确的世界观、人生观和价值观,潜移默化地影响大学生的思想和行为,也能够激励大学生拼搏进取、奋发向上。
湖南师范大学	图书馆应根据新时代青年学生特征,结合中华传统文化、湖湘文化和学校文化,制定主题鲜明而又符合读者群体需求的宣传方案,运用新媒体技术打造传统文化的宣传阵地,努力营造浓厚的中华传统文化氛围,让读者在潜移默化中接受熏陶。

6. 图书馆在高校人才培养中作用的发挥

人才培养是高校四大职能之一,图书馆只有深度融入高校人才培养工作,才能取得更进一步发展,各大学书记/校长对图书馆在高校人才培养中作用的发挥的部分访谈内容见表4-8。

表4-8 图书馆在高校人才培养中作用的发挥

高校	访谈内容
北京联合大学	高校是人才培养的重要基地,肩负着培养德智体美劳全面发展的社会主义建设者和接班人的重任。高校图书馆作为高校办学三大支柱之一,要积极配合和支持学校完成"坚持以本为本,建设高质量本科教育"的任务,在强化适应型专业体系建设、加快推进学分制改革、深入推进多样化人才培养模式改革中发挥好第二课堂的作用。
上海师范大学	学校正在努力构建新时代师范类高校的科学办学体系,创新新时代师范生人才培养体系,在这个体系建构过程中,图书馆应是重要的参与者。
四川大学	要以坚持立德树人为引领,着力推进书香校园建设发展。充分发挥大学生人文素养培养基地的作用,大力开展"四季书香"阅读推广活动,真正使四川大学培养的学生都朝气蓬勃、才华横溢,都有一种文化人的修养和气质。
江西财经大学	图书馆是学校的文献信息中心,是大学生信息素养教育的重要基地,应充分发挥在信息方面的优势,积极发挥导航作用,推进信息素养教育。信息素养教育要以培养分析力、学习力和解决力为先导,动态选择教学内容,适应新时代的信息能力需求。

续表4-8

高校	访谈内容
陕西科技大学	大学的人才培养有三大基本功能——知识传授、能力培养、素质养成。图书馆要围绕这些育人功能开展工作,扩大学生知识面、知识量,涵养学生素养,培养学生的文化自信、爱国情怀、社会责任感、创新精神和实践能力,促进青年学生全面发展。

4.3.2 节点编码及分析

4.3.2.1 初始编码

词云图和矩阵树状结构图能够直观地反映高频词的分布情况,但不能对高频词进行聚类分析。因此,本研究运用NVivo节点分析功能进行编码,对核心要素(父节点),以及其下属的核心观点(子节点)进行聚类。利用软件的自动编码功能进行初始编码,产生16个次级节点、1328个初级节点和9296个参考点,如表4-9所示。

表4-9 初始编码各节点及参考点数量

次级节点	初级节点数	参考点数
信息	63	550
发展	90	593
图书馆	200	1196
大学	76	402
学校	65	430
学科	47	355
工作	69	393
建设	81	675
教学	48	286
教育	67	426
文化	125	918
文献	61	509
服务	129	984

续表4-9

次级节点	初级节点数	参考点数
科研	48	288
空间	45	305
资源	113	986

表4-9表明,初始编码的节点主要分布在两个方面:一是有关图书馆自身发展的实词,如"图书馆""资源""文化";二是涵盖各方面的虚词,如"发展""服务""建设"等。

由于篇幅有限,本研究只列出具有代表性的部分次级节点和初级节点并加以阐释,详细信息见表4-10。

表4-10 部分初始编码结果

次级节点	初级节点	参考点
信息	信息素养教育	32
	文献信息资源	32
	网络信息资源	30
	信息技术支撑	24
	图书馆文献信息	20
	信息资源使用	19
	大学生信息素养	19
	学科信息服务	19
文献	文献信息资源	32
	文献资源服务	28
	图书馆文献信息	20
	思政教育文献	18
	文献信息中心	18
	大学文献保障	16
	历史文献资料	15
	文献资源	13
……	……	……

表4-10表明，初始编码各节点界限较为模糊，杂乱无序，如初级节点"文献信息资源""图书馆文献信息"既存在于次级节点"信息"中，又存在于次级节点"文献"中，此类模糊分类还广泛存在于其他次级节点中。因此，本研究进一步利用主轴编码对各节点进行整理、排序、归类。

4.3.2.2 主轴编码

在进行主轴编码时，首先对意思相近的次级节点进行合并，如将"大学"和"学校"合并为"高校"，将"教育"和"教学"合并为"教育教学"，将"资源"和"文献"合并为"文献资源"。最终将16个次级节点合并为12个次级节点，各次级节点中，选取参考点数大于等于8次的初级节点进行主轴编码，部分示例如表4-11所示。

表4-11 部分主轴编码示例

次级节点	初级节点	参考点	主轴编码
文献资源	文献资源建设	455	数字资源建设
			资源建设
			……
	文献资源保障	167	大学文献保障
			文献保障体系
			……
	文献资源服务	156	文献资源服务
			信息资源服务
			……
	馆藏特色资源	96	革命文献资源
			特色资源
			……

主轴编码结果表明，次级节点存在一定的重合度，如在"文献资源"中包含"文献资源服务"，在"服务"中包含"文献服务"这一近似词，诸如此类。因此，还需要对主轴编码进一步提炼和归类，形成核心编码。

4.3.2.3 核心编码

为进一步梳理和聚类各节点，本研究对次级节点、初级节点、主轴编码进一步凝练和分类，最终获得了6个父节点，分别为文献资源服务与保障，图书馆软硬件环境建设，学科服务、建设与发展，图书馆助力校园文化建设，图书馆与高校共谋发展，图书馆教育职能实现。

1. 文献资源服务与保障

本研究将文献资源服务与保障子节点、主轴编码整理如表4-12所示。

表4-12 文献资源服务与保障子节点、主轴编码

父节点	子节点	参考点	主轴编码	参考点
文献资源服务与保障	文献资源建设	424	文献信息资源	92
			文献资源采访	206
			电子资源建设	126
	文献资源服务	101	文献资源利用	28
			资源信息服务	31
			网络课程资源	14
			文献传递服务	28
	文献资源保障	197	文献保障模式	85
			文献保障体系	46
			文献信息中心	39
			信息资源保障	16
			文献工作体系	11
	馆藏特色资源	96	古籍资源	65
			航空资源	19
			红色文献资源	12

文献资源是图书馆提供一切服务的基础，表4-12表明，文献资源建设的参考点为424个，为文献资源服务与保障父节点的主体部分，即文献资源建设是基础，由此产生了服务与保障。馆藏特色资源是文献资源的重要组成部分，也是一家图书馆区别于其他图书馆的重要体现，因此，各大学书记/校长在采访中高度重视馆藏特色资源建设。

文献资源建设包括文献信息资源、文献资源采访和电子资源建设三个主轴编码，共有424个参考点。文献资源是图书馆开馆服务的基础，是图书馆发展水平评价的核心因素之一，同时在图书馆助力高校发展的过程中发挥着至关重

要的作用，不同的文献资源结构对图书馆人财物等各项资源的配置要求不同，因此，高校及图书馆必须将文献资源建设放在各项工作的第一位。文献资源包括纸质资源和电子资源。首先，图书馆要梳理纸质文献资源馆藏现状，调研用户需求，根据高校的学科特色和发展定位，制定相适应的采访规划、配置策略等，有的放矢地保障学校教学科研工作的推进。其次，电子资源已成为各高校图书馆文献资源建设的核心所在，优秀的电子资源也是用户追踪世界学术前沿的重要来源，各高校图书馆应建立全方位的电子资源体系。

文献资源服务包括文献资源利用、资源信息服务、网络课程资源和文献传递服务等 4 个主轴编码，共有 101 个参考点。在文献资源建设的基础上，图书馆通过用户服务发挥文献资源的价值。首先，要有良好的资源展示渠道。目前各高校主要通过图书馆主页、微信公众号等展示文献资源，常用分类为按各资源的首字母排序、按学科门类排序等，在此基础上，可按照用户属性、文献使用场景等进行划分，为用户提供更为精准的文献资源服务。其次，用户体验是文献资源服务需要密切关注的内容。图书馆要不定期开展用户调研，包括广泛的问卷调研以及一定的资深用户深度访谈调研等，及时掌握用户需求，以便改进服务方式和服务内容。再次，要优化电子资源校外访问服务。校外访问是师生利用文献资源服务的重要形式，随着居家办公、线上教学的开展，校外访问的重要性愈发突出，图书馆应针对访问量激增、并发数激增等情况，进一步优化校外访问服务。最后，要加强宣传，提升文献资源使用量。各高校图书馆拥有大量的文献资源，不论纸质资源还是电子资源，均存在某些资源供不应求、某些资源无人问津的问题，因此，要加强宣传推广，让用户了解文献资源，从而提升利用率。

文献资源保障包括文献保障模式、文献保障体系、文献信息中心、信息资源保障和文献工作体系等 5 个主轴编码，共有 197 个参考点。如前所述，文献资源是图书馆的立馆之基，构建文献资源保障体系尤为重要。首先，要明确文献资源管理与服务的主体部门，自上而下一层一层落实管理与服务的具体职责，提供文献资源组织机构保障。其次，不同的文献资源生命周期不同，必须定期对文献资源使用效益进行评估，根据高校特色和用户需求建立具有高校特色的文献资源保障体系。再次，各高校文献资源购置经费有限，无法大而全地囊括所有纸质文献资源和电子文献资源，因此需要充分发挥高校图书馆联盟、地区图书馆联盟的保障作用，通过联盟的形式互通有无、互助共享，从而节约人财物资源，提升文献资源保障水平。

馆藏特色资源包括古籍资源、航空资源和红色文献资源等 3 个主轴编码，共有96个参考点。特色馆藏资源是各高校图书馆区别于其他高校图书馆的重要体现之一，具有稀缺性、地域性、珍贵性、历史性等特点，图书馆在建设文献资源时，应配备专门的人财物资源用于特色馆藏文献资源建设，并加强保护、传承、研究和利用，让特色资源成为图书馆文化显示度、水平显示度、声誉显示度的体现。同时，特色馆藏资源可重点服务于相关教学和科研工作，为师生深入研究、产出学术成果助力。红色文献资源是特色馆藏资源的组成部分之一，具有极为重要的储存价值、研究价值和学习价值。作为第二课堂、大学生教育的重要场所，图书馆应主动担起利用红色资源进行大学生教育的职责，通过开展主题党日活动、红色文献读书会、红色文献阅读推广活动等，充分发挥红色资源的价值。

2. 图书馆软硬件环境建设

本研究将图书馆软硬件环境建设子节点与主轴编码整理如表4-13所示。

表4-13　图书馆软硬件环境建设子节点与主轴编码

父节点	子节点	参考点	主轴编码	参考点
图书馆软硬件环境建设	空间建设	136	智慧设施及条件建设	62
			智慧空间改造升级	74
	空间资源	117	空间环境	57
			空间结构	60
	智慧化建设	174	智慧服务保障体系	42
			智慧服务内容建设	47
			智慧化发展	85
	智慧空间	96	交流空间	48
			体验空间	48

图书馆馆舍空间原为储存图书资源的以及为读者提供阅览的空间，功能较为单一，但随着智慧图书馆的建设，空间逐步融入用户服务中，已成为图书馆提供智慧服务的核心之一。因此，各高校图书馆在新馆建设中将空间建设列为重要的考虑因素之一，同时不断改造旧馆，打造更具智慧化的物理空间。空间建设包含的要素众多，如朝向、温度、消防安全、布局、建筑风格等，这些都将直接影响用户体验。应综合考虑各空间的功能，优化配置空间资源，形成最佳空间功能布局。同时，还应定期对空间功能进行评估，根据学校发展定位以

及读者需求优化配置空间资源。

图书馆的发展始终与时代同步,从藏书楼到图书馆、现代图书馆、数字图书馆,再到智慧图书馆建设,无一不反映出图书馆紧跟时代发展。图书馆智慧化建设包括资源建设、设施建设、空间建设、智慧服务等子系统,各子系统相互依存、相互作用。目前,各高校图书馆的智慧化主要体现在智慧设施建设和智慧空间建设方面,如购置智慧机器人、智能盘点机、智慧显示屏等智慧设施,打造研讨空间、体验空间、多媒体空间等各类智慧空间,但智慧服务发展还不够充分。智慧服务应建立在精准、全面、实时的用户数据掌握的基础上,对用户行为、文献资源使用、用户个性化需求、教学科研支持等进行分析,从而提供深度的服务。由此可见,智慧服务的基础在于信息技术,只有具备相应的信息技术,才能整合文献资源数据、用户数据、空间数据、设施数据等,从而开展各类分析。智慧服务的核心在于用户,即图书馆的服务对象,智慧图书馆建设的最终目的在于服务读者,因此各类智慧技术的研发均应以用户为导向。

随着信息技术的发展,继第三空间建设之后,智慧空间建设成为图书馆空间建设的重要趋势之一。智慧空间既包含各种先进技术,为用户提供智慧化的体验;又包含人文关怀,为用户提供个性化、多元化的服务。各高校图书馆的智慧空间均应围绕该两点打造,通过具有交互、感知、捕捉等功能的各种智能技术与智能设施,分析、传导、掌握用户的各项数据,从而分析用户需求,为用户提供个性化、精准化、多元化的服务以及智慧、温馨舒适的空间环境。智慧空间包括实体空间与虚拟空间。实体空间是各高校图书馆重点打造的智慧空间。图书馆均修建于高校建立时,当初并没有智慧空间这一理念,因此难以实现整座图书馆智慧化改造,目前各高校图书馆采取的措施主要为小范围改造,即在原有的图书馆空间内,打造学习研讨空间、多媒体空间、体验空间、信息共享空间、创客空间等智慧空间。虚拟空间是实体空间的延展,不受图书馆实体空间的限制,依赖于信息技术、互联网技术等,如虚拟社区、线上平台、虚拟图书馆等。随着智慧图书馆建设的深入,虚拟空间的重要性将愈发突显。

3. 学科服务、建设与发展

本研究将学科服务、建设与发展子节点、主轴编码整理如表 4-14 所示。

表 4-14 学科服务、建设与发展子节点、主轴编码

父节点	子节点	参考点	主轴编码	参考点
学科服务、建设与发展	学科服务	273	教学科研服务	123
			学科服务模式	101
			信息咨询服务	49
	学科建设与发展	168	学科建设与发展模式	85
			图书馆融入学科建设	83

学科服务是图书馆融入高校学科发展，助力高校"双一流"建设的关键途径。学科服务需要图书馆各部门的通力合作，从资源建设到技术保障，再到具体从事一线学科服务的学科馆员，缺一不可。目前，高校开展的学科服务主要集中在教学服务、科研服务、学术评价等方面，而随着学科的发展，高校图书馆均已将原有的学科服务逐步转变为嵌入式学科服务。一是教学服务。学科馆员嵌入教学过程中，随着教学进度的开展，适时进行信息素养教育，宣传推广图书馆与该课程相关的纸质和电子资源；还可与课程主讲老师共同制定教学计划。二是科研服务。学科馆员一方面可进入相应的课题组，承担文献资源检索、课题查新、论文查收查引等工作，了解课题组成员的文献信息需求；另一方面可在线上为多个课题组提供通用的科研服务，如论文检索技巧、如何制定课题主题等。三是学术评价，包括高被引作者分析、学科发展水平评价等。学科馆员可进一步针对学科发展趋势，提出学科建设的薄弱点、优势所在、交叉发展方向等。

自 2017 年我国实施世界一流大学和一流学科建设发展战略以来，学科建设尤其是重点学科建设已成为高校发展的关键因素。各高校本着集中力量办大事的原则，将人财物资源更多地倾向于重点学科。图书馆作为高校的文献资源保障机构，在学科建设的过程中发挥着至关重要的作用，学科建设的方方面面都离不开图书馆的保障。首先，图书馆要根据学科建设情况，尤其是重点学科，分析其专业构成、发展趋势等，有针对性地建设纸质文献资源和电子文献资源，一方面要满足师生追踪世界学术前沿的需求，另一方面也要注重全面性和稳定性。其次，可以通过构建机构知识库助力学科发展，通过对图书馆所在高校重点学科的科研成果、科研团队、高被引论文、专利、著作等进行分析，总结学科建设现状，提出学科发展建议。最后，图书馆融入高校学科建设，必须要打造一支与学科发展相匹配的学科馆员队伍，可根据学科属性，遴选具有相应学科背景的馆员，或对有潜力的馆员进行相关培养。

4. 图书馆助力校园文化建设

本研究将图书馆助力校园文化建设子节点与主轴编码整理如表 4-15 所示。

表 4-15　图书馆助力校园文化建设子节点、主轴编码

父节点	子节点	参考点	主轴编码	参考点
图书馆助力校园文化建设	校园文化建设	152	校园文化内涵	61
			校园文化开展	59
			校园文化活动	32
	文化传承创新	237	文化延续开拓	112
			文化自信	65
			文化积淀与底蕴	60
	红色基因	32	红色文化	23
			革命文化	9

校园文化建设是高校教育事业发展的重要组成部分，是高校实现人才培养、文化创新与传承的关键途径。随着信息时代的到来，传统的自上而下的校园文化受网络环境虚拟性、开放性、交互性和即时性的影响，逐步变得更为扁平化。图书馆是校园文化建设的中心枢纽，两者相互促进、相互作用。第一，要充分发挥图书馆第二课堂的作用，让大学生通过图书馆的文献资料、空间环境、人文环境等，形成良好的文化素养。第二，要根据校园文化做好文献资源建设，引导大学生利用好相关的文献资源，塑造和保持良好的校园风貌。第三，要通过阅读推广活动助力校园文化建设。阅读推广活动是图书馆的重要工作，应开展各种与校园文化建设相匹配的活动，使其成为丰富和推动校园文化的有力途径。第四，要将图书馆打造成大学生综合素养教育平台。图书馆应主动进入大学生相关社团，或建立相应的社团吸引大学生加入，积极融入校园文化建设。

我国高等教育的职能包括文化传承，而校园文化建设是文化传承的重要途径。可以说图书馆自诞生以来便具有传承文化的职责。高校图书馆主要通过以下几个方面发挥文化传承职能：一是各类文献资源的收藏，尤其是经典文献、古籍文献等，通过对该类文献的利用，引导师生学经典、诵经典，传承经典承载的文化。二是通过阅读推广活动、讲座、实践活动等形式发挥文化育人职能。全民阅读活动是我国现阶段重点开展的文化普及与传承活动之一，图书馆

应在其中发挥领头羊与主力军的作用,引导师生从信息时代碎片化、娱乐化的阅读方式回归经典阅读方式。三是通过第二课堂传承文化。第二课堂有别于第一课堂,图书馆应利用图书馆的各项资源采用隐性教育,潜移默化地激发大学生的文化自觉与文化自信。

红色文化是中国共产党在不懈抗争、不懈奋斗的过程中形成的文化,要把红色资源作为坚定理想信念、加强党性修养的生动教材,讲好党的故事、革命的故事、根据地的故事、英雄和烈士的故事,加强革命传统教育、爱国主义教育、青少年思想道德教育,把红色基因传承好,确保红色江山永不变色。由此可见,红色资源是红色文化传承的基础所在。高校图书馆在传播、传承、发扬红色文化时,首要任务为整合红色资源。红色资源包括纸质文献资源、电子文献资源、红色文物、红色空间建设等,新时代高校图书馆红色资源整合,应统筹考虑高校所处省市的地区特色,有特色、有针对性地构建红色文化资源体系,并构建与之相适应的保障体系、发挥与传承体系等。其次,在构建红色文化资源体系的基础上,要紧密结合高校"三全育人"的教育目标,应用各种信息化技术,开展丰富多样的活动,弘扬红色精神,传承红色基因,如红色空间宣传与推广、红色文献资源推荐、红色专题数据库推荐、红色音视频赏析、专家讲座、红色主题展览、红色知识竞赛、红色诵读大赛等。最后,要将红色文化传承融入党史学习教育中。党史是"四史"的重要组成部分,图书馆要利用全国开展党史学习教育的契机,深入挖掘和开发红色资源,积极主动融入党史学习教育中。

5. 图书馆与高校共谋发展

本研究将图书馆与高校共谋发展子节点与主轴编码整理如表4—16所示。

表4—16　图书馆与高校共谋发展子节点、主轴编码

父节点	子节点	参考点	主轴编码	参考点
图书馆与高校共谋发展	图书馆助力学校发展	246	学校发展	151
			图书馆发展	95
	发展体系	196	发展理念与内容	96
			发展战略与规划	71
			发展政策与愿景	29
	图书馆服务社会	56	社会服务	56

图书馆是高校教育事业发展的三大支柱之一，图书馆要不断提升自身的服务水平，优化服务方式，丰富服务内容，同时要积极主动融入高校的发展中，凝练发展理念，明确发展内容，制定发展战略与规划，畅想发展愿景，为高校人才培养、科学研究、社会服务、文化传承创新贡献力量。一是坚持以人为本的发展理念。以人为本的发展理念落实到图书馆发展中，就是要秉承以读者为根本的发展理念，使图书馆的人才培养目标与高校的人才培养目标相一致，明确图书馆在塑造学生综合素养从而助力学生成长中的作用，明确图书馆在服务教职工教学科研水平提升中的作用，明确图书馆在校园文化建设中的作用，不遗余力、全心全意地为用户服务，为高等教育事业的发展提供文献信息资源保障。二是坚持与时俱进的发展战略。我国正处于百年未有之大变局，高等教育事业及图书馆的发展也正处于关键时刻，因此，图书馆必须把握时代脉搏，倾力打造智慧图书馆，包括文献资源建设、文献保障体系、文献评估体系的智慧化，空间打造、设备设施等各项软硬件条件的智慧化，技术保障、技术架构等的智慧化，教学科研服务、学科服务的智慧化等，从而全方位打造与时代相适应的智慧图书馆。

2015年12月，教育部发布了修订的《普通高等学校图书馆规程》。规程第四条明确了图书馆的主要任务，其中包括"积极参与各种资源共建共享，发挥信息资源优势和专业服务优势，为社会服务"；第三十七条进一步指出，"图书馆应在保证校内服务和正常工作秩序的前提下，发挥资源和专业服务的优势，开展面向社会用户的服务"。规程表明了高校图书馆应将面向社会开放服务作为图书馆事业发展的重要工作之一。事实上，20世纪90年代初，已有高校开始社会开放服务相关工作，经过近30年的发展，面向社会开放服务已成为高校图书馆助力高校融入地区发展的重要途径之一。第一，高校和高校图书馆要树立为社会服务的理念，摒弃过去高校图书馆只服务于高校师生、高校教学科研的理念，要有地区服务的意识。第二，要放宽社会服务的对象和范围。第三，要细化服务，提供更有深度的社会服务。目前部分高校图书馆提供的社会服务较为单一，主要为借阅服务、阅读推广活动，下一步可在条件允许的情况下，向社会读者开放一定的电子资源、各类展览、专家讲座等。第四，要利用馆藏特色资源开展读者服务。各个高校图书馆均有特色馆藏，可通过举办特色资源展览、特色资源研究讲座等活动，面向有需求的社会读者服务。第五，加大社会服务的宣传力度。社会读者只有在了解高校图书馆相关服务的基础上，才会去利用这些服务，因此，图书馆应积极主动通过新闻媒体、微信公众号、图书馆主页、社区、微博，甚至抖音短视频平台等，宣传推广所开展的社会服务，真正让社会服务发挥应有的社会效益。

6. 图书馆教育职能实现

本研究将图书馆教育职能实现子节点、主轴编码整理如表 4-17 所示。

表 4-17 图书馆教育职能实现子节点与主轴编码

父节点	子节点	参考点	主轴编码	参考点
图书馆教育职能	信息素养教育	85	信息素养培训	57
			信息素养能力	28
	思想政治教育	38	思想政治教育职能	28
			思想政治教育基地	10
	教育教学发展	104	教学发展	54
			教育发展	50
	教育教学保障	88	教育资源	34
			教育职能和方针	30
			教育教学基地	24
	文化素质教育	105	文化教育	71
			素质教育	34

自 20 世纪 90 年代信息素养教育引入我国以来，信息素养教育的内容、形式随着社会的发展不断变化，由最初单一的文献检索课到如今的信息检索与利用，由传统的新生入馆培训讲座到如今的新生综合入馆教育体系，从单一的线下讲座到如今的线上线下讲座、微视频等，无一不反映出图书馆紧扣时代新特征，利用新技术，创新开展信息素养教育。各高校图书馆信息素养教育内容、师资力量、教育水平等差异较大。因此，高校图书馆要进一步提升信息素养教育，一要建立专职进行信息素养教育的部门，全力做好教学大纲制定、教学规划、教学过程跟踪和教学质量评估。二要打造信息素养教育平台，将信息素养教育嵌入图书馆主页、微信公众号、移动图书馆等，为用户提供 24 小时信息素养教育。三要建设信息素养教育空间，配备相应的智慧化软硬件设施，提升用户信息素养水平。四要不断完善优化信息素养教育内容和形式，紧扣时代特征，不断追踪前沿技术，将最适合当前时代特点的教育形式和教育内容呈现给用户。

图书馆是高校的第二课堂，在大学生教育中发挥着至关重要的作用。就思想政治教育而言，图书馆并不直接开设思想政治教育课程，而是通过隐性教育对学生进行潜移默化的影响，主要体现在以下几个方面：一是实体空间的隐性教育。安静、温馨的学习环境有助于大学生陶冶情操，浓厚的学习氛围有助于大学生学习知识；同时，图书馆可打造主题空间，如党史学习教育空间，或在墙上布置红色文化展览等，潜移默化地进行思想政治教育。二是文献资源的隐性教育。大学生利用图书馆最主要的途径是查阅文献资源，图书馆可增加与思想政治教育相关的纸质资源，并将其放置在显眼位置供读者借阅。图书馆可建设思想政治教育专题数据库，并加大宣传推广力度，或将其融入学校思想政治教育课程体系内，充分发挥文献资源隐性教育的作用。三是开展形式多样的与思想政治教育相关的阅读推广活动，在轻松愉快的过程中，加强大学生思想政治教育。

图书馆应在工作中加强教育教学服务，并将教育教学服务作为新时代图书馆发展的新契机。高校图书馆应构建基于学生、教学管理人员、教师三位一体的教育教学保障体系，全方位提升图书馆在教育教育中的地位和作用。同时，要针对不断变化的外在和内外环境，不断创新、优化保障体系，推动图书馆教育教学工作的发展。

提升大学生文化素质是高等教育的重要目标，图书馆的职能决定了图书馆应成为大学生文化素质教育的重要基地。图书馆可通过以下途径开展大学生文化素质教育：一是建立图书馆志愿者队伍，不仅可以将上书理架、图书整理等基础工作交由志愿者队伍完成，还可以将一些阅读推广活动交由志愿者队伍，提升其综合素养。二是设置勤工助学岗位，将一定的基础工作岗位提供给勤工助学的大学生，一方面增加其生活补贴，另一方面锻炼其综合能力。三是开展丰富多样的阅读推广活动，如经典诵读、读书会等，引导大学生积极参与其中。四是图书馆与院系共建实践基地，引导更多的大学生积极参与到图书馆的工作和活动中来，通过团队协作、活动策划等提升大学生综合素养。

主要参考文献

[1] Baryshev R A, Verkhovets S V, Babina O I. The smart library project: development of information and library services for educational and scientific activity [J]. The Electronic Library, 2018, 36 (3): 535-549.

[2] Candy S. Digital libraries: an overview [J]. The Journal of Academic Librarianship, 2000, 26 (6): 385-393.

[3] Gul S, Bano S. Smart libraries: an emerging and innovative technological habitat of 21st century [J]. The Electronic Library, 2019, 37 (5): 764-783.

[4] Pujar S M, Satyanarayana K V. Internet of things and libraries [J]. Annals of Library and Information Studies, 2015, 62 (3): 186-190.

[5] Zimmerman T, Chang H C. Getting smarter: Definition, scope, and implications of smart libraries [C]. Proceedings of the 18th ACM/IEEE on Joint Conference on Digital Libraries, 2018: 403-404.

[6] 郭杰, 王珺, 姜璐, 等. 从技术中心主义到人本主义: 智慧城市研究进展与展望 [J]. 地理科学进展, 2022, 41 (3): 489.

[7] 陈悦, 陈超美, 刘则渊, 等. CiteSpace 知识图谱的方法论功能 [J]. 科学学研究, 2015, 33 (2): 242-253.

[8] 周春雷, 张猛. 知识图谱软件学术影响力研究 [J]. 信息资源管理学报, 2019, 9 (1): 85-93.

[9] 董晓霞, 龚向阳, 张若林, 等. 智慧图书馆的定义、设计以及实现 [J]. 数据分析与知识发现, 2011, 27 (2): 76-80.

[10] 王世伟. 论智慧图书馆的三大特点 [J]. 中国图书馆学报, 2012, 38 (6): 22-28.

[11] 李杰, 陈超美. CiteSpace 科技文本挖掘及可视化 [M]. 北京: 首都经济贸易大学出版社, 2016.

[12] 乌恩. 智慧图书馆及其服务模式的构建 [J]. 情报资料工作, 2012 (5):

102-104.

[13] 初景利, 段美珍. 智慧图书馆与智慧服务 [J]. 图书馆建设, 2018 (4): 85-90.

[14] 孙守强. 多元协同视角下智慧图书馆泛在智慧服务研究 [J]. 图书馆, 2019 (11): 52-57.

[15] 廖运平, 卢明芳, 杨思洛. 大数据视域下智慧图书馆用户画像研究 [J]. 国家图书馆学刊, 2020, 29 (3): 73-82.

[16] 武洪兴. 基于物联网的智慧图书馆应用构想 [J]. 图书馆工作与研究, 2020 (3): 85-91.

[17] 谢芳. 论高校智慧图书馆的功能与构建 [J]. 图书馆学研究, 2014 (6): 15-20.

[18] 李菲菲. 基于人工智能的智慧图书馆建设的逻辑和方法研究 [J]. 情报科学, 2021, 39 (12): 87-92.

[19] 徐涛涛. 人工智能环境下智慧图书馆的建设探究 [J]. 出版广角, 2020 (8): 76-78.

[20] 杨文建, 邓李君. 人工智能与智慧图书馆空间变革 [J]. 图书馆工作与研究, 2020 (8): 5-12.